철도, 역사를 바꾸다

인류 문화의 흐름을 바꾼 50가지 철도 이야기

지은이 **빌 로스**Bill Laws

현재 영국에서 거주하는 빌 로스는 사회학자이자 작가이다.
《식물, 역사를 뒤집다》, 《예술가의 정원*History's Worst InventionsArtist's Gardens*》 외 다수의 책을 저술한 그는 런던에서 발행되는 가디언과 데일리 텔레그래프, 그리고 BBC 역사 매거진에 글을 기고하고 있다.

옮긴이 **이지민**

고려대학교 건축공학과를 졸업하고 건설회사에서 5년 근무했으나, 번역이 좋아서, 그리고 여행 · 건축 · 미술 · 심리 · 과학 등 다방면에 대한 관심을 주체할 수 없어 또 다른 길을 밟기로 결심한 자아성찰형 번역가.
이화여자대학교 통번역 대학원 번역학과를 졸업하고 현재 전문 번역가로 일하고 있다.
파울로 코엘료 같은 깊이감과 온다 리쿠 같은 참신함이 담긴 글을 쓰고 싶어한다.
주요 역서로는 《5분 동기부여》, 《세상에 대하여 우리가 더 잘 알아야 할 교양 시리즈: 정치제도(출간 예정)》, 《철학가게(출간 예정)》 등이 있다.

철도, 역사를 바꾸다

인류 문화의 흐름을 바꾼 50가지 철도 이야기

지은이 빌 로스
옮긴이 이지민

초판 인쇄 2014년 1월 8일
초판 발행 2014년 1월 15일

발행인 한병화
편집인 이나리
디자인 마가림
발행처 도서출판 예경
출판등록 1980년 1월 30일 (제300-1980-3호)
주소 서울시 종로구 평창2길 3
전화 02-396-3040 **팩스** 02-396-3044
전자우편 webmaster@yekyong.com
홈페이지 http://www.yekyong.com

ISBN 978-89-7084-512-8 (03900)

Fifty Railways that Changed the Course of History by Bill Laws

이 도서의 국립중앙도서관 출판시도서목록(CIP)은 서지정보유통지원시스템 홈페이지(http://seoji.nl.go.kr)와 국가자료공동목록시스템(http://www.nl.go.kr/kolisnet)에서 이용하실 수 있습니다.(CIP제어번호: CIP2013021117)

책값은 뒤표지에 있습니다.

철도, 역사를 바꾸다

인류 문화의 흐름을 바꾼 50가지 철도 이야기

빌로스 지음 이지민 옮김

예경

차 례

책머리에

눈을 감으면 날아가는 이 느낌이 아주 좋다. 형용할 수 없을 만치 이상한 기분이다. 이상하긴 하나 안전하다는 느낌은 확실하다. 조금의 두려움도 없다.

패니 켐블, 리버풀발 맨체스터행 철도의 기공식에서, 1838

철도의 탄생은 지구상의 거의 모든 사람들의 생활에 많은 영향을 끼쳤다. 1800년대 초반에 처음 등장한 이래, 철도는 마치 강철로 만든 힘줄처럼 역사 안에서 그 흐름을 면면히 이어왔으며 때로는 전혀 예상치 못한 방향으로 인류를 이끌기도 했다.

풍경과 여행의 모습을 바꿔놓다

철도가 지나는 마을은 현대화되었고 철도가 지나지 않는 마을은 상대적으로 뒤처졌다. 철도 덕분에 접근하기 어려운 곳까지 화물을 이송할 수 있게 되었으며, 전통적인 생활 방식은 돌이킬 수 없을 만큼 완전히 바뀌었다. 도시는 기차의 도착을 알리는 종소리, 기차가 지나가면서 내뿜는 증기, 시끄러운 경적 소리, 선로를 바꿀 때 마차 간의 연결고리에서 나는 달그락거리는 소리, 깨진 곳이 없나 확인하기 위해 열차 바퀴를 두드리는 열차 수선공의 망치질 소리로 가득 찼다.

영국의 빅토리아 여왕은 이 같은 교통수단의 발전에 크게 만족했다. 여왕은 대서부 철도를 따라 29킬로미터를 이동해 버킹엄 궁전에 도착한 첫 철도여행에서 이렇게 말했다. "우리는 어제 아침 윈저에서 출발한 기차를 타고 30분 만에 이곳에 도착했다. 먼지 한 톨도 발생하지 않았고 혼잡하지도 않았으며 덥지도 않았다. 상당히 만족스럽다." 하지만 웰링턴 공작은 정반대 의견이었고 대다수의 사람들도 그의 생각에 동의했다. 결과적으로 철도의 사용은 급증했지만 승객들이 이 새로운 교통수단을 완전히 신용했던 것은 아니었다. 그들은 여전히 '기차를 놓치면 어떡하지? 이 플랫폼이 맞나? 내 짐은 안전할까?' 같은 걱정을 했다.

증기의 힘
처음에 탄광에서 사용할 목적으로 개발된 증기 엔진은 기관차에 이용되면서 역사를 크게 바꿔놓았다.

철도는 당연히 풍경에도 영향을 끼쳤다. R. 리처드슨은 변해버린 풍경을 개탄하며 1875년, 카셀의 《패밀리 매거진》에 이렇게 썼다.

도시 여행
철도 개발 덕분에 사회기반시설이 확충되자 전 세계의 모습은 크게 달라졌다. 그동안 접근이 어려웠던 먼 곳으로 자원을 수송할 수 있었는데다. 마을과 도시 간의 이동 시간이 단축되어 인구가 급증했다.

"예전의 여행 방식이 더 고풍스럽고 아름다웠다. 연기를 내뿜는 증기기관과 자동차처럼 생긴 기차보다는 승합마차가 자연과 더 조화를 이루기 때문이다." 하지만 그도 "아름다움은 잃었지만 편리함을 얻은 것만은 확실하다."며 기차의 편리함을 인정했다.

전 세계에 철로를 건설하다

20세기 초에 고속 기관차, 고급 마차, 로맨틱한 연락 열차[1]처럼 변형된 형태의 다양한 운송 수단이 등장하면서 철도 산업은 정점에 달했다. 기차는 점점 지배적인 운송수단으로 자리 잡아가다가, 두 차례의 세계대전이 발발하던 중에 전 세계로 그 노선을 뻗어 나가 국가별로 특화된 모습을 취했다.

하지만 20세기 중반이 되자 기차는 인기를 잃고 말았다. 공기를 오염시킬 뿐 아니라 비효율적이고 불편하며, 독점 운영된 탓에 승차권 값이 비싸 사람들에게 외면받게 된 것이다. 기차의 몰락은 철도에 대한 수요가 급증하면서 가속화되었다. 길을 만드는 과정에서 안 그래도 줄어들던 천연자원이 낭비되었고, 환경오염에 대한 비용도 국민이 부담해야 했다. 그러던 1964년, 마치 미래에서 온 듯한 모습의 최신식 기차가 도쿄 역에 등장했다. 고속 철도 시스템은 10년 만에 또다시 인류의 역사를 바꿔 놓게 되었다. 이전까지 매력적으로 느껴졌던 옛 철로와 이에 관한 기억이 점점 잊혀져갔다. 철도 기술자 조지 스티븐슨의 전기 작가, 사무엘 스마일스는 1868년에 이렇게 말했다. "완벽하지 못하다는 비난에도 불구하고, 철도는 이제껏 세상에 등장한 운송 수단 중 가장 가치 있는 것이다."

미래로
초고속 기차의 등장은 20세기 후반, 새로운 철도 시대의 도래를 예고했다.

1804 머서티드빌 철도

지역: 웨일스
유형: 화물용
길이: 16킬로미터

- 사회성
- **상업성**
- **정치성**
- **공학성**
- 군사성

급속한 산업화 덕분에 증기기관차가 등장하는 데는 불과 몇 년밖에 걸리지 않았다. 하지만 진흙길이 금속으로 만든 철로로 대체되기까지는 무려 500년이나 걸렸다. 머서티드빌 철도는 말이 이끌던 수레에서부터 석탄을 연료로 하는 기차에 이르기까지, 철도의 발전 과정을 잘 보여준다.

증기기관 시대의 개척자

대표적인 증기 철도 기술자인 리처드 트레비식Richard Trevithick은 그의 고향 콘월의 캠본에서는 유명 인사였다. 그는 특히 고압 증기 기관을 발명한 것으로 유명했는데 페니다렌 철공소에서 그가 개발한 기관차들은 철도의 역사에 한 획을 그었고, 덕분에 웨일스라는 작은 공국이 지도상에 등장하게 되었다. 이쯤에서 다른 개척자들의 업적도 살펴보도록 하자. 우선 증기 실린더[2]의 성능을 향상시킨 제임스 와트James Watt가 있다. 또한 그를 설명할 때 항상 따라다니는 버밍엄 출신의 발명 동료들, 매튜 볼턴Matthew Boulton과 윌리엄 머독William Murdoch도 있다. 프랑스의 니콜라스 조셉 퀴뇨Nicolas-Joseph Cugnot는 대포를 끌 수 있는 최초의 증기 자동차를 만들었다. 또한 잘 알려지지는 않았지만 무명 철도 직원의 업적 또한 무시할 수 없다. 그는 나무 바퀴가 달린 마차와, 두 선이 평행으로 된 나무 선로를 개발했다. 수많은 발명품이 탄생하던 순간이 대개 그러하듯 '우리에게 필요한 것은 작은 수레야!'라는 깨달음이 당시 같은 시기에 여러 곳에서 발생했던 것이 분명하다.

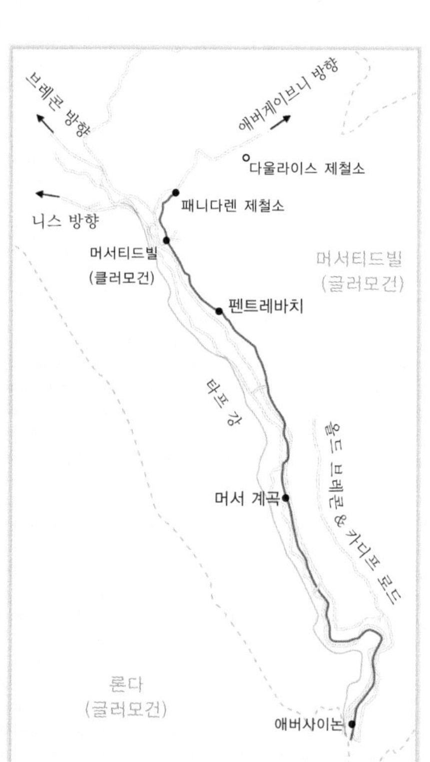

증기 기관 시대의 탄생
리처드 트레비식과 진취적인 탄광 소유자인 크리스토퍼 블랙킷 덕분에 증기 기관의 시대는 웨일스에서 그 막이 열리게 되었다.

마차 선로의 시작

진흙탕 길을 선로로 바꾸고 짐을 한가득 실은 수레가 그 위를 달리게 한다는 생각을 처음 한 이들은 등에 진 짐을 벗어버리고 싶어했던 광부와 채석공이었다. 독일의 한 장인은 1350년, 남독일의 프라이부르크 임 브라이스가우에 있는 교회 창문에 바로 이러한 모습의 수레를 그렸다. 그리고 200년 후, 또 다른 독일인 게오르그 파워Georg Pawer는 광석을 담은 수레의 삽화가 실린《데 레 메탈리카*De Re Metallica Libri xii*》[3]를 펴냈다.

오늘날 광물학의 아버지라 불리는 파워는 독실한 천주교 신자였기에 이 책을 출간할 당시 '게오르기우스 아그리콜라'라는 이름을 사용했다. 그는 이 책에서 화석이란 지구의 열로 발효되어 동물 같은 형태로 굳어진 신비로운 물질이라고 설명했다. 그런데 그의 삽화에 등장하는 마차의 바퀴들은 전부 비슷한 결함이 있었다. 그가 묘사한 수레들은 나무 널빤지로 만든 선로 위를 달리고 있었는데, 수레바퀴에 홈이 패여 있지 않아 수레가 선로 밖으로 자주 미끄러지곤 했던 것이다. 이후 독일 루르 지방의 석탄작업장에서 홈이 패인 나무 바퀴가 달린 석탄 운반용 수레가 처음으로 등장하게 된다.

선로를 짓다
독일 학자 게오르그 파워는 16세기에 광업에 관한 기술서를 작성해, 초창기 철도의 모습을 자세하게 묘사했다.

초기 영국에 건설된 선로 중 하나는 1604년에 석탄 채굴 작업을 위해 놓은 것으로, 스트렐리에서 출발해 노팅엄셔 탄전의 왈라톤까지 총 3.2킬로미터에 이르는 구간이었다. 당시 그 길을 놓은 사람은 헌팅던 보몬트Huntingdon Beaumont였는데 그는 빚 때문에 노팅엄 감옥에서 생을 마치기 전까지, 이 구간을 영국 북동 지역의 몇몇 광산까지 확장시켰다. 노섬벌랜드, 더럼 카운티, 타인 앤 위어, 티사이드, 노스요크와 같이 광물이 풍부한 바위투성이의 북동 지역은 철도의 시험장이 되었다. 그중 하나인 '탠필드 왜건웨이'는 더럼 카운티에 지어졌는데, 황무지 광산이 1739년에 문을 닫을 때까지 그곳의 석탄을 타인 강의 선박들로 실어나르는 데 사용되었다.

볼튼-와트 엔진

✦

1700년대 중반, 스코틀랜드인 기술자 제임스 와트와 그의 사업 파트너 매튜 볼턴이 증기 엔진을 개발하면서 마차는 사양길을 걷게 되었다. 하지만 그들보다 먼저 증기 엔진을 개발해 특허까지 낸 인물이 있었다. 바로 토머스 뉴커먼(Thomas Newcomen)이다. 그는 광산의 물을 퍼내기 위해 증기 엔진을 발명했다. 뉴커먼의 뒤를 이어 등장한 동료 발명가 토머스 세이버리(Thomas Savery)도 증기 기관이라는 신흥 기술의 발전에 크게 기여했다. 나아가 제임스 와트와 매튜 볼턴은 감기 드럼[5]에 연결된 증기 엔진으로 구멍을 파고, 길을 닦고 ,탄광을 일구고, 선로를 따라 마차를 끄는 것을 직접 보여주었다. 그들이 설립한 회사에서 일하던 윌리엄 머독(William Murdoch)은 증기 마차의 모델을 설계하기도 했는데, 만약 이것이 실제로 개발되었다면 아마도 세계 최초의 증기 마차가 되었을 것이다.

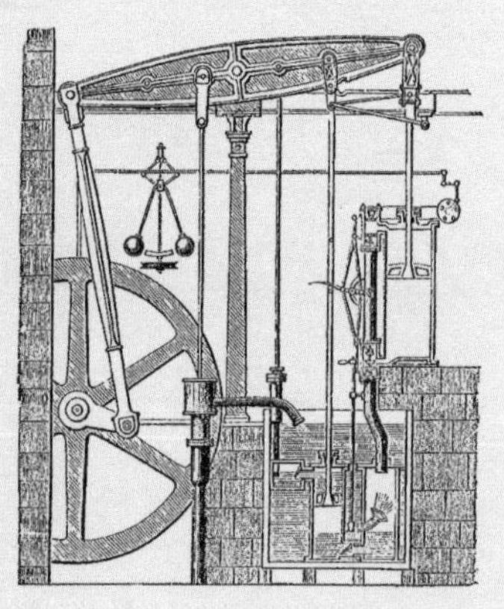

다른 무역품과 마찬가지로 석탄을 운송하는 데에도 수로가 필요했다. 1800년대 초까지 화물을 항구까지 운송하는 가장 좋은 방법은 배가 다닐 수 있는 강이나 운하를 이용하는 것이기 때문에, 역사적으로 유서 깊은 도시인 콘스탄티노플, 베니스, 상트페테르부르크, 런던, 리버풀, 뉴욕, 오클랜드 등에는 모두 깊고 훌륭한 항구가 있었다. 하지만 영국 북동지역에 탄전이 급증하면서 탄전 주위의 깊은 계곡이나 험준한 바위투성이 언덕은 운하 건설에 방해가 되었다. 여기에 철도만이 유일한 해결책이 되면서 철로는 덩굴처럼 그 세력을 뻗어 나갔다.

브리튼 섬 이외 지역에서는 철로가 아이언브리지 계곡[4]의 석탄을 다른 곳으로 운송하는 데 사용되었다. 이 계곡에 있는 콜브룩데일 마을 출신의 에이브러험 다비Abraham Darby는 현지 공급자들로부터 질 좋은 철을 적은 비용으로 생산하는 공정을 알아냈는데, 당시의 철 공급자들이 나무로 만든 선로를 보강하기 위해 그 근방의 케틀리에서 주철판을 제작한 덕분이었다. 주철판은 영국과 미국에서 널리 사용되었지만 표면에 도막이 도포되지 않아 철로 위에서 금세 파열되어 여기저기서 뱀의 머리처럼 불쑥 튀어오르곤 했다. 따라서 머서티드빌과 블래나본 근방의 사우스웨일스 석탄계곡에서는 다른 대안이 등장했는데, 바로 단단한 주철로 만든 0.9~1.2미터 길이의 철로였다. 이렇게 금속으로 만든 튼튼한 철로가 다시 설치되고, 석탄과 철에 대한 수요 또한 급증하면서 철도 산업은 보다 강력한 영향력을 지니게 되었다.

말 vs 증기 기관

리처드 트레비식은 웨스트 카운티의 탄광들이 전 세계적으로 가장 부유한 탄광 중 하나였을 시절에 그 지역에서 태어나고 자랐다. 당시 광부들은 지하 깊숙이 굴착을 할 때 채굴장이 침수되는 것을 막기 위해 고군분투했는데, 이때 물을 퍼내기 위해 주로 볼튼-와트 증기 엔진을 이용했다. 하지만 트레비식은 볼튼-와트에 로열티를 지불하지 않기 위해 자체적으로 광산용 펌프를 개발하기 시작했

역사를 바꾼 남자
콘월의 광산 기술자 리처드 트레비식과 그가 개발한 증기 기관으로 말미암아 마차는 역사 속으로 사라졌다. 그리고 기관차라는 새로운 운송 수단이 등장하게 된다.

다. 당시 30세였던 트레비식의 목표는 다른 무엇보다도 증기의 힘을 이용해 움직이는 기관차를 발명하는 것이었다. 그런데 트레비식이 '퍼핑 데빌Puffing Devil'이라는 새로운 증기 기관차를 시험하던 중, 가벼운 폭발사고가 발생하게 된다. '퍼핑 데빌'은 1801년, 크리스마스 이브에 캠본 언덕을 따라 첫 운행을 했다. 시험 운행은 성공적이었으나, 트레비식이 근방의 맥줏집에서 축하 파티를 벌이다가 보일러의 불을 끄는 것을 깜빡하는 바람에 그만 보일러에 증기가 가득 차 폭발하고 말았다.

한편 이 시기에 철도에 관심을 보이던 영국 정부는 완즈워스의 템즈 강과 크로이던을 연결하는 공공철도 건설을 승인했다. 이때 트레비식은 미래의 철도 산업에서 필요한 것은 마력이 아닌 증기 엔진이라 확신하고 역마차를 제철 산업의 중심부인 콜브룩데일로 가져가 두 번째 시험용 기관차를 제작하기로 한다. 그가 이러한 시도를 한다는 소식은 사우스 웨일스의 머서티드빌에 있던 사업가 사무엘 홈프래이Samuel Homfray의 귀에까지 들어갔다. 홈프래이는 제철업계의 투자가이기도 했지만 도박꾼이기도 했는데, 도박으로 벌어들인 돈으로 머서티드빌에 저택을 여러 채 지을 정도로 재력가였다. 그는 트레비식이 페니다렌에서부터 애버시논까지 철로를 따라 제철 10톤을 나른다는 데 500기니를 걸었다. 홈프래이가 제안한 철로는 16킬로미터에 달하는 구간이었다. 게다가 말은 기껏해야 3톤밖에 나르지 못할 뿐더러 시속 6킬로미터의 속도로 이동했기 때문에, 이 내기는 세간의 관심을 끌었다. 1804년, 트레비식이 개발한 '페니다렌Penydarren' 기관차는 마차 5개로 10톤의 철을 운송했으며, 이와 함께 승객 70명을 나르는 데도 성공했다. 그 후 '페니다렌' 기관차는 전 세계적인 관심을 받았다. 하지만 이렇게 혁신적인 기관차조차 초기

캠본 언덕을 올라갔다 내려와요.
말은 그대로 서 있지만
바퀴는 계속 돌아가요.
캠본 언덕을 올라갔다 내려와요.

전통 민요, 작자미상

철도 기술자들이 겪었던 문제를 해결하지는 못했다. 철로가 여전히 파열되었던 것이다. 트레비식은 4년 후인 1808년에 차기작인 '캐치 미 후 캔Catch-me-who-can'을 내놓았는데, 철로만은 예전 그대로 사용했다. 그는 '스팀 서커스steam circus'를 설치해, 승객들로부터 요금을 받고 원형 궤도를 따라 사람들을 실어날랐다. 여기에는 새로 개발된 증기 엔진이 사용되었다. 이 기관차는 무려 시속 13킬로미터로 달렸으며, 열차의 출발역은 훗날 런던의 번잡한 유스턴 역이 되었다.

사실 이 시기에 신흥 철도 산업의 발전 여부는 탄광 소유자에게 달려 있었다. 그런 의미에서 철도 산업의 발전에 가장 지대한 영향을 끼친 사람은 뉴캐슬 서부의 와이램 탄광을 소유하고 있던 크리스토퍼 블랙킷Christopher Blackett이었다. 본래 이 지역의 석탄은 타인 강을 따라 흐르는 홀수[6] 낮은 배를 이용해 운반되었고, 바지선에 실려 영국의 다른 항구들로 옮겨졌다. 하지만 더 많은 석탄을 타인 강의 레밍턴 부두로 운반하길 원했던 블랙킷은 트레비식에게 '페니다렌'과 비슷한 기관차를 만들도록 주문했다. 그러나 선로의 결함으로 트레비식의 노력이 또 한 번 물거품이 되면서 결국 이 프로젝트는 성사되지 못하고 끝나게 된다.

역사 속으로

트레비식의 아들인 프랜시스가 아버지와 같은 길을 걷게 될 무렵, 트레비식의 경

스팀 서커스
1808년, 트레비식의 증기 엔진은 런던에서 승객을 실어나르는 데 사용되었고, 훗날 이곳에는 유스턴 역이 들어서게 된다.

페니다렌 기관차
희한한 외관을 지니고 있는 현대 기관차의 전신. 트레비식의 증기 기관차는 이후 철도 산업의 미래를 활짝 열어주었다.

력은 이미 시들해지고 있었다. 그는 런던과 남아메리카에서 다양한 프로젝트를 시도했으나 전부 실패로 끝나는 바람에 큰 타격을 입었다. 당시 그의 상황이 어찌나 곤궁했던지 콜롬비아에서 우연히 조지 스티븐슨을 만났을 때 집으로 돌아갈 차비가 부족하여 치욕스럽게도 그에게 50달러를 받았다고 한다. 철도 역사에 더 이상 남길 업적이 없어지자 증기 기관의 선구자는 1833년에 사망하게 된다.

한편, 블랙킷은 윌리엄 헤들리William Hedley라는 새로운 광산 기술자를 알게 되었다. 윌리엄 헤들리는 탄광 대장장이들의 감독자인 티모시 해크워스와 함께 트레비식의 기관차를 대체할 모서리가 둥근 기관차를 개발했다. 그리하여 '퍼핑 빌리Puffing Billy'가 탄생했고, 이 기관차가 1814년에 역사 속으로 사라진 후에는 그 뒤를 이어 '와이램 딜리Wylam Dill'가 등장했다. '와이램 딜리'는 계속해서 살아남아 사우스 켄싱턴 특허청과의 막바지 흥정 끝에 1862년에 200달러에 판매가 되었다. 이렇듯 19세기는 철도 산업이 탄력을 받기 시작한 중요한 시기였다.

스팀 엘리펀트

✦

1909년, 조지 스티븐슨과 닮은 땅딸막한 기관차를 그린 그림이 등장했다. 그림을 그린 사람도 그림의 제목도 알려지지 않았지만, 그림 속 이상하게 생긴 기관차에는 '스팀 엘리펀트(Steam Elephant)'라는 별명이 붙었다. 훗날 밝혀진 이 기관차의 발명가는 뉴캐슬의 탄광 기술자인 존 버들(그는 지역의 광산에 최초로 안전등을 도입하기도 했다)과 휘트비 출신의 기술자 윌리엄 채프먼이었다. 그림에서 이 스팀 엘리펀트는 보일러, 굴뚝, 바퀴, 피스톤 등 증기 기관차에 필요한 기본적인 조건은 다 갖춘 듯 보였다. 하지만 실제로 작동할지가 의문이었다. 이에 비미쉬 뮤지엄은 이 기관차의 복제품 제작을 의뢰하여 더럼 카운티 뮤지엄에서 시험 운영을 해보았다. 그 결과 놀랍게도 '스팀 엘리펀트'는 작동이 가능한 기관차로 밝혀졌다.

1807 스완지-멈블스 철도

지역: 웨일스
유형: 승객용, 화물용
길이: 8킬로미터

- ✦ 사회성
- ✦ 상업성
- ✦ 정치성
- ✦ 공학성
- ✦ 군사성

스완지-멈블스 구간을 잇는 철도 여행 사업은 승객 12명을 운반하는 한 칸짜리 마차로 시작해 한 번에 승객 1,800명을 운반하는 증기 기관차로 발전했다.

멈블스행 기차

사우스 웨일스에 처음으로 철도가 개통된 지 200년이 지난 2007년의 어느 일요일, 여행자들은 변함없이 기차가 지나가도록 철로에서 한 발 물러섰다. 하지만 1960년에 이 역사적인 철도가 황급히 폐쇄된 이후로, 그 위를 전속력으로 전진하는 증기 기관차는 더 이상 없었다. 철도 위에는 고무 바퀴가 달린 서부 스타일의 작은 기차 모형만이 놓여 있을 뿐이었다. 이제는 사라져버린 기차를 애도하는 마음으로 승객들은 검은색 완장을 차고 관을 날랐다. 종착역이자 자신의 무덤인 멈블스로 향하는 이 꼬마 기차의 마지막 출발을 상징하는 행위였다.

스완지-멈블스 철도는 스완지의 브루어리 뱅크에서 출발해 해안을 따라 달려 멈블스 헤드랜드[7]와 오이스터마우스 마을에 도착하는 구간이었다. 이 철도는 훗날 전차 선로로 탈바꿈되는데, 1914년에 스완지의 쿰돈킨 드라이브에서 태어나

스완지 운하
타웨 강
러트랜드 스트리트
세인트가브리얼
아가일 스트리트
세인트헬렌스
스완지
브루어리 뱅크
글러모건
브린밀
애슐리 로드
블랙 필
웨스트 크로스
브리스틸 해협
노턴 로드
캐슬힐,
오이스터마우스
멈블스

예상치 못한 인기
철도는 원래 석탄을 더 멀리, 더 빨리 나르기 위해 고안되었으나, 웨일스와 멈블스를 잇는 이 철도는 예상치 못하게 승객들로부터 큰 인기를 끌게 되었다.

그 도시에서 줄곧 살아온 시인 딜런 토마스Dylan Thomas는 철도가 스완지만을 따라 달리면서 시시각각 다른 전경을 보여준다며 찬사를 표했다.

마력

초창기 여행객들은 '멈블스 행 꼬마 기차'를 타고 로맨틱한 경치를 감상했다.

그림 같은 여행

1806년에 광산과 채석장으로부터 물건을 운반하기 위해 만들어진 이 철도는 1807년이 되자 정식으로 요금을 받고 승객을 운송하기 시작했다. 2년 후, 엘리자베스 이사벨라 스펜스라는 한 여행자는 오이스터마우스의 로맨틱한 경치를 감상하다가 이 철도의 매력에 푹 빠지게 되었다. 당시의 풍경을 그녀는 이렇게 묘사했다. "한 칸으로 된 마차는 승객 12명을 태울 수 있다. 몸체 대부분이 쇠로 만들어졌고 말 한 마리가 이끄는 힘으로 4개의 바퀴가 철도 위를 달린다. 가볍고 안락한 운송수단이다."

그녀가 이곳을 방문한 데에는 1770년에 성직자이자 교사인 윌리엄 길핀William Gilpin이 쓴《와이 강과 사우스 웨일스 지방의 관찰기*Observations on the River Wye, and Several Parts of South Wales, Relative Chiefly to Picturesque Beauty*》 같은 작품이 어느 정도 일조했다. 윌리엄 워즈워스와 사무엘 콜리지의 작품처럼 길핀의 학문적 관찰은 초창기 여행객들에게 영향을 끼쳐 많은 사람들이 이곳을 방문하게 만들었다. 그들은 장갑을 낀 손에 워즈워스와 셸리의《서정가요집》을 꼭 쥔 채 영국 시골의 아름다운 경치를 감상했다.

바다, 모래사장, 구불구불한 헤드라인으로 이루어진 스완지의 경치는 맑은 날에는 확실히 그림 같았다. 하지만 스완지는 산업으로 황폐해진 상태였고 웨일스 날씨답게 비가 꼬박꼬박 내렸다. 또한 콘월에서 한가득 가져온 구리를 제련하기 위해 웨일스의 석탄이 사용되었기 때문에 도시 전체에 연기가 자욱했다.

딜런 토마스가 살던 시대에는 석탄과 석재를 실어 나르던 멈블스행 열차 덕분에 황폐한 도시에 살던 사람들이 그의 유명한 시 구절대로 "추악하지만 편리한ugly lovely" 도시에

전차와 기차

✦

기차(Train)는 서로 연결된 객차들이 엔진의 힘으로 철로를 따라 이동하는 운송수단을, 전차(Tram)는 단순히 승객을 실어나르는 운송수단을 말한다. 특히 전차(Tram)라는 단어은 원래 철로를 따라 바퀴 달린 수레나 썰매를 끌던 광부를 지칭하는 말이었다. 하지만 철도(railroad)와 철로(railway)의 경우처럼 시간이 흐르면서 기차와 전차의 의미도 변하게 되었다. 전차와 기차에 열광하는 일부 사람들은 이 두 기술이 상당히 다르다고 생각했다. 하지만 철도의 세계에서는 사실상 같은 기술이라 여겼다. 그래서 당시 많은 사람들이 철도의 미래는 전차와 기차 기술을 전부 이용해 가능한 한 가벼운 철로를 만드는 것에 달려있다고 생각했다.

서 종종 벗어나 아름다운 바닷가 마을로 이동할 수 있었다. 하지만 당시 이 마차는 총 8킬로미터에 이르는 철도의 전 구간을 경쟁사와 공유해야만 했다. 이 경쟁사는 헨리 휴즈Henry Hughes가 만든, 코크스를 연료로 하는 엔진을 장착한 증기 기관차를 도입했다. 전해지는 말에 따르면, 그 증기 기관차는 첫 운행을 하면서 뒤따라오던 경쟁상대인 마차를 넘어뜨리기 위해 뜨거운 석탄을 철로에 뿌리면서 달렸다고 한다. 하지만 철로 위에서 말이 당한 피해는 당시 철도 근처 농장에 살고 있던 가축들의 피해에 비하면 그나마 덜한 편이었다. 당시 철로 주위를 돌아다니던 양들이 자주 기관차에 치이곤 했기 때문이었다.

헨리 휴즈

✦

1833년에 태어난 헨리 휴즈는 어릴 때부터 공학에 관심이 많았다. 다행히도 그는 증기 기관차에 대한 자신의 열정을 발휘하기에 적합한 시기와 장소에서 태어났다. 그는 자신의 아이디어를 기반으로 발명품을 만들어 특허를 내기도 했다.(기관차에서 나오는 연기를 처리하는 기계도 그중 하나였다.) 또한 브루넬의 'S.S. 그레이트 브리튼' 설계 작업에 참여했고, 1862년에는 런던 만국박람회에서도 일했다. 그는 러프버러 기관차와 전차를 만들었으며, 이후 뉴질랜드로 이민을 가서 허트밸리와 넬슨 철도에서 일하다가 뉴질랜드 최초의 특허 변호사가 되어 웰링턴에 정착했다.

급증하는 승객과 배터리 붐

1896년이 되자 말이 끄는 마차 서비스는 완전히 중단되었다. 한 회사가 이 지역의 철로를 인수한 지 6년이 지난 후였다. 당시 이 철로는 스완지 만의 라이트하우스와 빅토리아 시대의 새로운 상징물인 멈블스 부두까지 확장된 상태였다. 하지만 말이 끄는 마차가 사라졌다고 해서 자연스럽게 기차의 속도가 빨라진 것은 아니었다. 기차가 여전히 시속 8킬로미터의 느린 속도로 가다 보니 멈블스행 기차의 승무원들은 승객들에게 요금을 받아내는데 애를 먹었다. 일부 승객은 요금을 내지 않은 채 용감하게 기차 바깥에 매달렸고, 동네 꼬마들은 선로 바로 옆에서 덤블링을 하거나 수레바퀴로 연주를 하며 사람들에게 돈을 받기도 했다.

스완지-멈블스 철도를 이용하는 승객의 수가 계속 증가하면서 이 철도는 한 번 운행으로 자그마치 1,800명을 운송하는 세계 최고 기록을 달성했다. 멈블스행 철도가 세운 세계 최고 기록은 또 있었다. 차체를 끌기 위해 사용하는 동력의 원천이 실로 다양했던 것이다. 말, 증기는 물론, 돛과 바람을 이용하기도 했다. 이 철도를 인수한 회사는 1902년에 배터리를 동력으로 사용하는 방법을 실험하기까지 했다. 물론 실패로 끝나기는 했지만 말이다. 당시의 기차는 오

멈블스 부두
세계에서 가장 오래된 승객용 철도는 1960년에 그만 폐쇄되고 말았다. 개통 150주년을 기념한 직후의 일이었다.

늘날 기차의 모습과 사뭇 달랐는데, 전차에 보다 가까운 모습이었다. 1925년이 되자 전차는 영국 러프버러의 브러시 전기공학 회사에서 만든 반짝거리는 2층 전기전차 11대로 교체되었다. 전차 1대당 승객을 100명 이상 태울 수 있었기 때문에 많은 사람들이 이를 반겼다. 1945년이 되자 스완지-멈블스 철도를 이용하는 승객 수는 500만 명에 달했다. 그들은 딜런 토마스가 《팔로워*The Followers*》에서 묘사한 것처럼 "앙상한 전차의 덜컹거리는 소리와 재채기 소리, 안개가 자욱한 만의 부엉이처럼 부웅거리는 소리"를 감상했다.

이보다 더 황홀한 오후를 보낸 적은 없었다.

엘리자베스 이사벨라 스펜스,
스완지에서 멈블스로 향하는 기차 안에서, 1809

슬픈 작별

제2차 세계대전 중에 이 전차들이 살아남은 것은 기적에 가까웠다. 1941년, 독일 공군은 마을의 부두와 정유공장 등을 주요 공격 대상으로 삼아 폭발물과 소이탄[8]을 퍼부었는데 이 철도만은 간신히 폭격을 피해 훗날 무사히 개통 150주년을 기념할 수 있었다. 하지만 이 기념 행사의 이면에는 심각한 문제가 숨어 있었다. 소문에 의하면, 이 철도를 인수한 회사인 사우스 웨일스 운송회사는 철도 관리를 매우 소홀히 하고 있다고 했다. 알고 보니 당시 이 철도는 감당할 수 없을 만큼 적자를 내고 있었으며, 회사는 재정적 어려움을 이유로 국회에 철로 폐쇄를 요청했다. 당시에는 철로를 폐쇄할지 말지에 대한 권한을 정부가 가지고 있었는데, 정부는 이 요청을 승인해주었다. 이리하여 멈블스행 기차는 딜런 토마스의 시 구절이자 격언이 된 "순순히 죽음의 밤 속으로 들어가서는 안될 것이다Do not go gentle into that good night."라는 문장과는 정반대로 귀신처럼 조용히 역사의 어둠 속으로 사라지고 말았다.

1825 스톡턴-달링턴 철도

지역: 잉글랜드
유형: 승객용, 화물용
길이: 42킬로미터

스톡턴-달링턴 철도는 잉글랜드 남부를 관통하는 짧은 철도에 불과했지만 이제 막 떠오르는 증기 시대의 그림을 완성하는 데 있어 없어서는 안 될 퍼즐 조각 중 하나였다. 이 철도는 전 세계에서 최초로 건설된 철도 중 하나로, 훗날 조지 스티븐슨이 철도의 아버지로 불리는 기반이 된다.

- ✦ 사회성
- ✦ 상업성
- ✦ 정치성
- ✦ 공학성
- ✦ 군사성

사업가 정신끼리 의기투합하다

1652년에 컴브리안 펠사이드에서 영국의 반체제인사이자 퀘이커교의 창시자인 조지 폭스가 연설한 이래, 영국인들은 남녀노소할 것 없이 하느님이라는 단어만 들어도 공포에 몸서리쳤다. 당시 비국교도non-conformists, 영국 국교회의 예배와 교리에 반대한 종교 집단였던 퀘이커들Quakers, 프로테스탄트의 한 교파이 심한 박해를 받았기 때문이었다. 이에 많은 퀘이커교도가 미국으로 도망을 쳤다. 하지만 시간이 흐르면서 종교적으로 관대한 분위기가 조성되자 성실한 퀘이커교도들은 다시 타고난 사업가로서의 면모를 드러냈다. 그중에는 세계 최초의 철교인 아이언 브리지를 건설한 에이브러햄 다비Abraham Darby, 버밍햄의 은행가 샘프슨 로이드Sampson Lloyd, 초콜릿 제조 판매업자 조지 캐드버리George Cadbury, 유명한 제화공 사이러스Cyrus와 제임스 클락James Clark이 있었다. 일부 퀘이커교도들은 철도 산업에서 사업의 기회를 포착하기도 했는데, 에드워드 피즈Edward Pease와 그의 아들 조셉이 그중 하나였다. 이들은 1800년

잉글랜드 북동부 지역
리버풀발 맨체스터행 철도가 개통되면서 철도 산업은 호황기를 맞이할 기반을 마련했다. 이 철도는 훗날 워링턴과 볼턴까지 확대되었다.

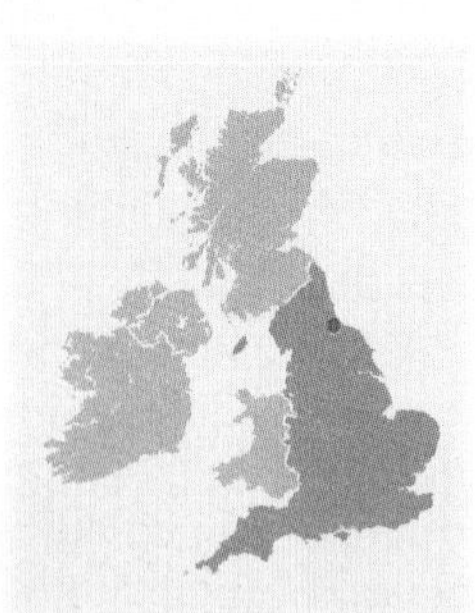

대 초반 증기 기관 시대의 개막에 크게 기여하게 된다.

에드워드 피즈는 양모 판매 상인으로 달링턴 출신이었다. 17세기에 이 마을을 방문한 여행작가 다니엘 디포는 이곳에서 판매 중인 리넨 제품의 질에 대해서는 크게 칭찬했지만 마을로 가는 길은 형편없다고 지적한 바 있었다. 피즈와 근처에 사는 또 다른 퀘이커교도인 은행가 조나단 백하우스Jonathan Backhouse는 자신들이 사는 마을과 스톡턴이라는 당시 급성장하던 항구 마을 사이에 놓인 철로를 개선시키면 상업적 이득을 볼 수 있을 것이라 판단했다. 마침내 1880년대 초에 피즈가 철도 건설을 제안했고, 이를 실현해줄 기술자 조지 스티븐슨George Stephenson을 찾았다.

수심에 찬 스티븐슨

피즈가 기술자를 찾으러 왔을 당시 조지 스티븐슨은 막 아내와 사별한 상태로, 인근의 킬링워스 탄광에서 증기 기관 관리를 담당하고 있던 능력 있는 기술자였다. 스티븐슨의 전기 작가인 사무엘 스마일스의 말에 따르면, 피즈는 스티븐슨을 처음 봤을 때, "솔직하고 합리적인 남자다. 그는 거만을 떨지 않으며 겸손하다."고 말했다고 한다. 한편, 패니 켐블이라는 젊은 여배우는 중년의 스티븐슨을 만났던 때의 느낌에 대해 이렇게 기록했다. "스티븐슨은 확실히 인상적인 사람이었어요. 그에게는 자기 생각을 전달하는 나름의 독특한 방식이 있었죠. 아주 강력한 어조로 한 치의 물러섬도 없이 설명하는 거예요. 아주 매력적이었어요."

새로운 철도는 스톡턴-달링턴 철도라 불리게 되었다. 건설에 필요한 자금 대부분은 피즈가 마련했는데, 그는 1824년에 스티븐슨이 뉴캐슬어폰타인에서 그의 아들 로버트의 이름을 딴 첫 번째 기관차를 만들 때도 자금을 전부 대주었다. 국회의 승인을 받은 스톡턴-달링턴 철도는 화물과 승객 전부를 운송할 수 있는 최초의 공영 철도이자, 사우스웨스트 더럼과 스톡턴 탄광촌들 사이의 48킬로미터 구간을 연결 짓는 수익성 있는 철도가 되었다.

철도인의 아내

✦

철도에 대해 가장 생생히 묘사한 글로 대개 여배우 패니 켐블을 꼽지만, 트레비식이나 스티븐슨처럼 철도 산업에 종사한 사람들에 관한 기록 역시 많은 편이다. 그러나 리처드 트레비식의 아내 제인처럼 철도인의 아내로서 위대한 삶을 살았던 이들에 관한 기록은 없다. 주철업자의 딸로 태어난 제인은 남편보다 오래 살았으며 1868년에 96세의 나이로 숨을 거뒀다. 그녀는 온갖 재정적 어려움 속에서도 남편에게 헌신적이었으며 네 명의 자녀까지 낳았다. 한편 조지 스티븐슨은 결혼을 3번이나 했는데 첫 번째 아내 패니는 1806년에 딸을 출산하다가 죽고 말았고, 두 번째 아내 베티 또한 1846년에 사망하고 말았다. 두 번째 아내마저 사망하자 낙담한 스티븐슨은 가정부인 엘렌 그레고리와 결혼했다. 사망 후 그는 두 번째 아내인 베티의 곁에 함께 묻혔다.

위대한 기술자
체스터필드 역 바깥에 세워진 조지 스티븐슨의 청동상. 체스터필드는 그가 묻힌 곳이다.

달리는 증기 기관

1822년에 스톡턴-달링턴 구간의 철도 운행을 위한 철로가 깔리자 스티븐슨은 자신의 첫 증기기관차 제작에 착수했다. 트레비식의 '페니다렌' 기관차13쪽 참조를 닮은 땅딸막한 기관차였다. 당시 스티븐슨은 주철 철로를 상당량 소유하고 있었지만, 그보다는 동료 기술자 존 버킨쇼John Birkinshaw가 새로 개발한 연철 철로를 사용하기로 했다. 결과적으로 이는 현명한 선택이었다. 버킨쇼의 철도는 조금만 더 일찍 발명되었더라면 분명 트레비식을 구제했을 거라 평가받을 정도로 획기적인 발명품이었던 것이다. 한편, 현실적인 성격이었던 스티븐슨은 자신이 개발한 증기 기관차에 '로코모션 1Locomotion No. 1'이라는 확실한 가제를 붙였다그는 이미 킬링워스 탄광에서 '마이 로드'와 '블루쳐'라는 증기 기관차를 만들어놓은 상태였다. '로코모션 1'은 1825년 9월에 석탄 화차로 첫 운행을 개시했는데 여기에는 석탄이 아닌 승객 600명이 타고 있었다. 말에 올라탄 채 굳이 필요 없는 경고 깃발을 흔들며 나아가는 남자의 뒤를 따라서, 기관차는 성공적으로 목적지까지 운행되었다. 이후 '로코모션 1'은 석탄 화차 뿐 아니라 고위 관직의 사람들이 이용하는 승객용 마차로도 쓰였다. '익스페리먼트The Experiment'라는 이름의 이 마차는 철도의 등장과 함께 사라졌던 역마차와 놀랄 정도로 닮은 형태였다.

스톡턴-달링턴 철도가 개통된 시기는 영국의 웰링턴 공작이 워털루 전쟁에서 나폴레옹을 무찌른 지 겨우 10년이 지난 후였다. 이 철도의 개통은 역사적으로 상당히 중요한 사건으로, 당대에도 크게 회자되었다. 18세기의 논평가 시드니 스미스는 이 사건을 다음과 같이 설명했다. "나는 이제 여우나 토끼보다 빨리 달릴 수 있으며 161킬로미터 구간을 비둘기나 독수리보다 빨리 갈 수 있다." 바로 이 시기부터 사람은 말보다 더 빨리, 더 멀리, 더 오랫동안 이동할 수 있게 된 것이다.

광부용 안전등

✦

광부용 안전등을 둘러싼 논쟁은 조지 스티븐슨의 경력에 큰 영향을 끼쳤다. 19세기 말에는 두 종류의 안전등이 사용되고 있었는데, 북동 지역 광부들은 조지 스티븐슨이 발명한 '스티븐슨' 안전등을 사용했으며 그 밖의 지역 광부들은 험프리 데이비 경(Sir Humphry Davy)이 비슷한 시기에 만든 '데이비' 안전등을 사용했다. 그러던 중 데이비 경이 스티븐슨을 산업 스파이로 고발하는 사건이 벌어졌다. 결국 의회 위원회는 스티븐슨의 결백을 인정하며 데이비 경에게 보상금 1,000파운드를 지급하라고 했지만 데이비 경은 판결 결과를 절대로 받아들이려 하지 않았다. 이 사건으로 인해 스티븐슨은 평생 언변이 좋은 귀족을 혐오하게 되었다.

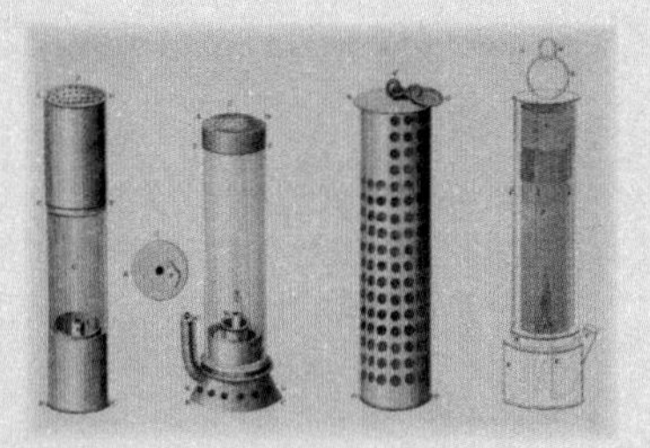

더럼 석탄, 점화되다

한편, 조셉 피즈Joseph Pease는 아버지인 에드워드 피즈보다

설계자가 직접 운전하는 기차
조지 스티븐슨은 1825년 '로코모션 1'의 첫 운행 시 직접 기관차를 운전했다. 이 증기 기관차는 훗날 달링턴 국립 철도 박물관에 보존및 전시되었다.

세속적인 인물이었다. 그는 미래에는 석탄이 산업과 가정에서 사용되는 주 연료가 될 거라고 예측했다. 실제로 석탄은 보다 효율적인 난방 방식을 찾던 사람들에게 큰 인기를 끌었다. 매사추세츠에서 태어난 럼퍼드 백작Count Rumford은 석탄불이 지닌 문제를 해결하겠다는 열정 하나로 30년 전 런던으로 온 인물이었다. 그는 당시 영국 수상이었던 파머스턴 경과 박물학자 조지프 뱅크스 경을 비롯한 런던 유명인사들의 집에서 석탄을 태우면 연기가 집을 가득 메우는 문제를 해결해 주었다.

조셉 피즈는 더럼 지역의 석탄을 운송할 새로운 수단을 확보하기 위해 철도의 끝에 새로운 항구를 건설하기로 했다. 그는 항구를 지을 장소로 동해안에 있는 작은 농촌 마을 미들즈브러라를 선택했다. 이 마을은 이내 북잉글랜드에서 가장 번잡한 항구 중 하나가 되었고, 인구 또한 2만 명으로 늘어났다이 마을은 또한 최초의 철도 마을이 되기도 했다. 훗날 조셉 피즈는 퀘이커교도 최초로 국회의원이 되었으며 1872년 사망할 당시 상당한 재산을 소유하고 있었다.

검은 금
스톡턴-달링턴 철도는 내륙에 있는 탄광들을 항구 도시와 연결해주었다. 또한 석탄을 캐려는 사람들의 열망 덕에 이후에도 다양한 구간으로 확장되었다.

1830

리버풀-맨체스터 철도

지역: 잉글랜드
유형: 승객용, 화물용
길이: 56킬로미터

+ 사회성
+ 상업성
+ 정치성
+ 공학성
+ 군사성

리버풀에서 생산되는 목화를 맨체스터의 공장으로 옮기기 위해 세계 최초로 도시 간 철도가 계획되었다. 하지만 무엇보다도 이 철도가 실제로 건설되었다는 것 자체가 당시로서는 매우 놀라운 사건이었다. 정치적 음모, 전문가들의 질투, 심각한 지정학적 문제 등으로 인해 철도 건설은 매 단계마다 애를 먹었다. 하지만 결국 이 철도는 무사히 완공되었고 역사에도 길이 남게 되었다.

실패로 돌아간 실험

스트래트퍼드 온 에이븐셰익스피어의 고향에 위치한 로열 셰익스피어 극단에서 연극을 관람하며 저녁 시간을 보내는 사람들은 보통 연극이 시작되기 전 에이번 강 위에 지어진 인근의 다리를 따라 산책하곤 한다. 벽돌로 지어진 이 다리는 잘 알려지지는 않았지만 윌리엄 제임스William James의 작품이다. 어떤 사람들대부분이 그의 가족들은 그를 가리켜 '철도의 진정한 아버지'라고도 부른다.

측량사이자 기술자인 제임스는 이 야심찬 철도 프로젝트에 자비를 지나치게 쏟아부은 사람이었다. 그는 언젠가 사람들이 철도를 이용해 도시에서 도시로 이동하게 될 거라 확신했고, 영국의 중심부를 관통하는 대규모 철로를 구상하기까지 했다. 바로 스트래트퍼드 온 에이븐에서 출발해 런던에 도착하는 구간이었다. 하지만 그 계획은 자금 부족으로 인해 스트래트퍼드에서 모턴 만의 입구까지 이르는, 고작 24킬로미터 밖에 되지 않는 구간으로 축소되고 말았다. 초창기 영국의 기관차 건설자였던 존 라스트릭John Rastrick은 제임스에게 그가 구상 중인 철도에 기차를 운행하려면 말이 제격이라고 조언해 주었다. 그는 트레비식이 '캐치

리버풀-맨체스터
산업화가 한창이던 잉글랜드 북부 지방은 초창기 철도들의 발상지였고, 리버풀이라는 항구 도시를 맨체스터라는 제조업의 중심지와 이어주는역할을 했다.

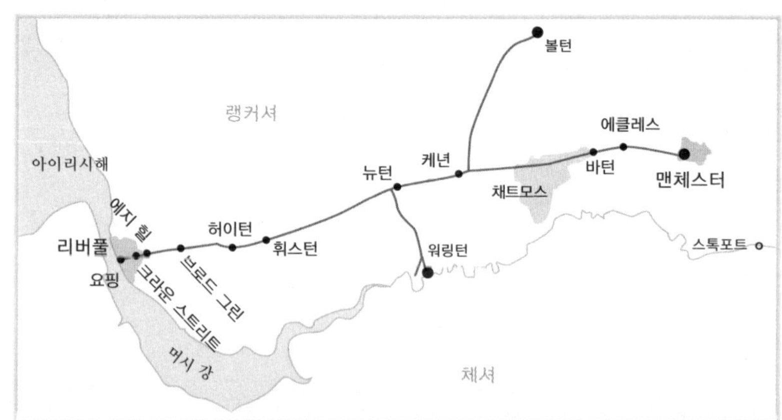

운하 건너기
철도가 개통되기 전에 화물은 강과 운하를 통해 운반되었다. 조지 스티븐슨은 머지 강을 따라 화물을 나르던 바지선들의 돛대를 청소하기 위해 생키 운하 위로 구름다리를 건설해야만 했다.

미 후 캔'12쪽 참조을 제작할 당시 이를 도와주었던 인물이기도 했다. 라스트릭의 조언대로 말을 이용한 객차가 1826년에 운행을 시작했지만, 점점 시들해지더니 결국 폐쇄되고 말았다. 하지만 제임스는 여전히 영국에서 가장 큰 측량회사를 운영하고 있었고 이내 또 다른 철도 계획 작업에 착수했다. 바로 리버풀과 맨체스터를 잇는 철도였다.

삼각무역

말과 돛단배의 힘, 심지어 증기 기관의 힘으로 움직이는 수레가 리버풀에서 맨체스터까지 철로를 따라 달린다는 생각은 당시 도시의 사업가들에게 상당히 매력적인 이야기였다. 리버풀은 노예무역으로 번창한 도시였으며, '삼각무역Trafalgar Triangle'에 이 도시의 운명을 걸고 있었으니 더욱 그러했다. '삼각무역'이란 옷감, 총, 기타 물품들을 서아프리카의 항구로 수송해 그곳의 노예와 교환하는 무역을 말한다. 배가 서아프리카에 도착하면 인부들은 배에 실린 물품들을 하역하고 대신 흑인 노예들을 실었다. 그 노예들은 중간항로[9]를 경유해 서인도 제도의 대규모 농장으로 보내졌다당시 화물선 안에서 노예들은 오늘날 기차 일반석의 10분의 1에 해당하는 공간 안에 갇힌 상태였다고 한다. 이 무역의 마지막 목적지는

황금기는 지나갔다.
철의 시대가 그 뒤를 잇고 있다.

헨리 부스, 리버풀-맨체스터 철도 관리자, 1830

리버풀과 같은 항구로, 배 안에는 서인도 제도에서 사들인 럼주와 설탕 등 영국의 차 문화에 필요한 물품들이 잔뜩 실려 있었다.

맨체스터의 시민들은 목화 무역에도 관심을 보이기 시작했다. 그들은 리버풀에서 가져온 목화를 이용해 수력과 증기로 돌아가는 공장에서 옷을 만들었다. 그런데 리버풀에서 목화를 가져오거나 완제품을 맨체스터에서 리버풀로 다시 보내려면 이 짐들을 바지선에 싣고 2개의 운하인 머지 강과 어웰 강을 따라 운송 해야 했다. 하지만 이 운하들은 독점적으로 운영되었던 터라 부과되는 요금이 터무니없이 비쌌다. 퀘이커교도이자 옥수수 판매상이었던 조셉 샌더스Joseph Sandars와 존 케네디John Kennedy 역시 이에 대해 강한 불만을 가졌다. 맨체스터 출신인 존 케네디는 자신의 방적 공장에서 거둬들인 어마어마한 수익 덕분에 맨체스터에서 가장 큰 공장을 세운 인물이었다. 그는 공장을 지을 당시 최신 기술이었던 주철 틀을 이용했는데, 이 주철 틀 덕분에 영국의 철도 산업은 다른 국가들보다 한 발 앞서나가게 된다.

터무니없이 높은 운하 이용 요금에 분개한 케네디와 샌더스는 리버풀과 맨체스터를 잇는 철도를 직접 건설하기로 했다. 샌더스는 자신들과 같은 아이디어를 구상 중이던 윌리엄 제임스William James를 만나 일을 진행했다. 리버풀-맨체스터 철도의 관리자였던 헨리 부스Henry Booth는 자신의 저서 《리버풀-맨체스터 철도 이야기 *An Account of the Liverpool and Manchester Railway*》에서 이렇게 썼다. "제임스가 샌더스의 소개서를 가져왔다. 소개서에 따르면 샌더스는 리버풀에서 맨체스터까지 현재의 운송 수단으로는 충분치 않다는 것을 몸소 느꼈으며, 불만 사항을 해결하기 위해 어떤 시도라도 할 준비가 되어 있는 사람이었다."

극복 가능한 장애물
맨체스터 바깥에 있는 채트모스 늪은 철도 건설업자에게 큰 문젯거리였다. 이에 스티븐슨은 땔나무를 쌓아 그 위에 철도를 띄우는 획기적인 해결책을 내놓았다.

위기를 극복하다

하지만 당시에는 철도 자체를 못 미더워하는 사람들이 많았다. 제임스와 그의 측량 조수가 캠퍼스, 측량기, 지도를 들고 나타나자 예상대로 시골 마을 사람들은 이에 반대하고 나섰다. 사무엘 스마일스는 《조지 스티븐슨과 그의 아들 로버트 스티븐슨의 삶*The Life of George Stephenson and his son Robert*

Stephenson》에서 "농부들은 쇠스랑을 들고 들판 입구에 서 있었으며 제임스 일행을 내쫓기 위해 총을 들고 나타날 때도 있었다. 남녀노소 할 것 없이 마을 사람들 모두가 측량 기사들이 나타날 때마다 쫓아와서 욕을 하고 돌을 던졌다."고 회고했다.

하지만 이러한 문제는 물리적인 장애에 비하면 아무것도 아니었다. 맨체스터 외곽에는 26제곱킬로미터에 달하는 채트모스 늪지가 있었다. 이 늪지는 소를 집어삼킬 정도로 헤어 나오기 어려운 곳으로 악명이 높았다1950년대에는 로마가 영국을 점령한 동안 참수된 불쌍한 켈트족들의 잘린 머리가 이 늪에서 발견되기도 했다. 또한 평평한 지대에 철도를 놓기 위해서는 철도가 생키 브룩 계곡을 지나도록 길을 내야 했는데, 그러려면 먼저 다리를 설치해야 했다. 측량을 마친 제임스는 그의 조수 로버트 스티븐슨과 함께 뉴캐슬로 돌아왔다. 아들이 돌아오자 그의 아버지인 조지 스티븐슨은 국회에 이 새로운 철도 건설의 승인을 요청했다. 하지만 이번에는 윌리엄 제임스가 도움을 줄 수 없었다. 철도에 대한 지나친 열정으로 사업적 이윤을 등한시하는 바람에 그는 결국 파탄 직전까지 갔던 것이다. 사무엘 스마일스는 스티븐슨의 자서전에서 이렇게 기록하고 있다. "제임스의 경제적 문제는 최고조에 달했다. 병이 들고 빚더미에 오르게 되자 그는 더 이상 위원회와 했던 약속을 지킬 수 없게 되었다."

채트모스 늪지

✦

조지 스티븐슨은 늪지대를 따라 철로를 건설해야 했다. 고심한 끝에 그는 나무, 헤더10, 돌 등을 늪지 바닥에 던져 넣어 일종의 기초를 만든 후 그 위에 철로를 놓는 방법을 이용했다. 이는 역사학자에서 농부로 전향한 윌리엄 로스코(William Roscoe)에게 영감을 받은 것이 틀림없었다. 로스코는 농원을 경영하던 농부의 아들로, 늪지대를 길들이는 법을 스스로 터득한 바 있었다. 그는 쟁기를 끄는 말에 나무로 만든 신발을 신겨 땅을 경작했다. 여배우 패니 켐블은 스티븐슨 회사가 제작한 기차를 타고 채트모스 늪지를 지날 때 이렇게 말했다. "우리는 시속 40킬로미터의 속도로 지나갔다. 기차 양쪽으로 고여 있는 늪지대가 파르르 떨리는 것이 보였다."

총 길이가 무려 56킬로미터에 달하는 이 철도를 건설하려면 세계 최초로 도시 아래에 터널을 만드는 작업을 하고, 올리브 산도 3.2킬로미터 정도 뚫어야 했다. 뿐만 아니라 생키 브룩 계곡 위로 60개 이상의 다리와 구름다리를 설치해야 했으며, 그러기 위해서는 아치가 적어도 9개 이상 필요했다. 다리를 짓거나 둑을 쌓는 데는 올리브 산에서 캐낸 돌을 이용하면 되었지만, 채트모스 늪지를 따라 무려 46.4킬로미터에 달하는 선로를 건설하는 것은 결코 쉬운 일이 아니었다. 예상대로 이 프로젝트는 극심한 반대에 부딪혔는데, 반대 인사 중에는 로버트 브래드쇼Robert Bradshaw도 있었다. 그는 스티븐슨의 계획을 사기라고 비난하여 그 제안이 기각되는 데 단단히 한몫을 했다그는 운하의 중개인으로 일하며 수수료를 엄청나게 챙겼던 사람이었다. 스티븐슨은 이에 굴하지 않고 수로를 이용할 경우 두 도시 사이를 이동하는 데 36시간이 걸리지만, 철도를 이용할 경우 5시간에서 6시간으로 단축된다고 설명했다. 그는 브래드쇼에게 프로젝트에서 나오는 수익을 한 몫 챙겨주겠다는 제안도 해보았지만 일언지하에 거절당했다. 브래드쇼는 그 모든 계획이 불가능한 희망일 뿐이라고 확신하고 있었다.

일이 계획대로 잘 풀리지 않자 이 철도를 기획했던 케네디와 샌더스는 스티븐슨을 버리고 다른 기술자를 찾아 다시 한 번 도전해 보기로 했다. 그들이 찾은 새로운 기술자는 찰스 비뇰Charles Vignoles과 그의 형제들, 즉, 측량사이자 기술자인 조지 레니George Rennie와 존 레니John Rennie였다. 그들의 부친인 존은 이미 런던 템즈 강에 2개의 다리를 건설한 것으로 유명했는데, 그것이 바로 서더크 브리지와 워털루 브리지였다. 이 형제들은 스티븐슨이 제작한 철도 계획안을 수정해서 다시 제출했으나, 철도 건설을 후원하던 이들은 담당 기술자로 다시 조지 스티븐슨을 지목했다. 이 형제들은 자수성가형인 조지 스티븐슨을 몹시 싫어했기 때문에 작업에서 손을 뗄 수밖에 없었다. 한편, 브래드쇼는 결국 설득을 당해 입장을 바꾸고 이 계획을 지지하게 되었다. 이로써 마침내 리버풀-맨체스터 철도 건설 작업을 위한 준비가 모두 완료되었다.

신기원을 열다

윌리엄 제임스는 리버풀-맨체스터 구간이 착공되는 데 18개월이 걸릴 거라고 예상했지만 실제로 이 철도를 건설하는 데는 약 5년이 걸렸다. 그렇게 완공한 철도는 스티븐슨이 유명세를 떨치는 데 공헌했으나, 건설 과정에서 수많은 인부가 목숨을 잃었다. 《리버풀 머큐리》는 1830년, 5월 1일 자 기사에 아침 식사를 하러 가던 한 무리의 광부를 태운 배가 뒤집히는 바람에 그들이 어웰 강에 던져졌다는 내용을 실었다.

선구적인 철도
철도가 부두까지 닿기 위해서는 리버풀이라는 항구도시 아래로 와핑 터널을 뚫어야만 했다. 화가 토머스 베리는 가스등으로 밝힌 터널의 원근을 과장되게 그려 터널을 실제보다 커 보이게 했다.

한편, 1829년 레인힐에서는 리버풀-맨체스터 철도 운행에 적합한 기관차를 찾기 위한 시험 운행이 진행되었다. 1년 후인 1830년 9월, 스티븐슨이 만든 기관차 '로켓Rocket'과 '플래닛Planet'이 맨체스터에서 리버풀 사이를 처음으로 운행했고 '노섬브리언Nothumbrian', '피닉스Phoenix', '노스 스타North Star' 등 다른 여섯 개의 기관차도 뒤이어 첫 운행을 개시했다. 리버풀-맨체스터 철

성능의 차이
'노블티', '산스 파레일', '로켓' 모두 1829년에 시험 운행을 했지만, '노블티'와 '산스 파레일'은 결코 '로켓'의 성능을 따라오지 못했다.

도는 철도의 역사에 남을 신기록을 세우기는 했지만 개통되던 날 첫 승객이 사망하는 사고가 발생하면서 좋지 않은 선례를 남기고 말았다. 사무엘 스마일스는 이 사건에 대해서 다음과 같이 기록했다. "웰링턴 수상을 태우고 있던 '노섬브리언' 기관차가 리버풀에서 27킬로미터 정도 떨어진 파크사이드에 이르렀을 때, 엔진이 더 이상 물을 흡수하지 않았다. 그래서 이 기관차는 다른 기차들을 먼저 보내기 위해 한쪽 차선에 멈춰 섰고, 마침 기차를 타고 있던 허스킨슨 상원의원이 객차에서 내려 반대편 도로로 건너갔다. 그때 그 도로에는 기관차 '로켓'이 빠른 속도로 다가오고 있었다. 하지만 허스킨슨 의원은 이를 알지 못했고 때마침 웰링턴 수상이 그를 알아보고 손을 내밀었다둘은 당시 냉랭한 관계였다. 짧은 순간이었지만 그들은 서로 예의를 차려 악수를 했다. 그런데 손을 채 놓기도 전에 구경꾼 중 하나가 '어서 들어가세요!'라고 소리를 쳤다. 당황한 허스킨슨 위원이 그제야 허둥지둥 반대편 선로에 있던 객차의 열린 문으로 들어가려고 했지만 '로켓'이 달려와 그를 치고 말았다. 그의 다리는 기차 아래 깔려서 그 즉시 뭉개져 버렸다. 의원을 일으켜 세웠을 때 그가 한 첫 마디는 '나는 죽음을 보았어.'였다. 안타깝게도 이 말은 사실이 되고 말았는데, 그는 그날 밤 저녁 에클스 목사관에서 숨을 거두었다."

하지만 사무엘 스마일스는 이 사건이 꼭 나쁘지만은 않았다고 기술했다. "당시 조지 스티븐슨이 직접 운전한 '노섬브리언' 이 기관차에 치인 그 불행한 남자를 싣고 25분 만에 25킬로미터, 즉 시속 58킬로미터의 속도로 운전했다는 사실은 무척 대단하게 여겨졌다. 이 기관차의 엄청난 속도는 세상 사람들을 깜짝 놀라게 만들었다."

신기록 수립

✦

리버풀-맨체스터 철도는 스키틀11 경기장의 핀볼처럼 계속해서 신기록을 달성했다. 이 철도는 사실상 최초로 화물운송용 컨테이너를 이송했는데, 철도 담당자들은 이를 위해 픽퍼드(Pickfords)라는 화물 수송회사가 이용한 방법을 썼다. 그들은 두 도시를 오가며 편지를 비롯한 우편물을 운송하는 참신한 방법을 활용했다. 이후 기차 여행을 원하는 승객이 증가하자 철도는 더 많은 사람을 운송했다. 한편, 스티븐슨이 개발한 복선 철로 덕분에 기차는 이제 양방향으로 운행할 수 있게 되었다. 각 열차가 좌측 철로를 이용하도록 한 이 발명품은 전 세계적으로 이용되었다. 그런데 복선 철로가 건설되자 기차끼리 부딪히는 사고가 자주 발생했다. 이를 막기 위해 기본적인 경고 시스템이 도입되었는데, 빨간 불은 정지를, 녹색 불은 위험을, 흰색 불은 출발을 의미했다. 이 시스템 또한 곧 전 세계적으로 사용되었다.

1830 볼티모어-오하이오 철도

지역: 미국
유형: 승객용
길이: 611킬로미터

- 사회성
- 상업성
- 정치성
- 공학성
- 군사성

1830년 볼티모어에서 열린, 말과 증기 기관차가 본의 아니게 벌인 경주에서 용맹한 말들이 목적지에 더 빨리 도착했지만 사실 이는 진정한 승리가 아니었다. 엄밀히 말해 이 시합의 진짜 승자는 미국 최초의 승객용 증기 기관차 '톰 섬'이었다. 이 사건으로 '톰 섬'은 볼티모어-오하이오 철도를 운행한 이래 역사에 길이 남을 기록을 세우게 된다.

1830년 8월, 피터 쿠퍼Peter Cooper가 개발한 '톰 섬Tom Thumb' 기관차는 많은 승객들을 태운 채 메릴랜드 엘리코트 밀로 향하고 있었다. 철도 전문 변호사 존 H. B. 라트로브는 1868년에 당시의 일에 대해 이렇게 회상했다. "정말 즐거운 여행이었다. 기차는 곡선 길에서도 별 어려움 없이 시속 24킬로미터의 속도로 운행했다. 날은 화창했고 승객들 모두 기분이 최고였다."

'톰 섬' 기관차는 목적지까지 갔다가 돌아오는 길에 릴레이 하우스에서 잠시 운행을 멈추고 휴식을 취했는데, 때마침 한 마차가 우연히 바로 옆 선로에 나란히 멈춰 섰다. 아름답고 힘 좋은 용맹한 말이 이끄는 그 마차는 소유자인 스톡턴과 스토크스Stockton & Stokes가 직접 운전하고 있었다. 그런데 잠깐의 휴식을 마친 말과 기관차가 동시에 출발하면서 의도치 않은 경주를 하게 되었다. 초반에는 말이 속도를 내며 앞서나갔지만 '톰 섬'이 따라잡더니 이내 앞질러 갔다. 하지만 그때 바퀴를 둘러싸고 있던 끈이 풀어지는 바람에 기관사인 쿠퍼는 기관차를 멈출 수밖에 없었다. 그는 바닥에 떨어진 뜨거운 끈을 낚아채 손에 화상을 입은 채로 기관차를 다시 운전했지만, 결국 말보다 늦게 도착하고 말았다.

볼티모어-오하이오 철도
볼티모어-오하이오 철도는 처음에는 엘리코트까지 19.3킬로미터에 이르는 구간이었으나, 1835년에는 워싱턴, 1853년에는 휠링, 1857년에는 파커즈버그까지 연장되었다.

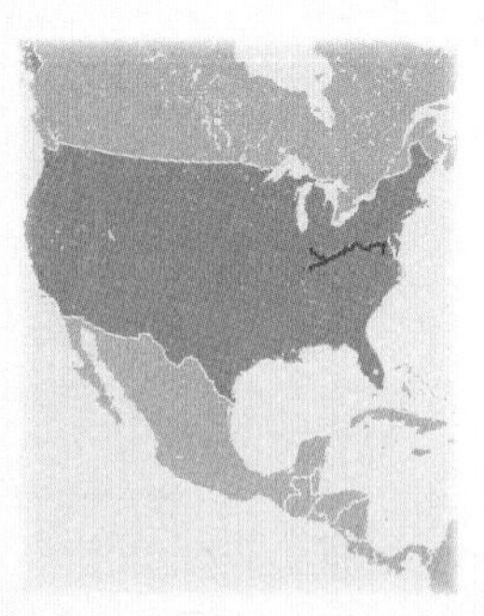

작은 기관차
피터 쿠퍼는 미국 최초의 공용철도인 볼티모어-오하이오 철도의 운행을 위해 미국 최초의 기관차 '톰 섬'을 제작했다.

말에서 기관차로

물론 말이 기관차를 이긴 이 사건은 그렇게 단순하지 않았다. 사실은 말이 아닌 기관차가 승리한 경주나 다름없었던 것이다. '톰 섬' 기관차를 설계하고 제작한 기술자 피터 쿠퍼는 이전에 도축 사업으로 성공한 바 있는 뉴욕 출신의 베테랑 발명가였다. 그는 메릴랜드의 볼티모어와 오하이오 강을 연결하는 철도가 계획 중이라는 소식을 접하고 돈을 빌려 메릴랜드의 토지를 사들였다. 철도가 건설되면 분명 그 지역을 지나갈 것이라 확신했기 때문이었다. 그런데 토지를 개간하던 중 쿠퍼는 철도 산업에 꼭 필요한 원자재가 그 땅에 매장되어 있는 것을 우연히 발견하게 된다. 바로 철광석이었다. 그는 철광석을 발견하자마자 이를 철도 회사에 팔기 위해 볼티모어에 제철소를 세웠다.

그로부터 2년 후 말의 이용률이 크게 떨어지는 계기가 된 사건이 일어난다. 역마차를 소유하고 있던 윌리엄 B. 스토크스William B. Stokes가 운 나쁘게도 메릴랜드 법정에서 자신을 직접 변호해야 하는 상황에 놓이게 된 것이다. 볼티모어에서 휠러까지 이동하던 그의 마차가 전복되면서 탑승하고 있던 여성 승객 1명이 다치는 사고가 발생했는데, 그녀의 가족들은 마차 운전사가 술에 취해 있었다고 주장하며 회사를 상대로 소송을 제기했다. 함께 회사를 운영하던 리처드 스톡턴Richard Stockton이 사망했던 터라 스토크스는 이 혐의에 맞서 홀로 회사를 변호해야 했다. 하지만 그의 노력에도 불구하고 결국 스토크스의 회사는 패소하고 말았다.

> 나는 이것이 내 인생에서 가장 중요한 일이라고 생각한다. 이는 미국 독립선언문에 서명하는 것에 버금가는 일이다.
>
> **찰스 캐롤**, 볼티모어-오하이오 철도 기공식에서 주춧돌을 놓으며

철도를 달리다
1860년대가 되자 볼티모어에서 제작된 '대처 퍼킨스' 같은 미국 기관차들이 볼티모어-오하이오 철도 위를 달리기 시작했다. 이 기관차에는 특유의 굴뚝, 배장기[12], 보기가 달려 있었다. 보기는 선로와의 접지력을 높여주는 장치로 1830년대에 처음으로 개발되었다.

한편, 볼티모어-오하이오 철도회사는 나날이 번창했다. 이 회사를 설립한 사람은 퀘이커교도인 필립 E. 토머스Philipn E. Thomas인데 그는 동료 사업가인 조지 브라운George Brown과 함께 배를 타고 영국에 가 스톡턴-달링턴 철도18쪽 참조를 본 적이 있었다. 서부 오하이오 계곡의 주요 수출품은 농작물이었으나, 이곳의 농부들은 값싼 농작물을 대량으로 운송하는 데 어려움을 겪고 있었다. 만약 이 농작물을 항구로 직접 운송할 수만 있다면 그들은 큰 수익을 낼 수 있을 터였다. 1800년대 초반에 농작물을 항구로 직접 운송하기 위한 가장 적절한 방법은 이리 호와 허드슨 강, 뉴욕을 연결하는 운하인 이리 운하를 이용하는 것이었다.

토머스와 브라운은 총 길이가 611킬로미터에 달하는 야심 찬 철도를 건설해 이리 운하에 맞설 계획을 세웠다. 그들은 양방향 교통을 원활히 하기 위해 복선을 놓고, 경사도를 적절하게 유지하기 위해 선로가 구불구불한 강의 흐름을 그대로 따르도록 설계했다. 하지만 아무리 애를 써도 이렇게 긴 거리에 철도를 놓다 보면 가파른 구간이 나올 수밖에 없었다. 그런 구간에는 이동에 보다 적합한 말을 운행하기로 했다. 그리하여 1828년, 드디어 철도 기공식이 열렸다. 이 행사에는 1777년 미국 독립선언문에 서명했던 인물 중 하나인 당시 90살의 찰스 캐롤이 직접 참여해 주춧돌을 놓았다. 그로부터 2년 후에는 볼티모어에서 출발하는 초반 19.3킬로미터 구간의 선로가 놓였으며, 이어 볼티모어 서부에서 엘리코트까지 이어지는 첫 구간이 개통됐다. 운송수단으로 처음에는 말이 이용되었지만 점차 증기 기관차로 대체되었다.

개척자

초창기 기관차들은 엔진의 배열이 메뚜기가 긴 다리로 서 있는 모습을 연상시킨다 해서 '메뚜기grasshopper' 기관차라고 불렸다. 그 후 얼마 지나지 않아 지금과 비슷한 모습의 기관차가 등장했는데, 최초의 모델은 '라파옛Lafayette'이었다. 미국이 독립전쟁을 하는 동안 미국 편에서 싸웠던 프랑스 군인의 이름을 따서 지은 '라파옛' 기관차는 앞쪽에 연통의 굴뚝이 있고, 가운데에 넓은 수평식 보일러가 있었으며, 뒤쪽에는 기술자를 위한 승강구가 나 있어 진짜 기관차처럼 보였다. 또한 이 기관차에는 보기[13]가 장착되어 있었는데, 이는 비교적 최근에 개발된 장치로 기존의 기관차보다 접지력을 높여주었다.

'라피엣'을 만든 사람은 윌리엄 노리스Willam Norris였다. 원래 포목 상인이었던 그는 1831년에 필라델피아의 기관차 제작자로 직업을 변경했다. 그는 이내 유명한 기관차 제작자가 되었고, 영국에 기관차를 수출하기까지 했다. 1836년에는 필라델피아-콜롬비아 철도회사에 '워싱턴 카운티 파머Washington County Farmer'라는 기관차를 팔았는데, 그 기관차에 달린 바퀴 4개짜리 보기는 마치 앞쪽에 달린 별도의 차량처럼 보였다. 이 보기의 성능은 존 B. 저비스John B. Jervis가 뉴욕 웨스트포인트 주철공장에서 제작한 '브라더 조나단Brother Jonathon' 기관차를 대상으로 한 실험에서 입증된 바 있었다. 바퀴 4개가 달린 이 보기 덕분에 '워싱턴 카운티 파머'와 뒤이어 개발된 '라피엣', 그리고 향후 등장하는 거의 모든 승객용 기차들은 곡선 구간을 무리 없이 달릴 수 있게 되었다.

그 후 1842년에 새로운 철도망이 동해안 지역까지 확장된 후에야 마침내 볼티모어-오하이오 철도가 오하이오 강까지 이어졌다. 이 철도는 완성되기 전부터 보드게임에 등장하거나, 최초의 시간표를 발행하고, 전기 엔진을 사용하는 등 여러 부분에서 새로운 기록을 세웠다. 1930년대에는 최초로 에어컨을 장착한 기차가 달려 화제가 되기도 했다.

러트로브의 실수

✦

볼티모어-오하이오 철도를 홍보한 필립 토머스(Philip Thomas)는 '토머스 구름다리'라는 획기적인 구조물을 건축한 것으로도 유명하다. 볼티모어-오하이오 철도는 1831년에 워싱턴까지 확장 허가를 받았지만 실제로 구간이 개통된 것은 1835년, 이 구름다리가 건설된 후였다. 8개의 경간으로 된 이 구름다리는 당시 미국에서 가장 긴 다리였다. 또한 곡선을 따라 지어진 최초의 석조다리이자 패탭스코 강과 계곡을 건너는 유일한 길이기도 했다. 당시 많은 사람들이 '러트로브의 실수(이 다리의 설계자이자 존 H. B. 러트로브의 동생인 벤저민 헨리 러트로브의 이름을 따서 지어진 별명)'는 금방 무너질 거라고 확신했다. 하지만 이 다리는 패탭스코 계곡 역사상 가장 큰 홍수를 두 번(1868년과 1972년)이나 겪고도 무너지지 않았다.

1833 사우스 캐롤라이나 운하 및 철도 회사

지역: 미국
유형: 승객용, 화물용
길이: 219킬로미터

1920년대에 항만지역에서 만들어진 춤으로 유명해진 찰스턴은, 철도의 역사에서 보면 훨씬 전부터 유명세를 떨치던 곳이었다. 이미 100년 전에 이곳에 미국 최초의 공영 철도가 건설되었던 것이다.

- 사회성
- **상업성**
- 정치성
- 공학성
- 군사성

새처럼 빠른

1813년에 한 작가가 앞으로는 볼티모어에서 아침 식사를 하고 뉴욕에서 저녁 식사를 할 수 있게 될 거라고 주장한 일이 있었다. 당시의 상식으로는 이러한 생각이 무척 터무니없다고 여겨졌지만, 결국 이 말은 사실이 되었다. 이는 50년 뒤 《먼슬리 크로니컬》에 실린 기사에서 확인해볼 수 있다. "이제 볼티모어에서 뉴욕까지 기차로 하루 만에 쉽게 이동할 수 있다."

1755년에 태어난 올리버 에반스Oliver Evans는 수레바퀴 제조 과정을 밟은 견습생이었다. 대장간과 비슷했던 당시의 수레바퀴 제조장은 따뜻하고 밝은 분위기 때문에 저녁 모임 장소로도 꽤 인기를 끌었는데, 수레바퀴가 제작되는 시간에는 특히 활기가 넘쳤다. 당시의 수레바퀴 제작법은 다음과 같았다. 먼저 수레바퀴 제조인이 바퀴의 테두리를 꼭 맞게 제작하기 위해, 테두리로 사용할 철이 시뻘게질 때까지 달군다. 그리고 이것을 쭉 늘려서 나무로 된 바퀴 중심부 주위에 느슨하게 덮는다. 그러면 조수인 사내아이가 그 위에 차가운 물을 뿌려 바퀴 테두리를 바퀴에 꼭 맞게 수축시킨다. 사내아이는 그런 다음 물과 충전재로 가득 찬 통을 가열해 증기를 폭발시켰는데, 그 소리가 어찌나 컸던지 횃대에 앉아 있던 까마귀가 깜짝 놀라 날아갈 정도였다. 어린 에반스는 이러한 제조과정과 사내아이의 손놀림에 깊은 인상을 받았다. 그 후 에반스는 이곳에서 일하며 증기의 힘을 실제로 목격하고, 그 유용함을 알아차렸다. 보일러 안에서 가열된 물은 증기로 변하면서 팽창되는데, 이 증기의 힘으로 피스톤이 움직일 수 있다는 사실을 깨달았던 것이다. 이전에도 볼튼-와트의 저압력 증기 기관이 나오

앞날을 내다본 사람
올리버 에반스는 증기의 힘으로 기관차를 작동시켜 사람들을 수백 킬로미터 이상 운송할 수 있으리라 생각했다.

> 오전에 워싱턴에서 출발한 마차를 탄 승객은 볼티모어에서 아침 식사를, 필라델피아에서 점심 식사를, 뉴욕에서 저녁 식사를 하게될 것이다.
>
> **올리브 에반스**, 철도의 선지자, 1813

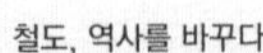

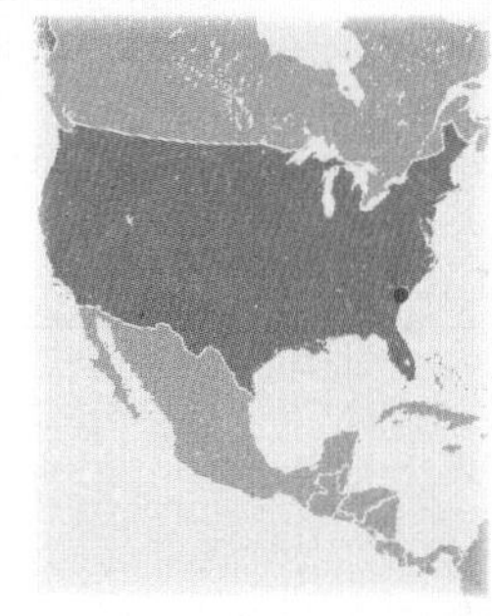

찰스턴 항구
당시 찰스턴 사람들은 새로운 철도가 지어지면, 인근 지역 사람들에 비해 무역상의 우위를 누릴 수 있으리라 기대했다.

긴 했지만 하나같이 한계를 지니고 있었다. 에반스는 '페니다렌Penydarren' 기관차를 개선해 철로를 따라 달릴 수 있는 증기 기관차를 구상했다. 뿐만 아니라 사람들이 증기 기관차의 힘으로 운행되는 마차를 타고 이 도시에서 저 도시로 새처럼 빨리시속 24~32킬로미터 이동할 수 있는 날을 상상하기도 했다. 에반스는 그렇게 빠르게 공기를 가로지르며 시시각각 변하는 풍경을 감상하는 일은 무척 신나고 짜릿한 경험일 거라고 말했다. 하지만 그는 1819년, 자신의 엔지니어링 회사에 화재가 일어났을 때 이에 휘말려 사망하고 말았다. 그로부터 1년이 지난 후 "사람들이 증기 엔진의 힘으로 움직이는 마차를 타고 이동할 것"이라던 그의 생각은 현실이 되었다. 찰스턴의 사우스 캐롤라이나에 미국의 초창기 철도 중 하나가 건설되기 시작한 것이다.

육지와 수로
올리버 에반스는 1780년대에 증기로 작동하는 수륙 양용 기관차에 대한 아이디어를 특허냈다.

찰스턴의 힘겨운 노력

1920년대 발표된 재즈음악가 지미 존슨Jimmy Johnson의 히트곡 덕분에 찰스턴Charleston이라는 도시는 불후의 명성을 얻게 되었다. 존슨의 말에 따르면, 그 댄스곡은 찰스턴의 흑인 항만 근로자들에게서 영감을 받아 만든 것이다. 찰스턴이라는 이름은 원래 영국 왕 찰스 2세의 이름을 따서독립 전쟁을 벌이는 동안 영국의 공격을 받은 후 적개심의 표시로 지어졌는데 이 이름에는 초기 미국 정착민들이 품었던, '위대한 항구 도시'가 되자는 야망을 기리는 뜻도 있다고 한다. 여하튼 찰스턴은 노예무역 붐으로 벌어들인 피비린내 나는 돈과 1700년대에 중요한 무역 물품이었던 벅스킨 바지의 유행 덕분에 당시 미국 상위 10위 도시 중 하나가 될 정도로 번성했다. 하지만 찰스턴의 미래는 1820년대가 되자 불투명해졌다. 노예들의 반란을 둘러싼 소문에서 겨우 벗어나 한시름 놓은 찰스턴의 백인들과 이 도시가 누려온 화려한 무역상의 지위는, 당시 서부 경제가 급격하게 성장하면서 한꺼번에 위기를 맞고 말았다. 이에 1827년에 설립된 사우스 캐롤라이나 운하 및 철도회사의 직원들은 찰스턴과 내륙 시장을 철도로 연결해 지역 경제를 다시 활성화하기로 한다.

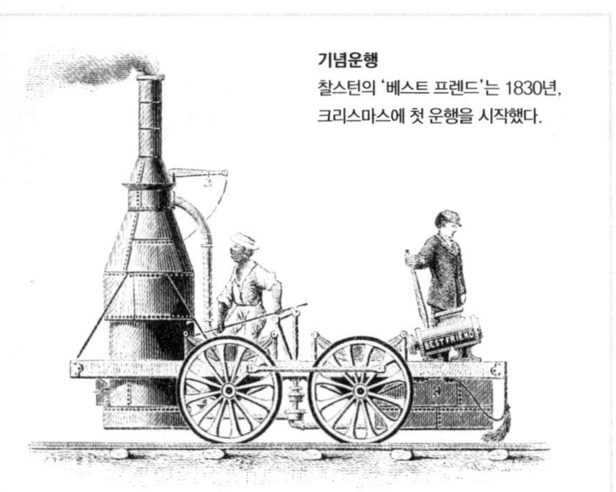

기념운행
찰스턴의 '베스트 프렌드'는 1830년, 크리스마스에 첫 운행을 시작했다.

찰스턴을 내륙 시장과 연결 짓는 철도는 1830년 크리스마스에 개통됐다. 《찰스턴 커리어》에 따르면, "승객 141명이 바람을 타고 시속 25킬로미터에서 40킬로미터로 날아갔으며, 이보다 두 배 빠른 속도로 돌아왔다"고 한다. 객차 다섯 대를 끌며 10킬로미터 구간을 빠른 속도로 운행한 이 기관차는 미국 내에서 최초로 만들어진 실물 크기의 증기 기관차였다. 이 증기 기관차의 이름은 바로 '베스트 프렌드Best Friend'였다.

증기의 베스트 프렌드

'베스트 프렌드'를 기획한 사람은 현지 사업가인 에즈라 밀러Ezra. L. Miller였다. 철도 이사회에도 가입되어 있었던 그는 당시의 철도 기술자들과 마찬가지로 철도의 미래에 무척 낙관적이었다. '베스트 프렌드'는 기존의 증기 기관차와는 사뭇 다른 모습이었다. 운전사는 안전 레일 끝에 걸터앉아 있었는데, 운전사 앞에는 엔진이 있었고 뒤에는 보일러가 로켓처럼 솟아 있었다. 이 수직형 보일러와 물탱크는 승객 50명으로 가득 찬 객차 다섯 대를 균일하게 시속 32킬로미터로 끄는 역할을 했다. 다만 보일러의 안전밸브에 압력이 가해지면 끼익하는 소리가 나서 무척 거슬렸다. 이 문제는 소방관 하나가 안전 벨브를 잠가버림으로써 해결되었지만, 이로 인해 큰 참사가 발생하고 만다. 1831년에 벨브를 잠그던 운 나쁜 소방관이 보일러 폭발로 사망하고 증기기관차 또한 크게 망가졌던 것이다. 결국 다른 엔진이 제작되었고, 여기에 '피닉스Phoenix'라는 이름이 붙었다. 봉황이라는 뜻의 '피닉스'는 이름 그대로 기존 엔진의 잔해로부터 새롭게 날아올랐다. 한편, 이 사고가 발생한 후 보일러의 안전밸브는 쉽게 조절할 수 없도록 바뀌었다.

선로에 투자하다

밀러가 기획한 '베스트 프렌드' 기관차는 미국이 만든 최초의 증기 기관차였지만 미국 대륙에 등장한 최초의 기관차는 아니었다. 당시 미국의 광부와 채석공들은 영국을 포함한 유럽 여러 곳에서 마차용 철도를 건설했지만, 정작 미국의 철도 위를 달린 최초의 기관차는 영국 수입품이었다. 바로 델라웨어-허드슨 운하회사가 영국 스타워브리지에 있는 포스터라스트릭 사에서 수입한 '스타워브리지 라이언Stoubridge Lion, 영국 밖에서 운영한 최초의 기관차' 증기 기관차였다. 그리고 일 년 후, 미국 내에서 제작된 '톰 섬' 기관차가 마침내 볼티모어의 철로를 따라 운행하기 시작했다.

찰스턴에서 뻗어 나간 철도는 언뜻 보면 규모도 작고 형태도 다소 기이해 보였지만, 철도 건설이라는 전쟁에서 개시 사격과도 같은 역할을 했다. 이는 미국 철도가 영국과는 그 발전 양상이 아주 달랐기 때문이었다. 영국의 경우 각 구간이 짧고 교통량이 많았으며 자금이 넘쳐났다. 이는 영국의 조지 스티븐슨이 은행가들에게 여유자금을 철도 산업에 투자하라고 설득한 것을 보면 알 수 있다. 하지만 1800년대 초 미국에서는 자금도 교통량도 턱없이 부족했다. 이런 상황에서 철도를 건설할 수 있었던 건 영국에 비해 그나마 땅값이 저렴했고, 찰스턴 구간이 성공한 덕분에 기업가와 정치인들에게 투자를 받을 수 있었기 때문이다. 결국 미국에는 10년 만에 4,828킬로미터에 달하는 철도가 생겨났으며, 이 숫자는 그 후의 20년 동안에 3배가 되었다.

미국 최초의 기술자

✦

1869년에 니콜라스 다렐이 사망했을 당시, 사우스 캐롤라이나 철도 직원들이 다 함께 그의 장례식에 참석했다고 지역 신문이 전했다. 이는 니콜라스 다렐(Nicholas Darrell)이 미국 최초의 기관차 기술자이기 때문이었다. 적어도 그들이 보기에는 그랬다. 훗날 뉴욕 출신의 존 데그논은 자신이 다렐에게 기술을 전수했다고 주장했지만, '베스트 프렌드'뿐 아니라 두 번째로 등장한 증기 기관차 '웨스트 포인트'(뉴욕 주철공장의 이름을 따서 지음) 모두 다렐이 제작했다. 한편, 이 두 증기 기관차 이후에는 '사우스 캐롤라이나'라는 세 번째 증기 기관차와 바퀴가 여덟 개 달린 기관차가 등장해 운행을 이어갔다.

1834 더블린-킹스타운 철도

지역: 아일랜드
유형: 승객용
길이: 10킬로미터

만약 프란시스 실즈라는 기술자가 새로운 철도를 건설하기 위해 오스트레일리아로 떠났더라면, 아일랜드 최초의 승객용 철도는 아마도 역사의 흐름을 완전히 바꿔놓았을 것이다. 하지만 그가 아일랜드에 남아 아일랜드식 궤간을 채택하는 바람에 일은 그리 순조롭게 풀리지 않았다.

- ✦ 사회성
- ✦ 상업성
- ✦ 정치성
- ✦ 공학성
- ✦ 군사성

문제를 예측하다

아일랜드에서 농부의 아들로 태어난 윌리엄 다간Willam Dargan은 교육이라고는 마을 학교에서 받은 것이 전부였다. 따라서 1820년대에 스코틀랜드 기술자 토머스 텔퍼드와 함께 일할 때에도 그는 고작 300파운드의 수익에 흡족해하던 순진한 청년이었다. 텔퍼드는 노스 웨일스와 더블린에서 도로 건설 작업을 하는 동안 다간을 데리고 다녔다. 이 과정에서 안목을 넓힌 다간은 스톡턴-달링턴 철도의 성공에 힘입어 철도 건설 붐이 일자 아일랜드 최초의 승객용 철도를 건설하기로 결심한다. 이는 더블린에서 킹스타운던레러까지 총 10킬로미터에 이르는 구간이었다. 이 철도는 건설하기 비교적 쉬운 구간이었지만 문제가 하나 있었다. 해변을 따라 놓

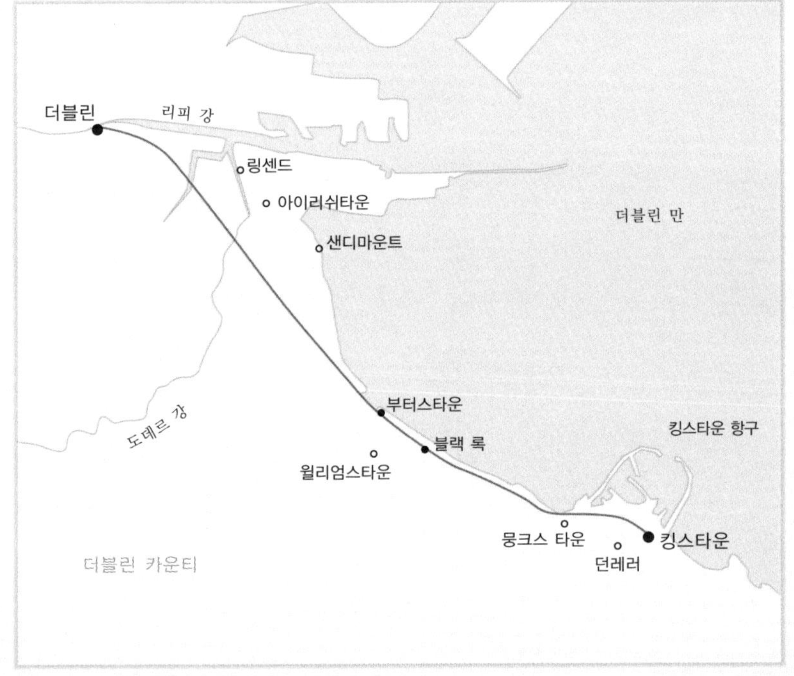

해안선
윌리엄 다간은 더블린과 킹스타운을 잇는 철도를 건설할 때 조지 스티븐슨이 적용한 궤간을 사용했다.

다간의 철도
윌리엄 다간은 아일랜드 최초의 여객 철도 건설에 크게 기여했다. 그는 이 철도를 건설할 때 표준 궤간을 채택했다.

일 예정이라 철도가 완공되면 아일랜드 바다에서 매일 목욕을 하는 어느 대지주의 사생활을 침해할 수 밖에 없었던 것이다. 결국 철도회사는 그에게 목욕할 수 있는 사원bathing temple을 별도로 제공해주어야만 했다.

다간은 두 선로 사이의 폭을 얼마로 정할지 고민하다가 결국 스티븐슨이 스톡턴-달링턴 철도를 건설할 때 사용한 궤간인 1.435미터로 결정했다. 스티븐슨이 1.435미터라는 궤간을 선택한 이유는 그 치수가 전통적인 화차의 궤간이었고, 또 그래야 탄광 선로와 쉽게 연결할 수 있다고 보았기 때문이었다. 사실 궤간의 기준은 수 세기 전으로 거슬러 올라간다. 그리스의 도시 코린트 근방에 있는 디올코스[14]는 두 선로 사이의 폭이 1.5미터로, 지금도 당시의 수레바퀴 자국이 선명하게 남아 있다. 일부 역사학자들은 고대 그리스의 철도 선로 폭은 가축의 크기를 반영해 정해진 것이라고 주장한다. 과거에는 노예의 노동력을 절감하기 위해 말이나 황소, 노새 등의 가축을 이용했는데 한 쌍, 혹은 두 쌍의 가축들이 철도에 들어가려면 두 선로의 간격이 충분히 넓어야 했다는 것이다. 이 이론에 따르면 스티븐슨의 궤간은 노새의 엉덩이 폭을 기준으로 정해진 것이다.

나는 영리기업을 존경한다. 우리가 운명이라고 부르는 모든 것이 전부 이것과 흐름을 함께하기 때문이다.

토머스 텔퍼드

사실 스티븐슨은 리버풀-맨체스터 철도를 건설할 때 더 넓은 궤간을 채택할 수도 있었다. 하지만 그는 아마도 자신이 익숙하게 알고 있는 것을 고수하는 쪽이 더 편했던 게 아닐까.

기준 치수
조지 스티븐슨은 스톡턴-달링턴 철도를 놓으면서 한 쌍의 철로 사이의 거리 즉, 궤간을 정했는데 이 치수는 바퀴 달린 수레의 폭에서 기원했다.

아일랜드 방식

1834년에 마침내 아일랜드에도 철도가 개통되면서 출퇴근을 하는 사람들에게 큰 인기를 끌었다. 그 후 1839년에는 얼스터에, 1844년에는 더블린과 드로이다에 철도가 건설됐다. 그런데 안타깝게도 건설을 맡은 기술자들은 철도에 각기 다른 궤간을 선택하고 말았다. 얼스터는 더 넓고 편안한 1.880미터를, 더블린은 더 좁은 1.575미터를 적용했던 것이다. 위원회는 이러한 차이로 말미암아 문제가 발생하리라 예측하고 전국에 있는 철도를 조사한 후, 모든 철도에 새로운 기준을 적용할 것을 명령했다. 새로운 기준은 1.600미터로 일명 '아일랜드식 궤간'이었다. 따라서 옛 더블린 구간은 일단 철거한 후 기준에 맞춰 다시 설치해야 했다.

그 무렵 오스트레일리아의 뉴사우스 웨일스 주지사는 다양한 궤간을 두고 고민하다 결국 스티븐슨의 기준을 따르기로 결정했다. 더블린-킹스타운 철도를 건설한 적이 있는 프란시스 실즈Francis Shields 역시 시드니와 파라마타 사이에 뉴사우스 웨일스 최초의 철도를 건설하며 스티븐슨의 기준을 채택했다. 그러자 사우스 오스트레일리아와 빅토리아 철도도 이 궤간을 따랐다. 그런데 실즈는 훗날 자리에서 물러나기 전, 자신이 설계한 철로를 아일랜드식 궤간으로 변경해버렸다. 따

1등석
브래드쇼의 1843년 《월별 철도 가이드》는 1등석, 2등석, 3등석 등 더블린-킹스타운 철도의 등급별 요금을 싣고 있다.

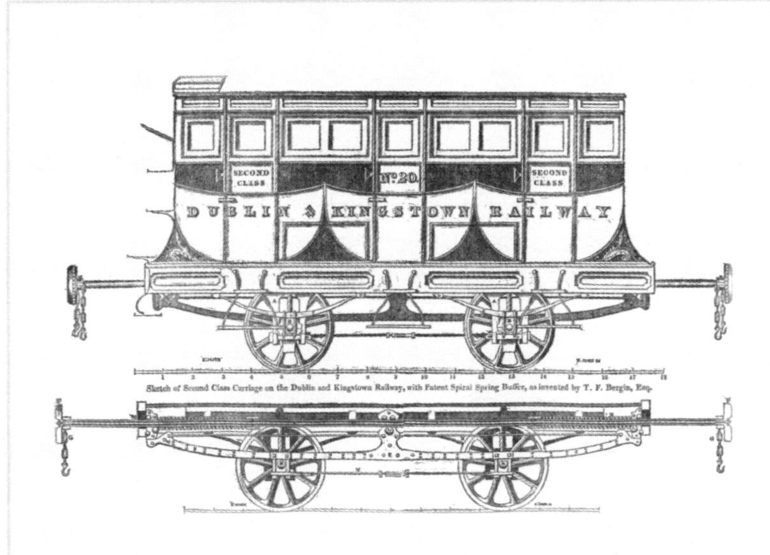

안락함 향상
이시기에 승객의 수가 증가하자 나선형의 스프링 완충기가 장착된 이등석 마차 같은 철도가 나오는 등 철도 차량의 디자인이 향상되었다.

라서 1854년 지어진 빅토리안 철도와 1856년에 지어진 사우스 오스트레일리아 철도는 새로운 기준에 맞추기 위해 아일랜드 치수로 궤간을 변경해야만 했다.

실즈가 자리에서 물러나면서 스코틀랜드 기술자 제임스 왈라스James Wallace가 그를 대신하게 되었다. 왈라스는 다시 스티븐슨의 궤간을 채택했고, 놀랍게도 윌리엄 데니슨Willam Denison 주지사는 이를 승인해주었다. 하지만 이후 1855년에 개통한 시드니 철도가 전 세계의 철도들과는 달리 아일랜드식 궤간을 채택하는 바람에 오스트레일리아는 훗날 그 값을 톡톡히 치르게 된다.

한편, 다양한 철도가 건설됨에 따라 궤간 역시 다양해졌다. 물론 전 세계 철도의 60퍼센트는 스티븐슨의 치수, 즉 표준 치수를 채택했지만 러시아, 이베리아, 인도의 일부 지역, 파키스탄, 아일랜드 등 나머지 25퍼센트는 더 넓은 궤간을 채택했고, 북아메리카, 북아프리카, 중앙아프리카는 더 좁은 궤간을 채택했다. 문제는 서로 다른 궤간이 만나는 곳에서 발생했다. 이곳에서는 철도의 운행이 불가피하게 지연될 수밖에 없었던 것이다. 그래서 이를 해결하기 위한 방법 중 하나로 서로 다른 궤간을 이용하는 기차들을 동시에 운행할 수 있는 이중 선로가 지어지기도 했다.

리스토웰에서 발리부니언까지

1888년, 프랑스인 찰스 라르티크가 각기 다른 철도 폭에 대한 획기적인 해결책을 제안했다. 그 해결책은 바로 단일 철로였다. 당시 건설된 단일 철로는 철제 버팀 다리가 받치고 있었는데 이 다리는 리스토웰에서 발리부니언까지 카운티 케리의 바다를 따라 그 지역 전체에 뱀처럼 뻗어 있었다. 이 단일 선로를 이용하려면 보일러 두 개를 선로에 걸칠 수 있도록 특별히 제작된 기관차가 필요했을 뿐 아니라, 철도 차량이 균형을 이루도록 승객과 화물 양쪽에 균등하게 배치되어야 했다. 이 철로는 미국 남북 전쟁 기간에 파괴되어 1924년에 완전히 폐쇄되었지만 2003년에 철로의 일부가 다시 개통되었다.

1835 브뤼셀-메헬렌 철도

지역: 벨기에
유형: 화물용, 승객용
길이: 20킬로미터

벨기에가 자국 내에 철도를 건설하고 이를 유럽 전역에 연결한 것은 영국에서 철도의 역사가 시작된 지 10년이 지나고 나서였다. 비록 시작은 늦었지만 이 작은 국가는 이후 전 세계에서 가장 강력한 철도망을 구축하게 된다.

- 사회성
- **상업성**
- **정치성**
- **공학성**
- **군사성**

레오폴드 왕의 철도

벨기에는 1830년에 마치 나비가 번데기를 뚫고나오듯 독립해서 세워진 국가로, 1815년 나폴레옹의 패배 이후 이웃 국가로 세력을 확장해가다가, 1830년의 반란을 기점으로 네덜란드로부터 독립해 새로운 국가로 자리매김했다. 헌데 레오폴드 왕의 통치 아래 자주권을 지닌 국가가 되긴 했지만 벨기에 국경에서는 소규모 접전이 끊이지 않았다. 이에 왕은 브뤼셀을 중심으로 동에서 서로, 북에서 남으로 국가 전체를 가로지르는 전략적 철로를 건설하라는 명령을 내린다. 그리하여 마침내 1834년, 왕은 이 원대한 계획 중 첫 번째 구간인 브뤼셀-메헬렌 철도의 승인에 서명을 했다. 이는 유럽 최초의 승객용 철도였다.

당시 레오폴드 왕은 영국의 왕족 출신인 외조카딸 빅토리아와 독일 작센 코버그 고타가의 왕자인 조카 앨버트 공의 혼사를 추진 중이었다. 빅토리아는 영국의 왕위를 물려받기로 되어 있었으며영국 왕실은 작센 코버그 고타라는 독일계 성을 쓰다가 제1차 세계대전 때 반독일 감정이 치솟자 독일식 직함을 버리고 윈저로 개명했다고 한다 실제로도 철도를 바탕으로 건설된 그 나라를 다스리는 여왕이 된다. 레오폴드 왕이 추진한 철도가 순조롭게 건설되는 동안 왕은 북해 전역에서 기관차를 주문했다. 육중한 느

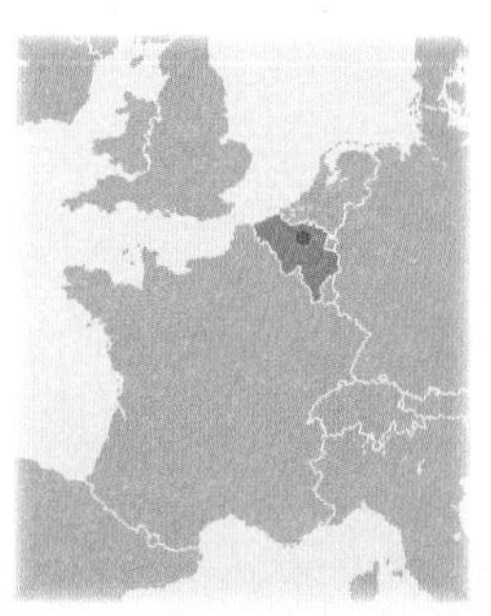

벨기에
벨기에의 레오폴드 왕은 유럽 대륙 최초의 철도를 건설할 계획을 세웠다.

끔이 나는 '엘리펀트L'Elephant'원래 리버풀-맨체스터 철도에 공급하기 위해 만들어졌다는 찰스 테일러Charles Tayleur의 머지사이드 주철 공장에, '라 플레슈La Flèche'와 '스티븐슨Stephenson' 기관차는 스티븐슨에게 주문했다. 마침내 1835년 5월에 철도가 개통되었고, 왕이 주문한 기관차 3대를 이용해 1,000명 가량의 승객을 태운 객차 30대가 운행되었다. 기차 안에는 신분을 숨긴 조지 스티븐슨도 탑승하고 있었다.

첫 운행
조지 스티븐슨은 브뤼셀에서 메헬렌으로 향하는 자신의 기차에 신분을 숨긴 채 탑승했다. 이 구간은 유럽 대륙에 처음으로 건설된 철도였다.

순조로운 출발

한편 벨기에의 골칫거리 이웃국가인 네덜란드는 아직 자국 내에 철도를 건설하지 못한 상태였다. 암스테르담의 주요 항구에서 독일의 라인 지방까지 철도가 건설될 거라는 얘기도 있었지만 리버풀-맨체스터 철도를 건설했던 윌리엄 베이크William Bake가 구상한 초기안, 즉 암스테르담에서 독일 쾰른까지 이어지는 철도 계획안은 결국 실패로 돌아갔다. 철도 계획은 이제 베이크가 신뢰하던 인물 중 하나인 W. C. 브레이드W. C. Brade의 손으로 넘어갔고 그는 여객수송용으로 암스테르담에서 하를럼에 이르는 시험 구간을 계획했다. 이렇게 해서 1839년에 처음으로 네덜란드에 철도가 개통되었다. 이 철도에서 첫 운행을 한 기관차는 영국에서 만들어진 '아들러Adler, 독수리라는 뜻'와 '드 스넬하이드De Snellheid, 속도라는 뜻'였다.

한편, 벨기에가 건설한 브뤼셀-메헬렌 철도는 1년 후인 1836년에는 앤트워프까지 확대되었으며 8년 만에 겐트, 오스텐트는 물론 독일과 프랑스 국경으로까지 확장되었다. 벨기에는 네덜란드에도 철도를 건설했는데 시타드Sittard라는 도시에 건설한 철도가 그중 하나였다. 이 도시는 1830년에 있었던 벨기에 혁명 기간에 벨기에 혁명군의 편에 섰던 곳이었다. 그 후 네덜란드와 맺은 조약의 일환으로 프로이센 국경을 포함한 네덜란드 전 영토에 도로나 운하를 건설할 수 있게 되자 과거의 우호 관계를 기념하고자 1868년에 시타드에서 출발하는 화물용 철도를 건설했던 것이다. 이처럼 벨기에는 철도 건설 사업에서 순조로운 출발을 보인 후 계속해서 세계 최고의 철도를 건설해나갔다.

1835 뉘른베르크-퓌르트 철도

지역: 바바리아
유형: 화물용, 승객용
길이: 6.4킬로미터

어떤 국가에서든 처음으로 건설된 철도는 그 국가의 역사에서 큰 상징성을 띠기 마련이다. 바바리아의 루트비히스반 철도**15**는 중앙 유럽에 번져나간 철도 붐의 전조가 되었을 뿐 아니라 독일이 통합되는 데 큰 기여를 했다.

- 사회성
- **상업성**
- **정치성**
- **공학성**
- **군사성**

영국의 교훈

바바리아의 군주 루트비히 왕의 이름을 따서 지어진 루트비히스반Ludwigsbahn 철도가 1835년에 개통되었을 때, 개통식은 구경하러 온 관중으로 가득했다. 하지만 왕은 모습을 드러내지 않았다. 이는 4년 전, 프로이센에서 윌리엄 왕자프로이센 왕의 동생가 자신의 이름을 딴 철도의 개통식에 기꺼이 참석했던 것과는 대조적인 모습이었다. 사실 루트비히 왕이 철도의 개통식에 나타나지 않은 이유는 철도에 흥미를 잃고 말았기 때문이었다. 대신 그는 다뉴브 강과 메인 강을 연결 짓는 운하 건설 계획에 더 큰 관심을 보였다. 그는 운하의 열렬한 지지자였다. 루트비히 왕은 이전에는 분명 뉘른베르크와 퓌르트를 철도로 연결하는 계획에 큰 관심을 보인 바 있었다. 당시 조지 스티븐슨이 영국의 작업장에서 제작한 이상한 모양의 증기기관차가 마차를 움직인다는 사실은, 당시 사람들이라면 누구나 관심을 보일 만한 흥미로운 이야기였으니 말이다. 따라서 루트비히 왕 역시 영국의 철도 산업이 발전해가는 것을 관심 있게 지켜보았다.

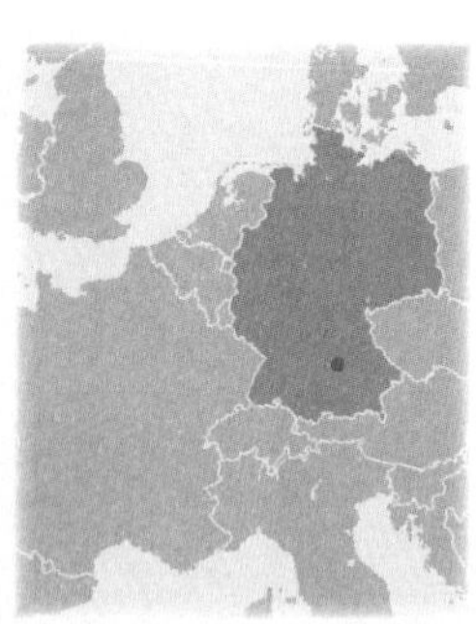

독일
바바리아 최초의 철도 건설을 계획한 이는 루트비히 왕이었다.

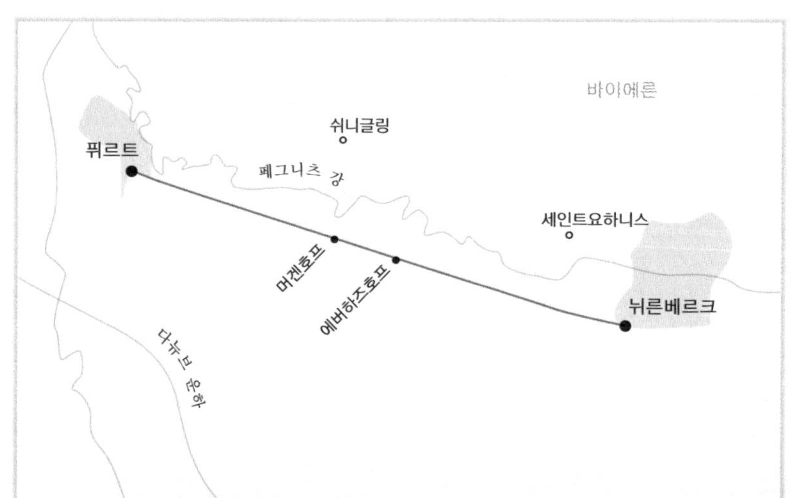

여객 수송
승객보다는 화물 운송이 더 많을 거라 예상했지만, 이 철도는 일주일에 최대 9,000명의 승객을 운송하게 되었다.

한편 당시 나폴레옹 전쟁으로 지칠 대로 지친 프랑스는 철도 산업에서 잠시 손을 떼고 있었다. 이와 대조적으로 벨기에와 네덜란드는 이제 막 적극적으로 철도 산업에 뛰어들려는 참이었는데, 바바리아는 어떻게 해야 할지 아직 결정을 내리지 못한 상태였다. 앞서 말했듯이 원래 루트비히 왕은 조셉 본 바더Joseph von Baader라는 인물을 영국으로 보내 영국 철도를 조사해보라고 할 정도로 철도에 큰 관심을 보였다. 뿐만 아니라 바바리아 국회에서 철도 건설을 논의하고, 뮌헨의 님펜부르크 궁전에 스팀 서커스12쪽 참조를 짓자는 계획을 세우기도 했다. 하지만 이러한 계획들이 실패로 끝나자 왕은 철도에 흥미를 잃어버렸다.

결국 첫 철도 건설은 지역 기업가들의 손으로 넘어갔고, 1833년에 뉘른베르크-퓌르트 철도가 건설되었다. 이 철도를 건설하는 데 큰 공헌을 한 이는 조지 플래트너George Platner와 요하네스 샤러Johannes Scharrer였다. 플래트너와 샤러는 철도 건설에 필요한 자금인 132,000길더[16]를 별 어려움 없이 조달하여 모두를 놀라게 했다. 그들은 철도를 건설할 기술자도 선정했는데 바로 프랑스 태생의 기술자 폴 카미유 데니스Paul Camille Denis였다. 하지만 당시 데니스는 자신의 정치적 소신을 공개했다가 대중의 뭇매를 맞는 상황이었다. 바바리아는 프랑스가 오스트리아를 침공했을 때 나폴레옹을 지지했다가 나중에 이를 번복하여 오스트리아, 프로이센과 함께 독일 연합국 중 하나가 되었다. 따라서 이 잇따른 정치적 혼란 속

아들러

✦

1933년, 루트비히스반 철도의 100주년을 기념하기 위해 아들러의 복제품이 만들어졌다. 이 복제품은 1935년에 〈강철 동물〉이라는 영화의 철도 개통 장면에 등장하기도 했다. 이때 게슈타포[17]를 창설한 헤르만 괴링은 영국이 만든 기관차가 독일 철도를 달리는 모습은 보기 좋지 않다며 영화 상영을 금지시키기도 했다. 뉘른베르크 철도 창고에 전시되어 있던 아들러는 2005년에 화재로 일부 손실되었다가 2년 후 재건되었다.

에서 자신의 정치적 소신을 밝히는 것은 자살행위나 다름없었다. 하지만 오히려 그 덕분에 데니스는 런던으로 떠나, 조셉 본 바더가 그랬던 것처럼 새롭게 부상하는 철도 산업을 공부할 수 있었다. 샤러와 플래트너는 데니스의 정치 성향에 의심을 품긴 했지만 자신들이 선택한 기술자의 실력만큼은 신뢰했다. 한편 그를 선택한 것이 예상치 못한 행운을 가져다주기도 했다. 데니스는 앞으로 유럽의 나라 대다수가 스티븐슨의 궤간을 따를 것임을 내다보고, 바바리아 최초의 철도는 리버풀-맨체스터 철도처럼 표준 궤간을 채택해야 한다고 주장했던 것이다.

자금, 철도, 철도가 지어질 땅. 이렇게 세 가지가 마련되자 플래트너와 샤러는 철도 운행에 필요한 기관차를 찾아보기 시작했다. 그들은 처음에는 말이 큰 역할을 할 거라고 기대했지만, 스티븐슨이 제작한 증기 기관차가 성공적으로 운행되자 이내 증기 기관에도 관심을 보이게 되었다. 샤러는 스티븐슨이 만든 증기 기관차의 가격이 얼마나 될지 궁금했다. 그런데 가격이 생각보다 너무 비쌌고, 결국 그는 바바리아인 엔진 제작자 2명에게 560파운드를 주고 증기 기관차를 제작해달라고 주문해야 했다. 하지만 그 후에도 일은 순조롭게 풀리지 않았다. 철도가 완성되어 갈 무렵 샤러가 작업을 확인하러 갔더니, 계약을 맺은 제작자들이 오스트리아로 도망친 상태였던 것이다. 더구나 그들은 작업을 완료하고 싶으면 2배의 비용을 지불하라고 요구했다. 이에 샤러는 황급히 스티븐슨의 뉴캐슬 작업장을 찾아가 1,750파운드로 합의를 보고 기관차 제작을 의뢰하여, 간신히 예정된 날짜에 14.5톤의 기관차를 공급받을 수 있었다. 이렇게 완성된 기관차의 앞부분에는 기관차의 이름 '아들러'가 자랑스럽게 새겨졌다. 영국에서 제작된 이 증기기관차가 처음 운행될 당시, 운전을 맡은 사람은 영국인 윌리엄 윌슨이었다. 그는 본래 리버풀-맨체스터 구간에서 일했었지만 이제는 '아들러'를 운전하게 되었다.

전국적인 철도망

한편 바바리아가 마음에 든 기관차 운전사 윌슨은 이곳에 정착하기로 결심했다. 하지만 법적으로 그는 뉘른베르크에 하룻밤 이상 머물 수가 없었다. 이는 바바리아의 이상한 법 때문이었다. 그 법에 따르면 노동자와 외국인은 바바리아에서 볼일을 마친 후 하루 만에 돌아가야 했다. 그런데 바로 이러한 법 덕분에 루트비히스반의 철도 운영자들은 예상치 못한 수익을 얻게 되었다. 바로 여객 수송에서 오는 수익이었다. 원래 루트비히스반 철도는 주로 맥주와 신문을 운송하기 위해 건설되었다. 하지만 얼마 지나지 않아 일주일에 9,000명에 달하는 승객을 수송하게 되었고 덕분에 투자자들에게 막대한 배당금을 안겨주었다.

철도가 영국과 북아메리카에 가져온 놀라운 효과를 지켜볼 때마다 나는 내 조국 독일도 그 같은 혜택을 누리기를 소망한다.

프리드리히 리스트, 소논문에서, 1833

루트비히스반 철도가 개통되었을 때 독일은 여전히 농업을 기반으로 한 여러 개의 주로 나뉘어진 상태였다. 분열의 이면에는 소외, 사소한 말다툼, 유혈이 낭자한 싸움이 있었다. 따라서 독일의 경제학자 프리드리히 리스트Friedrich List는 분열된 독일의 각 주를 연결하려면 전국적인 철도망이 필요하다고 주장했다. 이는 대단한 선견지명이었다. 그는 미국에서 철도 건설 작업에 참여한 적이 있었으므로 철도에 대해 아는 것이 많았다. 또한 1833년에 쓴 소논문에서 그는 베를린을 중심으로 통합된 독일 철도 시스템을 건설했을 때 어떤 영향력을 가지게 될지에 대해 간략하게 기술하기도 했다. 그는 말이 아니라 증기 기관차를 이용해 기차를 운행하는 철도를 제안했는데, 이것이 바로 오늘날의 라이프치히-드레스덴 철도이다. 당시 작센 정부는 그의 주장에 설득당해 21만 파운드를 제공하기로 했고, 4년 후인 1839년에 드디어 뉘른베르크-퓌르트 철도와 라이프치히-드레스덴 철도가 개통되었다.

선지자
프리드리히 리스트는 철도가 훗날 독일을 통합시킬 거라고 예측했다.

리스트는 자신의 믿음을 끝까지 추진했던 성실한 사람이었지만 안타깝게도 자신의 계획이 현실화되는 것을 보지 못한 채 숨을 거두고 말았다. 당시 아무도 자신을 인정해 주지 않는 데다 철도 건설로 받은 보상이 너무 적었던 탓에 티롤리안 알프스에서 권총 자살로 생을 마감하고 말았던 것이다. 그가 바랐던 대로 39개의 독일 주가 통합된 것은 뉘른베르크-퓌르트 철도가 개통한 지 32년이 지난 1871년도의 일이었다. 이때는 이미 철도 회사들이 국경 개방 정책에 동의한 터라 각 주의 국경을 넘나드는 다양한 철도가 운행되고 있었다. 다시 말해, 철도는 독일이라는 국가가 생기기도 전에 통일된 독일을 만들었던 것이다.

1837 파리-르끄 철도

지역: 프랑스
유형: 승객용
길이: 19킬로미터

철도는 공화주의자, 징병제와 함께 프랑스가 19세기를 향해 나아가는 데 가장 큰 역할을 했다. 하지만 프랑스는 한때 철도의 역사에서 사라질 뻔한 위기를 겪었다. 최초의 철도가 건설되고 얼마 지나지 않아 프랑스의 수도 파리에서 발생한 끔찍한 사고 때문이었다.

- ✦ 사회성
- ✦ 상업성
- ✦ 정치성
- ✦ 공학성
- ✦ 군사성

프랑스의 철도

1830년, 외젠 들라크루아가 7월 혁명을 주제로 그린 작품 〈민중을 이끄는 자유의 여신〉이 대중에게 공개되었다. 이 그림은 방어벽 위로 프랑스의 깃발을 든 자유의 여신이 자유 · 정의 · 박애라는 새로운 가치를 향해 나아가는 진취적인 모습을 담은 작품이다. 하지만 1830년대에 프랑스는 철도 건설에 있어서만은 그다지 진취적이지 않았다. 당시 프랑스는 파리와 루앙 사이에 132킬로미터에 달하는 철도를 건설했는데, 이때의 기술자로 영국인을 고용했다. 기술자인 조셉 로커Joseph Locke, 도급업자인 토머스 브라시Thomas Brassey와 윌리엄 매켄지William Mackenzie, 그리고 5,000명의 영국 인부들의 힘으로 철도는 센 강의 범람원을 따라 북쪽으로 뻗어나갔다. 1843년에 철도는 성공리에 운행을 마쳤지만 루앙의 기업가들은 건설 초기 단계부터 반대를 했다. 그들은 철도가 프랑스 특유의 생활방식을 파괴하고 운하나 강을 통한 무역에 큰 피해를 줄 거라고 주장했다당시 프랑스의 운하망은 국가의 자랑거리였다. 그들이 그렇게 생각하게 된 데는 프랑스 최초의 철도에서 발생한 사고가 큰 영향을 미쳤다. 이는 도시 서부의 센 강을 따라 파리와 작은 마을 르끄 사이에 놓인 19킬로미터에 달하는 철도에서 발생한 사고였다. 기관차 한 대가 베르사유까지 갔다가 돌아오던 길에 그만 선로를 벗

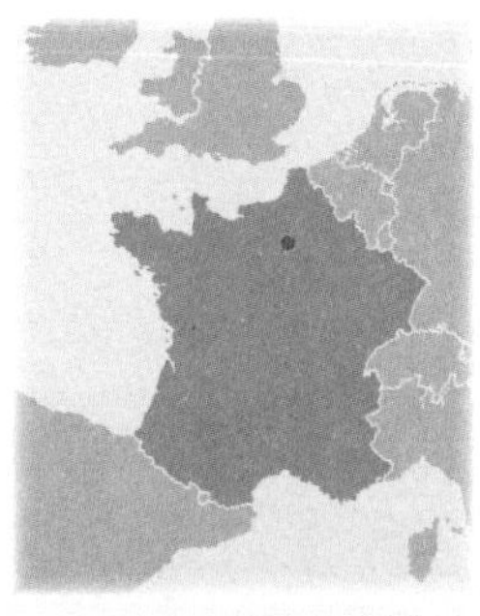

파리의 철도
프랑스는 파리-르끄 철도에서 발생한 끔찍한 사고 이후 철도 사업에 소극적인 모습을 보였다.

어나 불길에 휩싸이고 말았던 것이다. 사고가 일어난 철도는 본래 여객 수송이 목적으로, 로스차일드 가문에서 일부 자금을 대었고 또 에밀 페레이 소유의 철도회사로부터 후원을 받아 1837년 8월, 필리프 왕의 아내 마리 아멜리아가 개통한 것이었다. 이 철도는 운행하자마자 대성공을 이루었다. 100만 명 이상의 사람들이 이 철도를 이용했으며, 승객들은 문이 4개 달린 사륜마차를 타고 이동하는 여행을 상당히 즐거워했다. 초기의 대단한 성공에 힘입어 이 구간은 훗날 베르사유까지 확대되었다. 이를 계기로 마침내 프랑스에서도 철도를 긍정적으로 보는 관점이 자리 잡기 시작했고 루이스 르그랑 수상이 전국적인 철도망을 제안하기에 이르렀다. 그는 파리를 중심으로 철도가 태양 광선처럼 뻗어 나오는 모습을 구상했다. 하지만 곧 비극적인 사건이 일어나고 말았다.

철도은행

✦

에밀 페레이와 그의 형 아이작은 철도가 단절된 국가들을 연결해주고 일자리를 창출하며 세계 평화를 가져다줄 거라 믿었다. 그들은 철도가 이윤을 창출할 수 있다고 생각했기 때문에 로스차일드 가문이 프랑스 북부 지역의 철도에 막대한 투자를 하는 동안, 남부 지역에 약 1만 킬로미터에 달하는 철도를 건설했다. 유대인이었던 이 형제는 1852년에 프랑스 철도은행인 크레디트 모빌리에를 설립했는데 이 은행은 이후 미국의 철도 관련 스캔들에 연루되기도 했다.

뫼동을 잊지 마라

사건은 1842년 5월, 승객들이 베르사유에서 돌아오는 길에 발생했다. 앞서 가던 기관차의 축이 압력을 못 이겨 부러진 것이다. 이는 당시 자주 발생하는 사고였다. 기관차는 선로를 벗어나더니 이내 불길에 휩싸였다. 찰스 아담스는 1879년, 《철도 사고*Notes on Railway Accidents*》에서 이날의 사건에 대해 다음과 같이 기록했다. "승객들로 가득 찬 마차 3대가 불길에 휩싸였다. 마차의 문은 굳게 닫혀 있었고 불이 활활 타고 있었다." 이 사고로 전원총 55명이 사망했는데 그중에는 유명한 프랑스 탐험가 쥘 뒤몽 뒤르빌도 있었다. 그의 신원을 확인한 사람은 한 골상학자로, 마침 사고가 발생하기 얼마 전 그가 뒤르빌의 머리 견본을 떠놓았던 것이다.

이 사건은 철도 관계자들에게 큰 충격과 슬픔을 안겨주었다. 그로부터 4년 후, 프랑스에서 철도를 홍보하는 이들은 "뫼동을 잊지 마라."라는 말 앞에서 잠시나마 숙연해질 수밖에 없었다.

비극의 날
베르사유에서 돌아오던 50명의 승객들은 기차가 선로를 벗어나 불길에 휩싸이는 바람에 전원 사망하고 말았다.

1837 그랜드 정션 철도, 런던-버밍엄 철도

지역: 잉글랜드
유형: 화물용, 승객용
길이: 132킬로미터, 180킬로미터

런던-버밍엄 철도와 그랜드 정션 철도는 각각 별도의 노선이었지만, 이 두 구간이 합쳐져 세계 최초의 도시 간 철도가 되었다. 철도 건설에 반대한 이들은 소중한 것들이 파괴될까봐 두려워했지만 철도 건설에 찬성한 이들은 철도가 건설되면 사회가 긍정적인 방향으로 변하게 될 거라며 희망찬 미래를 약속했다. 철도가 건설되자 결국 찬성자들의 생각이 옳았음이 입증되었다.

- ✦ 사회성
- ✦ **상업성**
- ✦ 정치성
- ✦ 공학성
- ✦ 군사성

철도의 이점

제임스 와트는 기계공학의 아버지였지만 같은 이름을 지닌 그의 아들은 그렇지 않았다. 사실 그의 아들 제임스는 철도 건설에 열렬하게 반대했으며 증기 기관차가 자신의 영토를 지나가는 것을 절대로 허용하지 않았다. 제임스 2세는 아버지의 재산 덕분에 버밍엄 바로 외곽에 있는 자코비안 카운티의 으리으리한 저택, 애스턴 홀에서 살고 있었다. 런던-버밍엄 철도는 본래 제임스 2세의 영토인 애스턴 홀을 지나가도록 설계되어 있었으나 철도가 자신의 영토를 침범하는 것을 꺼렸던 그는 자신의 저택을 지나가는 구간을 막아버렸다. 결국 건설업자들은 그랜드

중앙 잉글랜드
최초의 도시 간 철도는 워링턴-리버풀-맨체스터-버밍엄 구간이었으며, 일 년 후에 버밍엄-런던 구간이 추가되었다.

정션 철도와 연결하기 위해 훨씬 많은 비용을 들여 버밍엄의 커즌 스트리트로 우회할 수밖에 없었다.

이 철도 건설에 반대한 이는 비단 제임스 2세뿐만이 아니었다. 한 성직자는 측량사들이 자신의 영토에 들어오는 것을 막기 위해 사방으로 뛰어다녔으며, 왕의 의사로서 그 공로를 인정받아 훈위를 수여받은 길버트 블레인도 로버트 스티븐슨의 계획에 반대했다. 그는 스티븐슨의 제안이 사회에 해가 된다며 이렇게 말했다. "당신의 계획은 정말이지 말도 안 된다. 당신은 지금 쓸데없는 철도를 짓기 위해 이 고귀한 영토를 사방으로 가르겠다고 말하고 있는 것이다."

반면 철도의 이점을 간파한 이들도 있었다. 철도 이사회는 리버풀-맨체스터 철도에서 나온 수익 덕분에 주주들에게 막대한 배당금이 돌아갔다는 사실에 주목했다. 또한 그들은 사람들이 기차 여행을 즐긴다는 사실 또한 놓치지 않았다. 하지만 모든 사람이 그랬던 것은 아니어서 초기의 철도 작가인 프란시스 코글란은 기차 여행이 전혀 즐겁지 않다며 이렇게 말했다. "기차에서는 항상 엔진을 뒤로 한 채 앉아야 한다. 차체에서 가장 큰 부위를 등지고 앉다보니 열린 마차를 통해 들어오는 시원한 공기가 얼굴에 닿지 않을뿐더러 굴뚝에서 나오는 재를 죄다 맞아야 한다." 하지만 이러한 불편함에도 불구하고 리버풀-맨체스터 철도를 이용하는 승객의 수는 계속해서 증가했다. 게다가 이 철도 덕분에 석탄 가격이 낮아졌고, 화물 운송비 역시 운하를 이용하는 것보다 더욱 저렴해지자 이 철도를 이용해 운반되는 석탄의 양이 급증했다. 리버풀-맨체스터 철도는 농부들에게도 상당히 고마운 존재가 되었는데, 철도 덕분에 자신의 가축을 시장으로 직접 운송할 수 있게 되었기 때문이다.

리버풀-맨체스터 철도의 거의 6배에 달하는 두 노선은 워링턴이라는 작은 마을까지 포함해 결국 런던-버밍엄 철도, 그랜드 정션

도시를 가로지르는 철도

✦

런던-버밍엄 철도가 개통을 시작하던 해에 런던에 공영 철도를 짓겠다는 야심 찬 계획이 등장했다. 바로 런던과 그리니치를 연결하는 철도였다. 이 철도는 건설 비용 또한 만만치 않아 고작 5.6킬로미터밖에 되지 않는 구간임에도 불구하고, 공사 비용이 리버풀-맨체스터 철도(56킬로미터)를 건설하는 데 들어간 비용과 맞먹었다. 이 철도가 수많은 도시를 가로지르기 위해서는 도시 위로 870개 이상의 커다란 벽돌 아치를 건설해야 했기 때문이다. 이 철도는 완성되는 데 5년이 걸렸고 너무 많은 벽돌을 사용하여 전국적으로 벽돌 부족 현상을 야기하기도 했다. 사실 철도 관리자는 이것이 정말 승객들에게 인기를 끌 것인지도 확신하지 못했다. 게다가 기차가 오른편 선로로 운행되는 바람에 (영국에서 오른편 선로를 운행하는 기차는 총 네 개에 불과했다) 승객들이 요금을 낼 수 있도록 선로를 따라 별도의 대로를 건설해야만 했다. 하지만 개통하자마자 이 철도는 승객들로 넘쳐났다.

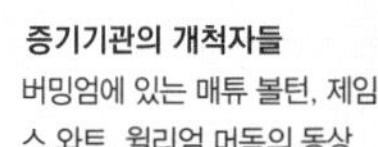

증기기관의 개척자들
버밍엄에 있는 매튜 볼턴, 제임스 와트, 윌리엄 머독의 동상

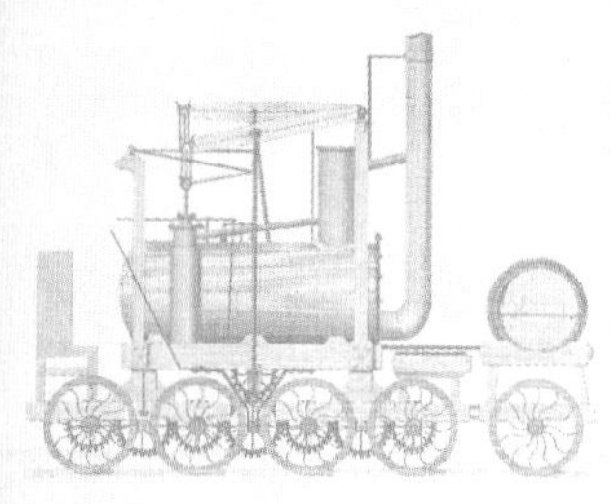

기관차의 성능 향상
철도 기술자들은 '와이럼' 같은 기관차가 사회에 이득이 될 거라고 주장했다.

철도버밍엄에서 워링턴까지 이어진 구간가 되었고, 이 두 노선은 1846년에 결국 하나로 통합되어 런던-노스 웨스턴 철도가 되었다. 조지 스티븐슨은 그랜드 정션 철도의 수석 엔지니어로, 그의 아들 로버트 스티븐슨은 버밍엄 철도의 수석 엔지니어로 임명되었다. 로버트 스티븐슨은 이 구간을 20번도 넘게 다니며 측량했던 터라, 180.2킬로미터에 달하는 그 노선을 정확하게 파악하여 선로를 평평하게 설계하는 것이 가능했다. 다만 런던 유스턴 역에서 출발하는 처음 1킬로미터 구간만은 어쩔 수 없이 가파르게 설계되었다. 그래서 이 구간에서는 정치기관[18]이 튼튼한 밧줄로 엔진과 기차를 연결해 끌도록 했다.

문명화와 개선

125.5킬로미터에 달하는 그랜드 정션 철도 건설자들은 공사 도중 장애물에 부딪혔다. 프레스턴 브룩에서 3.2킬로미터에 달하는 구간을 깊게 파는 것도 문제였지만, 더턴에 있는 위버 강을 따라 구름다리를 4개나 지어야만 하는 것이 가장 큰 난관이었다. 결국 이 다리를 건설하는 데만 무려 700명의 인부와 2년이라는 시간이 걸렸다. 그럼에도 그랜드 정션 철도는 1837년에 무사히 착공을 마쳤고, 1838년에는 버밍엄-런던 철도가 완성되었으며, 드디어 유스턴 역훗날 북쪽으로 가는 관문이 됨에서 승객들을 태운 기차가 이 철도를 따라 리버풀까지 운행되었다.

런던-버밍엄 철도의 보조 기술자였던 피터 르카운트Peter Lecount의 말에 따르면 이 철도의 건설은 기적에 가까웠다고 한다. 르카운트는 자신의 저서《철도에 관한 실질적인 고찰*Practical Treatise on Railways*》에서 이 철도의 건설은 피라미드의 건설만큼이나 야심 찬 계획이었다고 기술했다. 그는 철도 건설 작업에 대해서도 상당히 자세히 기록했다. "기술자는 항상 수위계[19]에 주의를 기울이고, 게이지콕[20]이 권고할 할 때마다 수위계를 시험해야 한다. 또한 펌프를 사용할 때에는 반

웅장한 입구
승객들이 런던 최초의 도시 간 철도역인 유스턴역으로 향하고 있다. 이 철도역은 유명한 유스턴 아치 아래에 지어졌는데 이 아치는 1960년대에 철거되었다.

버크햄스테드 역
철도는 영국에 '문명화와 사회 개선'을 약속했지만 운하 무역에는 위협이 되었다.

드시 페트콕[21]을 열어야 하며 모든 것이 제대로 작동하고 있는지 확인해야 한다."

런던-버밍엄 철도가 도시를 관통하는 모습을 생생히 묘사한 이로는 빅토리아 시대의 소설가 찰스 디킨스를 꼽을 수 있다. 그는 소설《돔비와 아들*Dombey and Sons*》에서 이렇게 말했다. "갓 칠한 회반죽 냄새가 나는 신식 여관에 '철도 여관'이라는 간판이 붙어 있다. 과거의 맥줏집은 여인숙으로 변모했고 햄과 소고기를 팔던 가게는 구운 돼지다리 고기를 파는 값싼 음식점으로 바뀌어 철도를 따라 즐비하게 늘어섰다. 아직 개통하지 않은 철도 바로 앞쪽으로는 너저분한 들판, 외양간, 퇴비, 쓰레기 너미, 배수구, 정원, 성자summer houses, 양탄자를 터는 공터 등이 있다. 또한 말뚝, 철로, 무단 침입자를 위한 경고표시, 버려진 농작물 등이 무심하게 자리를 차지한다. 하지만 이 엄청나게 무질서한 상황의 중심에서 철도는 문명화와 사회 개선이라는 웅장한 항로를 향해 순조롭게 나아가고 있었다."

확실히 철도가 가져올 문명화와 사회 개선, 사회 변화에 대한 약속은 빈말이 아니었다.《조지 스티븐슨의 삶*The Life of George Stephenson*》의 저자 사무엘 스마일스에 따르면, 럭비 스쿨의 교장인 토머스 아놀드 박사는 기차가 지나가는 것을 보며 이렇게 말했다고 한다. "봉건제도가 드디어 사라졌다고 생각하니 아주 기쁘다. 그렇게 사악한 제도가 사라진 것이 정말 다행이다." 철도로 인해 유럽의 문명화와 사회 개선이 정말로 이루어진 것이다.

1837 차르스코예 셀로 철도

지역: 러시아
유형: 승객용
길이: 25.7킬로미터

러시아 최초의 철도는 1830년대 후반에 등장했지만, 상트페테르부르크와 모스크바를 연결하는 철도가 운행되기 시작한 것은 그로부터 15년이 지난 후였다. 비록 15년이나 걸리긴 했지만 이 짧은 구간은 러시아 제국의 역사에서 큰 진보를 상징하게 된다.

- 사회성
- 상업성
- 정치성
- 공학성
- 군사성

부자들의 장난감

1830년대 사람들은 철도의 시대가 오면 혜택을 누리게 되기는커녕 오히려 문제만 늘어날 거라고 믿었다. 어떤 이들은 증기엔진이 지나가면서 풀을 뜯고 있는 양의 털을 검게 만들 거라고 확신했으며, 어떤 이들은 기차의 속도가 너무 빨라 사람의 장기에 치명적인 영향을 끼칠 것이라 생각했다. 또 기차가 러시아의 평균 겨울 날씨조차 버티지 못한 채 얼어버릴 것이라 믿는 이들도 있었다. 하지만 이와는 정반대의 생각을 지닌 두 남자가 있었으니, 바로 오스트리아인 프란츠 안톤 본 거슈트너Franz Anton von Gerstner와 러시아인 파벨 페트로비치 멜니코프Pavel Petrovich Melnikov였다. 이들이 철도를 긍정적으로 본 이유는 해외에서 지낸 경험 때문이었다. 두 사람 모두 미국에서 철도를 짓는 현장을 직접 목격했던 것이다. 그러나 사실 러시아는 철도를 건설하기에 상당히 곤란한 지형이었다. 따라서 당시 카스피 해의 외딴 마을에서 제국의 수도인 상트페테르부르크까지 화물을 운송하는 데 길게는 2년이나 걸리곤 했다.

거슈트너는 상트페테르부르크에서 모스크바까지 643.7킬로미터에 달하는 철도를 건설하면 러

철도에 대한 의심
러시아 최초의 철도 건설에는 많은 의심이 뒤따랐다. 사람들은 증기 기관차가 과연 상트페테르부르크의 혹독한 겨울 날씨를 견딜 수 있을지 의구심을 품었다.

시아가 엄청난 잠재력을 갖게 될 것이라고 황제 니콜라스 1세를 설득했다. 그러면서 영국의 사례를 예로 들어, 아일랜드가 문제를 일으키자 영국이 철도를 이용해 리버풀 항구까지 재빨리 군대를 파견해 이를 제압했다는 점을 강조했다. 마침 1825년에 발생한 혁명으로 골치를 앓던 황제는 그의 제안에 귀가 솔깃해졌다. 그리하여 1837년에 황제는 상트페테르부르크에서 모스크바에 이르는 새로운 노선을 건설할 것을 명령했다.

신분의 상징
파블로스크에 있는 황제의 별궁까지 이어진 철도는 부자와 유명 인사들의 전유물이었다.

멜니코프의 감독 하에 완성된 상트페테르부르크-모스크바 철도는 1851년에 개통되었다. 이때는 이미 상트페테르부르크와 차르스코예 셀로 사이의 시험 운행을 마친 후였다. 차르스코예 셀로는 파블로스크에 있는 러시아 황제의 별궁으로, 상트페테르부르크-차르스코예 셀로 간 철도 건설 작업이 시작된 것은 1836년 5월이었다. 영국의 기술자들과 인부들, 러시아 병사들은 1년 만에 철도를 완성했다. 하지만 예상보다 너무 일찍 철도가 완공되는 바람에 그 위를 달릴 증기 기관차가 아직 준비되지 않은 상태였다. 거슈트너는 증기 기관차를 주문해 놓았지만 아직 제작 중이었기 때문에 결국 말이 기관차의 역할을 대신할 수밖에 없었다. 말은 기관차가 도착할 때까지 한겨울 눈보라를 헤치며 기차를 끌었다. 차르스코예 셀로 철도는 부유한 러시아인들을 파블로스크에서 열리는 화려한 콘서트에 데려다 주는 등 황제의 남은 재임 기간 동안 부자들의 장난감이 되었다. 그들은 작곡가 요한 슈트라우스 2세 같은 예술가들의 콘서트에 참석해 당시 기준으로 다소 외설적이었던 새로운 장르의 춤인 왈츠를 감상했다. 한편, 북유럽의 다른 국가들도 점차 자국의 철도를 건설하기 시작했다.

피터 1세의 후임자인 니콜라스 1세는 러시아에 최초로 철도를 도입했다.

러시아 최초의 철도 개통식에서 황제의 공을 치하하는 메달을 수여하며

노르웨이는 1854년에 오슬로에서 에이드스볼에 이르는 철도를 건설했고, 스웨덴은 1862년에 스톡홀름에서 고텐부르크까지 418킬로미터 구간을, 핀란드는 1870년에 헬싱키에서 상트페테르부르크까지 철도를 놓았다. 덴마크는 이미 1847년에이미 최초의 철도를 건설해두었다. 하지만 니콜라스 1세는 러시아에 철도를 처음 도입한 자신의 업적을 자랑하기에 바빠, 1855년까지 러시아에는 그저 805킬로미터에 달하는 철도만이 놓여 있을 뿐이었다. 그러나 이 짧은 철도는 훗날 세계에서 가장 긴 시베리아 횡단 철도가 지어지는 첫 걸음이 된다.

1837 카마구에이-누에비타스 철도

지역: 쿠바
유형: 화물용
길이: 27.5킬로미터

스페인은 이웃 국가인 프랑스가 철도를 이용해 자국을 침략하는 것을 막기 위해 초기에 철도를 건설할 때 기준 궤간과는 다른 궤간을 채택했다. 그런데 이 선택으로 말미암아 스페인은 오랫동안 경제적으로 고립되게 된다. 스페인 최초의 철도는 쿠바에 지어졌는데, 이는 라틴아메리카 최초의 철도가 되었다.

- 사회성
- 상업성
- 정치성
- 공학성
- 군사성

고립을 자처하다

300년 동안 식민지 강국의 자리를 지켰던 스페인 제국은 1800년대가 되자 그 힘을 잃어버리기 시작했다. 스페인의 식민지였던 멕시코, 베네수엘라, 칠레, 쿠바 등지에서 독립을 원하는 목소리가 커진 것이다. 이렇게 되자 스페인이 라틴 아메리카의 식민지 국가들에 끼쳤던 영향력은 한 줌의 모래로 변하고 말았다. 단단하게 쥐면 쥘수록 모래는 점점 더 빨리 손아귀에서 벗어났다. 이 시기에는 영국, 아메리카, 프랑스, 바바리아, 오스트리아, 심지어 러시아까지 자국의 철도를 건설하기 시작했다. 이탈리아 역시 나폴리에 8킬로미터짜리 짧은 구간의 철도를 건설하는 한편 밀라노와 베니스를 잇는 더 긴 구간을 계획 중이었다. 하지만 스페인은 철도 건설을 망설이다 1848년이 되어서야 바르셀로나와 작은 항구 마을인 마타도를 연결 짓는 32킬로미터 구간을 개통했다. 이 철도를 계획한 이는 미구엘 비아다Miquel Biada였는데, 스페인 국민들은 그가 진정한 카스티야[22]가 아니라 그저 성실한 카탈루냐 사람에 불과하다는 이유로 철도 건설을 반기지 않았다. 훗날 스페인 제국은 본격적으로 철도 사업에 뛰어들게 되지만 이때는 프랑스 군대가 철도

라틴 아메리카
쿠바는 남아메리카 최초로 철도를 건설한 국가였다. 이 철도는 사탕수수를 운송하기 위해 설계되었다.

를 이용해 자국을 침략하는 것을 우려해 기준보다 넓은 궤간을 채택했다. 그러나 이처럼 자국의 철도를 다른 국가들과 물리적으로 격리시키는 바람에 계속해서 문제를 겪게 된다. 사실 스페인이 철도 산업에 빨리 뛰어들지 않은 다른 이유도 있었다. 스페인은 본래 근방에서 가장 험준한 산악지대로 산맥이 국가 전체에 종횡으로 뻗어 있어 철도 건설에 애를 먹을 것이 불 보듯 뻔했기 때문이다.

설탕 운송용 철도
카마구에이-누에비타스 철도를 운행하는 화물차의 동력원은 1837년, 말에서 증기 기관차로 대체되었다.

쿠바에 스페인 최초의 철도가 지어지다

당시 스페인을 섭정하던 시칠리아 왕국 출신의 마리아 크리스티나는 1834년에 스페인 최초의 철도 건설을 승인했다. 하지만 이 철도는 스페인에서 7,242킬로미터 떨어진 쿠바에 지어져, 막상 그녀 자신은 이 철도를 이용할 수가 없었다. 당시 쿠바는 노예들로 이루어진 섬 국가였다. 1492년에 스페인은 쿠바를 점령한 후 원주민들을 쫓아내고 흑인 아프리카 노예들을 이주시켰다. 전 세계적로 수출되는 담배와 설탕 공장이 있는 쿠바는 전 세계 설탕의 3분의 1을 공급하고 있는 곳이었다.

쿠바 이외의 지역에 건설된 철도는 탄광과 채석장에서 석탄을 나르기 위한 용도였기 때문에 카마구에이-누에비타스 철도는 사실 최초의 농업용 철도 중 하나가 되었다. 1843년이 되자 카마구에이-누에비타스 철도는 쿠바의 남과 북을 연결시켰고 17세기 항구인 바타바노까지 도달했다. 이제 철도는 라틴 아메리카 최초의 빠른 대중교통 수단이자 가장 중요한 발명품 중 하나가 되었으며, 1873년에는 코스타리카에, 1855년에는 파나마에 철도가 개통되었다. 카마구에이-누에비타스 철도는 비록 짧은 구간이지만 그 후에 등장할 철도들의 등장을 알리는 개시와도 같았던 것이다.

축복받은 기차

카마구에이-누에비타스 철도가 완공되자 이를 이용한 사람 중에 미구엘 비아다가 있었다. 비아다는 자신이 살던 마타로라는 마을이 프랑스의 공격을 받자 미국으로 도망을 갔는데, 쿠바의 철도에 깊은 인상을 받아 스페인 북동쪽에 있는 자신의 고향 카탈루냐에 철도를 건설하기로 계획한다. 그는 런던에서 자금을 조금 모으긴 했지만 철도를 건설하는 내내 자금 부족에 시달렸고 적대적인 마을 주민들의 방해 공작도 견뎌야만 했다. 결국 그는 프록심이라는 마을 아래로 44개의 다리와 터널을 건설했으며 신부의 축성을 받은후 철도는 개통을 시작했다. 그러나 안타깝게도 정작 비아다는 개통식에 참여하지 못했다. 결핵에 걸려 개통식 1달 전에 숨을 거두고 말았던 것이다.

1839 요크-노스 미들랜드 철도

지역: 잉글랜드
유형: 승객용, 화물용
길이: 61킬로미터

호황을 누리는 경제는 반드시 온갖 종류의 성인들이나 죄인들의 관심을 끌기 마련이다. 불행히도 후자에 해당하는 조지 허드슨은 철도 산업에서 막대한 재산을 모았다가 모조리 잃고 만 사람이었다.

- ✦ 사회성
- ✦ 상업성
- ✦ 정치성
- ✦ 공학성
- ✦ 군사성

철도 왕

1840년대의 런던에서 조지 허드슨George Hudson은 유명 인사였다. 그는 영국 철도의 4분의 1 이상을 소유하고 있었는데, 당시는 영국의 철도 산업이 절정에 달하던 때라 그는 상당히 많은 철도 사업을 관리해야만 했다. 사람들은 그가 지나갈 때마다 뒤에서 "저 사람이 철도 왕 허드슨이야."라며 수군거렸다. 철도 왕 조지 허드슨은 영국 국회의 명예회원이자 시장이었으며 빅토리아 여왕을 알현하는 영광을 누린 사람이었지만, 한때는 직물점에서 보조 일을 맡아 했던 사기꾼이었다. 요크셔 자작농의 아들로 태어난 조지 허드슨은 15살 때 요크 시에 있는 직물점에서 일하던 중 주인집 딸에게 반해 1821년에 그녀와 결혼을 했고, 회사의 공동 소유주가 되었다. 훗날 그는 종조부가 돌아가시기 전 임종을 지켜 운 좋게 3만 파운드의 재산과 요크 시에 있는 대저택을 물려받았다. 1840년대에 그는 부정 거래를 중개하느라 바빴다. 여기에는 자금 모으기기부금, 영향력 있는 사람들이나 정치

노스 미들랜드
요크 시의 사업가들은 요크 시와 런던을 연결하는 철도를 건설할 경우 상업적 이득을 취할 수 있을 거라고 보았다.

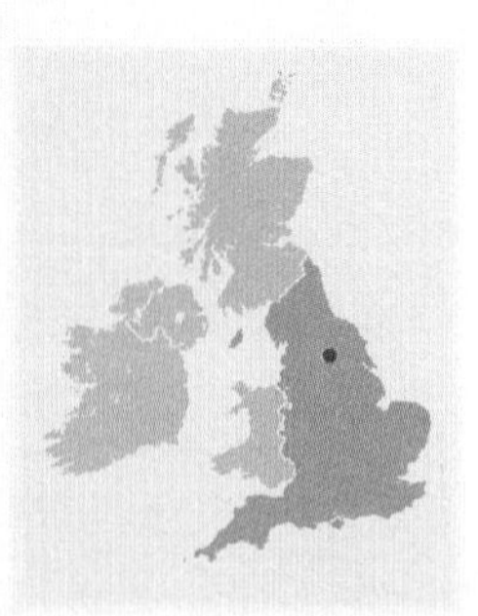

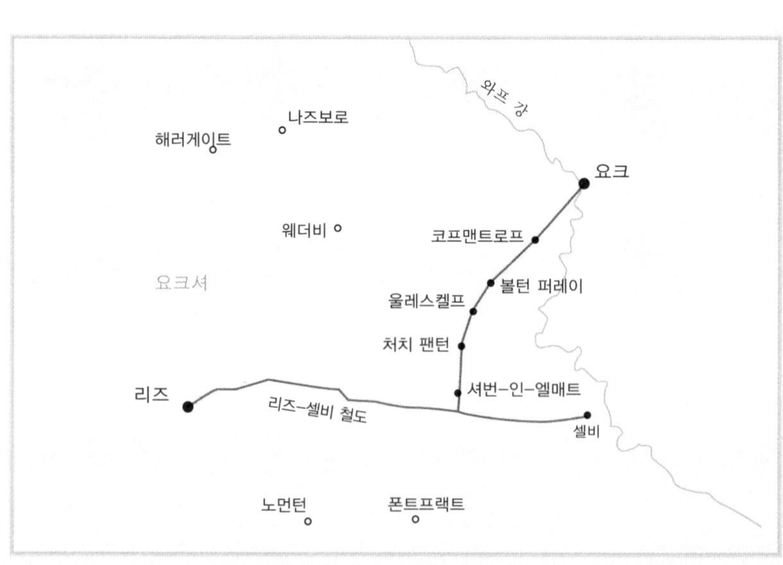

인들을 대상으로 로비하기, 긍정적인 여론 조성하기 등이 있었다. 자신의 시도가 실패할 경우 사람들에게 상당한 양의 뇌물을 주는 것 또한 잊지 않았다.

탈선
사기꾼 조지 허드슨의 철도 왕국은 결국 붕괴하고 말았고, 이로 인해 영국 경제는 큰 타격을 받았다.

요크셔 계획을 승인받다

요크 시는 원래 중세 시대에 양모사업으로 부를 축적한 도시였으나 훗날 그곳에서 태어난 제과업자 라운트리와 테리 덕분에 제과업으로도 유명한 도시가 되었다. 그러나 1800년대에 조지 허드슨은 이 요크 시를 이 지역 철도망의 중심지로 만들 원대한 꿈을 갖고 있었다. 그가 휘트비에서 조지 스티븐슨을 우연히 만났을 때, 이미 철도를 눈여겨보던 상태였다그는 1833년 말 마차가 운행되던 철도의 회계 담당자였다. 당시 스티븐슨은 동부 항구도시인 휘트비 마을의 거주민들에게 철도를 건설해야 한다고 조언하고 있었다. 마을 주민들은 고래잡이로 생계를 유지하고 있었는데, 마을 입구와 요크셔 늪지 부근에 경사가 가파른 길이 있어 고래 기름을 운송하기가 상당히 힘들었다. 결국 마을 사람들은 그 길을 인근의 피커링까지 이어지는 철도로 바꾸기로 결정했다1836년 개통한 이 철도는 요크셔 최초의 철도가 된다. 그들은 철도가 훗날 요크 시까지 확장되기를 바랐는데, 요크 시의 유지들은 허드슨이 이 철도 건설에 개발자로 참여하는 것을 기꺼이 환영했다. 그렇지 않아도 철도 산업에서 뒤처지면 불이익을 당할까봐 불안했던 터라, 요크 시를 인근 마을 리즈와 연결하면 큰 이득을 얻을 거라 생각했던 것이다. 허드슨은 새로운 철도를 건설할 기술자로 조지 스티븐슨을 지명했고, 한때 직물점에서 일하는 보조에 불과했던 허드슨는 마침내 요크 노스 미들랜드 철도 회사의 대표 자리까지 꿰차게 되었다.

휘트비 거주민들의 기다림
노스 요크셔 마을은 새로운 철도가 건설되면 지역 경제가 활성화되리라 기대했다.

1837년에 마침내 철도 건설 계획이 승인되었다. 30개 이상의 다리를 건설하고, 요크 시

에 있는 중세 시대의 벽에 구멍을 뚫어야 하는 것을 제외하고 건설상의 큰 문제는 없었다. 마침내 건설이 완료되고 철도가 개통되어 런던까지 연결되자, 허드슨은 그 구간을 정기적으로 이용했다. 이제 영국의 수도까지 가는 데 걸리는 시간은 예전에 마차로 이동하는 데 걸리던 시간의 4분의 1밖에 되지 않았다.

중산층의 투자

요크 시 철도 사업이 끝나자 허드슨은 다른 철도의 지분도 인수하기 시작했는데 여기서 얻는 배당금이 실로 어마어마했다. 당시 요크 시에서는 "철도 왕 허드슨이 투자하는 곳은 안전한 투자처"라는 말이 나돌 정도였다. 국회에는 철도 건설 승인 요청이 쇄도했고, 철도 산업에 투자하려는 사람들도 넘쳐났다. 1837년이 되자 빅토리아 여왕이 즉위했다. 여왕은 철도 산업의 호황에 힘입어 자신 있게 영국을 통치하기 시작했다. 국민들은 투자에 열을 올렸고 투자 자금은 모두 철도 산업으로 흘러들어갔다. 스티븐슨의 전기 작가인 사무엘 스마일스의 말에 따르면, 투자자들은 여왕부터 토지 소유자, 상인, 제조업자, 상류층, 상점주인, 공무원, 한량에 이르기까지 실로 다양했다고 한다. 심지어 가장들은 투자를 하지 않으면 가족에게 욕을 먹기까지 했다. 당시의 중산층은 철도 산업에 투자한 덕에 돈을 벌었으니, 철도 지분을 보유해 조금이라도 더 벌어보겠다는 생각은 누구에게든 거부할 수 없는 유혹이었다. 철도 투자 거품은 점점 커져만 갔다. 하지만 철도 산업의 재정 상황을 제대로 살펴보지 않고 투자한 사람이 대부분인데다, 무조건 더 많은 것을 요구하는 탐욕스러운 투자자들로 인해 마침내 이 거품은 터지고 말았다. 사무엘 스마일스의 기록에 따르면 "당시에는 오히려 판단력이 부족하거나 부정행위를 하는 사람이 우위를 점할 정도였다."고 한다.

최초의 운임정산소

✦

조지 허드슨은 자신의 사기 행각이 드러나자 파리로 도망갔다가 1871년에 잠시 영국으로 돌아와 그곳에서 사망했다. 그는 비록 사기꾼이기는 했지만 철도 산업의 발전에 어느 정도 기여한 부분도 있었다. 철도 여행의 초창기에 영국을 여행하던 사람들은 각 구간별로 다른 철도 회사를 이용해야 했고, 결국 여러 종류의 티켓을, 그것도 대개 다른 역에서 구매해야만 했다. 허드슨은 1842년, 철도운임정산소를 설립해 이 문제를 해결했다. 이 운임정산소는 1847년 9월부터 그리니치 평균시를 적용했다. 그리니치 평균시를 적용하기 전에는 역마다 시간이 달라 그리니치로부터 떨어진 거리에 따라 조금씩 시차가 존재했기 때문이다.

철도 열기의 부작용 중 가장 죄악인 것은 이로 인해 철도 거래의 도덕성이 크게 낮아진 것이다.

사무엘 스마일스, 1859

철도 지분의 폭락

허드슨이 자신의 철도 왕국을 확장시키며 명성을 이용해 새로운 철도들을 인수해가는 동안, 이스턴 카운티 철도회사는 거의 포화상태에 이른 시장에서 수익을 내느라 고군분투 중이었다. 회사는 허드슨을 이사로 임명함으로써 이 상황을 해결해보려고 했지으나 결과적으로 이는 현명하지 못한 선택이었다. 허드슨이 자신 명의로 된 회사에 주식을 비싼 가격에 팔아 중간에서 이득을 취한 다음, 이를 다시 개인 계좌로 빼돌리고 있었기 때문이다. 하지만 그의 사기 행각은 오래 가지 못했다. 회계장부를 자세히 들여다본 투자자들이 장부가 조작된 것임을 알았고, 결국 허드슨은 철도 왕이 아니라 사기꾼임이 만천하에 드러났다.

철도 지분
철도 건설자들은 사업 자금을 충당하기 위해 주식을 발행했다. 하지만 허드슨 사기 사건 이후 철도 지분의 신뢰도는 일시적으로 크게 떨어졌다.

다행히 요크 노스 아일랜드 철도회사는 회사의 대표였던 허드슨이 철도 사기꾼으로 역사에 길이 남게 된 상황에서도 살아남을 수 있었다. 하지만 또 다른 철도 사기꾼들이 이후에도 계속해서 등장했다. 1870년대에 미국 최초의 대륙횡단 철도가 건설되는 동안 오크스 에임스 의원은 다른 국회의원들에게 프랑스 은행인 크레디트 모빌리에의 주식을 배포하며 막대한 뇌물을 주다가 잡히고 말았고, 1873년에는 캐나다의 대륙횡단 철도 스캔들로 인해 캐나다 총리인 존 맥도날드가 사임했다. 그리고 존 새들러는 조지 스티븐슨이 철도 세계에 등장하기도 전, 철도 사기 행각을 벌이다 잡히고 말았다. 새들러, 에임스 의원, 허드슨의 묘비명으로는 아마도 1850년대에 스코틀랜드에서 출판된 《정신적 철도*Spiritual Railway*》의 구절이 적절하지 않을까 싶다.

몰락
조지 허드슨은 결국 요크-노스 미들랜드 철도의 3등석도 탈 수 없는 처지가 되었다.

"신이 천국으로 가는 철도를 만들었다.
이 땅에서 출발해 천국으로 향하는
그 철도의 끝은 없다.
보아라, 불쌍한 죄인이여, 지금이 적기다.
죄를 뉘우치고 다시는 저지르지 않겠다고 약속하면
어느 역에서든 기차는 멈춰 서서 너를 태울 것이다."

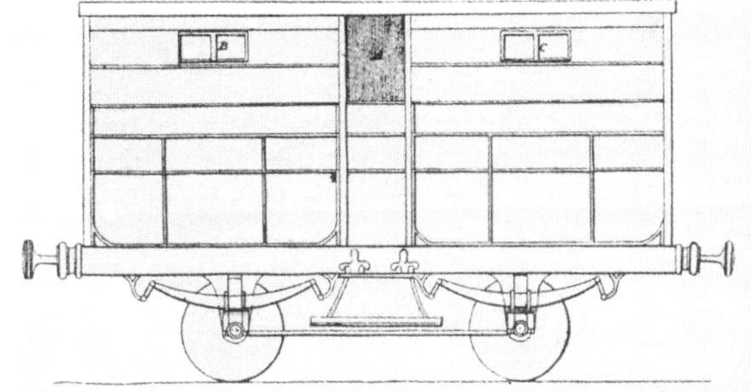

1840 대서부 철도

지역: 잉글랜드
유형: 승객용, 화물용
길이: 1841년 당시 245킬로미터

잉글랜드의 대서부 철도 건설을 총 지휘한 이점바드 킹덤 브루넬은 브리스틀의 상징물인 클리프턴 현수교를 설계했고, 'S. S. 그레이트 브리튼' 같은 원양항해용 증기선 3대도 설계했다. 그는 철도 역사에 큰 영향을 끼친 천재 기술자였지만, 이 천재도 때로는 실수를 했다.

- ✦ 사회성
- ✦ 상업성
- ✦ 정치성
- ✦ 공학성
- ✦ 군사성

가장 저렴하지는 않지만 가장 훌륭한

영국의 공학자 이점바드 킹덤 브루넬Isambard Kingdom Brunel은 "우리는 머지 않아 시속 72킬로미터로 이동하는 조용한 기차 안에서 커피 한 잔을 마셔가며 글을 쓸 수 있을 것이다."라고 자신의 일기장에 적었다. 그리고 150년 후, 여행객들은 정말로 기차 안에서 커피를 홀짝이며 기업보고서를 손으로 끼적일 수 있게 되었다. 브루넬을 묘사할 때는 그가 건설한 대서부 철도와 마찬가지로 '위대하다'는 형용사가 자주 사용된다. 오른쪽 사진 속의 브루넬은 자신이 설계한 증기선, '그레이트 이스턴Great Eastern'호를 묶은 사슬 앞에서 담배를 문 채 손은 주머니에 찔러 넣은 모습이다. 사진 속의 그는 강철 같은 강인함을 물씬 풍기며 위풍당당한 모습이지만,

브리스틀
미국에서 온 배들은 잉글랜드 서부의 항구도시, 브리스틀을 이용했다. 미국과의 무역을 위해 런던과 브리스틀을 잇는 철도는 꼭 필요했다.

1840년대에 글로스터 역에서 야단법석을 떨며 버밍엄 기차를 갈아타야만 했던 사람들은 브루넬을 원망했다. 그가 만든 철도들이 표준 궤간보다 넓은 궤간을 채택하는 바람에 큰 불편을 겪었기 때문이다. 1830년대 중반에 런던-브리스틀 철도 건설을 진두지휘하게 된 브루넬은 국회의 승인을 받아 '가장 저렴하지는 않지만 가장 훌륭한' 철도를 건설하게 되었다. 작업에 들어가기 전, 그는 오랜 연인인 엘런 흄을 보기 위해 맨체스터로 향했다. 당시 맨체스터로 가려면 스티븐슨이 건설한 리버풀-맨체스터 철도를 이용해야만 했는데, 그는 자신의 라이벌인 스티븐슨을 상당히 존경하기는 했지만 그의 작품이 그렇게 대단하다고 여기지는 않았다. 기차가 덜거덕거리며 이동하자 그는 노트를 꺼내 "언젠가 기차 안에서 커피를 마시며 글을 쓸 수 있을 것이다." 라고 적기 시작했는데 이때 기차가 흔들리는 바람에 글씨를 제대로 쓸 수가 없었다고 한다.

천재 기술자
브루넬은 겨우 20대의 나이에 대서부 철도 건설 작업의 기술자로 임명되었다.

넓은 궤간

대서부 철도는 런던에서 출발해 브리스틀 항구에 도달하는 구간이다. 미국에서 온 배들은 보통 에이번 협곡을 따라 영국 최대의 항구인 브리스틀에 도달했는데, 당시 브루넬은 에이번 협곡을 건널 수 있는 현수교를 설계하여 철도 건설 작업에 들어갈 준비를 마친 상태였다. 하지만 리버풀 항구와 리버풀-맨체스터 철도 때문에 브리스틀을 찾는 미국 배들이 줄어들자, 브루넬은 런던과 브리스틀을 잇는 대서부 철도를 건설하

초고속 열차
브루넬이 설계한 철도의 운영을 위해 바퀴가 7개 달린 대서부 초고속 열차가 제작되었다. 하지만 초창기의 기관차는 대서부 철도 자체보다도 기술적 완성도가 떨어졌다.

는 작업을 맡게 되었다.

당시 20대였던 그가 살아남은 것은 순전히 운 덕분이었다. 그는 성공한 프랑스 기술자인 아버지 마크 브루넬을 도와 런던의 템스 강 아래에 터널을 뚫는 힘겨운 작업에 참여한 적이 있었는데, 이때 이 터널의 지붕은 곧 무너질 듯 위태위태한 상태였다. 그때 포틀랜드의 시멘트 제작자, 조셉 아스피딘이 브루넬에게 시멘트를 사용해서 터널을 고쳐보면 어떻겠냐고 제안했다. 시멘트는 로마인들이 터널 공사에 사용했던 벽돌에 비해 2배나 비쌌지만 아스피딘은 자신이 만든 시멘트를 사용할 경우 향후 20년 동안 템스 터널에서 물 때문에 사고가 발생하는 일은 절대로 없을 거라며 브루넬을 설득했다. 하지만 1828년 1월, 터널의 일부가 붕괴되었고 터널에 물이 가득 차는 바람에 인부 6명이 익사했으며 브루넬 자신도 거의 목숨을 잃을 뻔했다.

철도는
바빌론의 벽보다 거대하고,
철도역은
에페소 신전보다도 많다.

존 러스킨, 교통수단에 관한 강연에서, 1866

브루넬은 대서부 철도 작업을 맡자마자 선로의 폭을 가능한 한 넓게 해서 실용성을 높였다. 그가 채택한 넓은 궤간 덕분에 철도는 더 넓은 마차를 수용할 수 있게 되었고 더 편안한 여정이 가능해졌으며, 전반적으로 더 우수한 공영 철도가 되었다. 그가 채택한 치수는 스티븐슨의 궤간보다 1.5배 정도 큰 2.13미터였다. 하지만 이것은 실수였다.

터널 공사에 막대한 비용이 소요되다

대서부 철도의 예상 건설비용은 250만 파운드로, 그중 상당 부분이 철도가 지나

운 좋게 죽음을 모면하다
브루넬의 아버지인 마크 브루넬은 템스 터널을 설계했는데 1828년에 그 터널을 공사하던 중 아들 브루넬이 거의 죽을 뻔한 위기를 겪었다. 다행히 그는 목숨을 건졌고 터널은 무사히 완공되어 1865년 개통되었다.

가는 영토의 주인들에게 지급되었다. 그들이 자신들의 땅에 철도가 지나가는 것을 못마땅하게 여겼기 때문이다. 가장 심하게 항의한 이들 중에는 명문 사립학교인 이튼칼리지의 교장, 존 키트가 있었다. 그는 평소에 자신이 가르치는 남자아이들을 자작나무로 때릴 정도로 완고한 성격으로, 무슨 이유에서인지 철도가 학교의 기강을 저해할 거라며 철도의 건설에 반대하고 나섰다. 그는 이튼칼리지의 졸업생이자 향후 총리가 된 윌리엄 글래드스턴에게 철도 건설이 중단되도록 도와달라고 요청하기까지 했다. 하지만 글래드스턴은 철도를 찬성하는 입장이었으며, 심지어 1844년에 저렴한 철도 서비스를 도입하여 '국회 철도Parliamentary Trains'라 불렀다.

철도 건설 작업은 계속되었다. 브루넬은 직접 그 구간을 측량했으며, 이때 가끔 자신의 변호사 예레미야 오스본을 동행하기도 했다. 그러던 중 배스 인근에 있는 박스 힐[23]이라는 커다란 장애물을 만나고 말았다. 철도를 놓기 위해 그 산의 정상 아래로 터널을 뚫어야만 했던 것이다. 그는 템스 강 터널을 뚫을 때의 경험을 토대로 4,000명의 인부를 동원해 작업에 착수했다. 브루넬은 인부들의 존경을 받으며 작업을 진행했으며, 그들은 일주일에 수백 톤의 흑색 화약을 사용해 가며 곡괭이와 삽으로 어란석[24]을 파서 터널을 뚫었다. 박스 힐의 양쪽에서부터 터널을 뚫어 오던 인부들은 마침내 박스 힐 아래에서 만나게 되었다. 두 터널 사이의 오차는 엄지손가락 윗마디 길이보다도 작았다.

그런데 1841년 공사를 마친 후, 최종 공사비용을 산정해 보니 처음에 예상했던 것보다 3배나 많은 비용이 소요된 것으로 나타났다. 이는 브루넬이 터널 입구부터 다리에 이르기까지 공사에 필요한 모든 아이템을 심혈을 기울여 설계했기 때문이다. 물론 철도가 거의 일직선으로 정확히 지어진 것은 그의 뛰어난 기술적 능력 덕분이었으나 이는 동시에 공사비가 올라가는 원인이 되기도 했다. 하지만 이 덕분에 100년이 넘는 시간 동안 철도는 잘 운영되었다. 브루넬은 여기서 멈추지 않고 데번에서 '추진식 철도'를 대상으로 실험을 계속하다 돈을 잃기도 했다. 추진식 철도는 기관차가 아닌 정치기관과 공기압력을 열차의 추진제로 사용하는 철도로, 초기의 시도들이 전부 실패로 돌아간 바 있었다. 하지만 브루넬은 끝까지 포기하지 않았고, 이 철도를 대서

플라잉 더치맨

✦

전 세계에서 가장 빠른 기차,
'플라잉 더치맨(Flying Dutchman)'은
수년 동안 대서부 철도 위를 달렸으며
이 기차의 운행에 이용된 기관차는
다니엘 구치의 '아이언 듀크
(Iron Duke)'였다. '아이언 듀크'는
웰링턴 공작으로부터 이름을
따왔으며 '플라잉 더치맨'은
바다를 끊임없이 항해한다는
전설 속의 배가 아니라
영국에서 가장 유명한 19세기
순종 경주마에서 이름을 가져왔다.
1851년, '플라잉 더치맨'은
런던 패딩턴 역과 엑서터 사이
306킬로미터가 넘는
시골길을 시속 85킬로미터로
증기를 내뿜으며 달렸다.

패딩턴 역
연철과 유리로 된 패딩턴 역의 지붕은 브루넬이 설계했다. 패딩턴 역은 웨스트컨트리 지역에서 175년 넘게 그 자리를 지켰다.

부 철도의 일부로 포함시켜 콘월 주의 항구 도시인 펜잔스까지 이어지게 했다. 이 철도는 한동안 영국에서 가장 긴 철도로서 명성을 누렸으며, '콘월의 리비에라[25]'라는 멋진 이름까지 붙여져 바다 · 태양 · 모래 · 증기 등 온갖 로맨스로 가득 찬 철도로 이름을 날렸다.

철도가 지어지는 동안 대서부 철도 관리자들은 브루넬에게 현재의 넓은 궤간을 스티븐식 궤간으로 변경하는 게 어떻겠냐고 물었다. 하지만 그는 궤간은 그렇게 중요한 문제가 아니라며 궤간 변경에 관한 구체적인 사안들을 얼버무렸다. 그러던 중 궤간을 변경할 수밖에 없는 일이 발생했다. 넓은 궤간을 가진 철도의 지선이 글로스터에서 버밍엄 기차와 만나는 광경이 그야말로 혼잡함 자체였기 때문이다. 엄마들은 아이들의 손을 잡은 채로 초조하게 서 있고, 남자들은 바삐 움직이는 짐꾼들 속에서 자신들의 짐을 행여나 잃어버릴까 꼭 부여잡은 상태로 환승할 기차를 찾으려 혼란스러워했다. 결국 1892년, 스티븐슨이 채택한 보편적인 궤간을 적용하라는 국회의 승인이 떨어졌다. 같은 해 5월 21일에 4,000명 이상의 노동자와 선로공이 선로를 교체하기 위해 모였다. 이틀 후, 그들은 성공적으로 선로를 교체했지만 285킬로미터에 달하는 구간을 다시 놓기 위해 막대한 비용을 치를 수밖에 없었다.

비, 증기, 꿈

당시의 유명 화가 J. M. W .터너는 1844년에 브루넬의 작품인 대서부 철도를 그린 〈비, 증기, 속도〉라는 작품을 공개했다. 그는 한 기관차가 불타는 듯한 화실을 열어젖힌 채 최근 완공된 아치형 구름다리 3개를 건너는 모습을 표현했다. 템스강을 가로지르는 그 다리는 브루넬이 설계하고 직접 지은 다리였다. 그림에 표현된, 현기증 날 정도로 불타는 듯한 색감을 보면, 화가가 증기의 힘이 가져온 새로운 시대를 받아들이려고 얼마나 애쓰고 있었는지가 느껴질 정도다.

대서부 철도가 넓은 궤간에서 표준 궤간으로 바뀌기 전 며칠 동안 기관차들과 철도 차량들이 이 철도를 가득 메웠다. 그중에는 '아이언 듀크Iron Duke' 초고속 열차도 있었다. 그 기차를 만든 기술자는 노섬브리아인 다이엘 구치Daniel Gooch였는데, 그는 조지 스티븐슨의 친구로 훗날 대서부 철도의 회장이 되기도 했다. 구치는 겨우 21살의 나이에 브루넬에게 자신의 기관차 조수가 되어 달라고 요청하는 편지를 썼다. 평생 브루넬에게 충성을 다한 이 기술자는 빠르고 성공적인 기관차를 설계하는 데 있어 타고난 천재였다. 반면 브루넬은 튼튼하고 질 높은 기관차를 선택하는 것에 대한 기술적 안목이 부족했다. '프리미어', '선더러[26]', '불카누스[27]', '허리케인' 등 그가 선택한 기관차들은 하나같이 뭔가 대단해 보이는 이름이었지만 성능은 이에 훨씬 못 미쳤다.

간혹 잘못된 판단을 하기는 했지만 브루넬에게 선견지명이 있었던 것만은 틀림없었다. 그는 자신이 설계한 런던의 으리으리한 패딩턴 역패딩턴 역을 짓는데 추가로 100만 파운드가 들었다이 런던발 뉴욕행 증기 기관차의 출발역이 될 거라고 보았다. 또한 그는 승객들이 엑서터 혹은 브리스틀 항구에서 내려서 자신이 만든 증기선을 타고 대서양을 건널 것이라 내다보았다. 과연 그의 예상대로 1840년이 되자 승객들은 기차를 타고 런던에서 엑서터까지 총 320킬로미터에 달하는 구간을 시속 65킬로미터로 이동할 수 있었다.

메이든 헤드 다리
J.M.W.터너는 런던에서 출발한 대서부 기차가 다리를 건너는 모습을 그림에 담았다.

1841 레스터–러프러버 철도

지역: 잉글랜드
유형: 승객용
길이: 19킬로미터

철도의 시대가 도래하자 사람들은 견문을 넓힐 기회를 얻었다. 철도 덕분에 난생 처음 다른 지역으로 여행을 갈 수 있게 된 것이다. 철도의 이 같은 잠재력을 최초로 이용한 사람은 레스터 출신의 한 침례교도 전도사였다.

✦ 사회성
✦ 상업성
✦ 정치성
✦ 공학성
✦ 군사성

금주와 안전

웨일스의 몬머스셔 주에 위치한 한 사유지의 여주인, 오거스타 홀은 1850년대에 새로 지어진 철도가 자신의 영토를 지나가게 되자 근방의 모든 술집이 문을 닫도록 조처했다. 그녀는 1800년대에 많은 사람들이 그러했듯 금주운동의 열렬한 지지자였다. 당시 영국에서 1850년에서 1876년 사이에 술 소비량이 급증했는데, 이는 마침 철도가 급격히 확장되던 때와 일치했다. 따라서 술 소비량이 급증하자 철도의 안전에도 영향을 끼칠 수밖에 없었다. 카셀의 《패밀리 매거진》에 따르면, "철도 여행에서 자주 발생하는 경미한 사고의 주원인은 달리는 기차에서 내리려고 하거나 플랫폼에 미처 도착하기도 전에 기차 문을 열려고 하는 사람들이다. 이들은 대체로 신경질적인 여성들과 부주의한 술꾼들이었다."고 한다.

북동 철도
레스터와 러프러버 사이에 놓인 이 짧은 철도는 토머스 쿡 덕분에 대중 관광의 역사에서 선구자적인 역할을 하게 되었다.

1841년 7월, 최초의 공영철도를 따라 레스터와 러프러프 사이를 여행최초의 단체 여행이라고 할 수 있다하던 500명가량의 승객들 중에는 다행히도 부주의한 술꾼이 없었다. 그들은 모두 그 지역의 금주운동 회원들이었다. 그들은 그 기차를 대여한 레스터 출신의 전도사에게 기차 이용 요금으로 1실링씩 지불했다. 기차를 대여한 전도사는 바로 토머스 쿡Thomas Cook이었다. 멜버른의 더비셔에서 태어난 쿡은 원래 장식장 제작자였다가 전도사로 전향했는데, 1833년에 돌연 금주를 선언했다. 그는 어느날 자신의 집이 있는 마켓하보로에서 레스터까지 24킬로미터를 걷다가, 기차를 널리 알리는 동시에 금주운동도 같이 추진해야겠다는 생각을 했다고 한다. 당시 레스터는 양조 사업으로 영국에서 가장 유명한 도시였다.

쿡은 철도가 사람들의 견문을 넓혀줄 것이라 생각했다. 최신식 기차에 올라타 새로운 장소를 여행할 수 있다면 누가 굳이 집에서 독한 술을 마시며 슬픔을 달래겠는가? 물론 철도 여행과 금주운동을 연관 지은 사람이 비단 쿡 뿐만은 아니었다. 에드워드 피즈Edward Pease 같은 퀘이커 교도들 역시 스톡턴-달링턴 철도가 안전하게 운영될 수 있었던 것은 역에서 술 판매를 금지한 철도관리자들 덕분이라고 생각했다. 쿡은 레스터의 캠벨거리 역에서 출발해 경치가 아름다운 러프러버까지 운행하는 기차를 대여했다. 그리고 금주운동 회원들을 그 기차에 태워 대저택, 크리켓 경기, 양궁 경기, 금관악기 연주자들이 펼치는 음악회 등에 데리고 다녔다. 그는 다음 년도에도, 그 다음 년도에도 계속해서 기차를 대여해 회원들을 데리고 다녔으며 회원 수가 늘어나자 결국 철도 회사와 일요학교 견학 프로그램을 계약하기에 이르렀다. 이제 견학 장소는 리버풀과 스코틀랜드까지 확대되었다. 비록 중간에 사업 감각을 제대로 발휘하지 못해 파업 선언을 해야 하는 상황에 몰리기도 했지만, 그는 1851년에 런던에서 영국 박람회가 열릴 무렵 다시 재산을 되찾았다. 이후에도 쿡은 박람회 관광을 위해 레스터에서 출발하는 기차를 대여하는 등 활발하게 활동을 했다.

시야을 넓히다
토머스 쿡은 국내외 기차를 대여하는 등 확장한 철도망에서 얻을 수 있는 이득을 최대한 활용해, 자신이 운영하던 사업의 이윤을 극대화했다.

여행과 여행자 수표

쿡은 본래 신중한 사람이었지만, 철도가 급격히 확장되자 과감히 해외여행을 해보기로 결심했다. 위험은 따르겠지만 해볼 만한 일이라고 생각했던 것이다. 그는 맨 처음 파리를 방문한 후 1860년대에는 스위스, 이탈리아, 이집트, 미국을 일주했다. 여행에서 돌아온 쿡은 자신이 운영하던 회사에 '토머스 쿡 앤 썬Thomas Cook & Son'이라는 이름을 붙이고, 아들과 함께 런던에 철도 관련 상점을 열었다. 1874년에 이 상점에서는 철도 티켓뿐만 아니라 가이드북, 여행 의상, 호텔 쿠폰, 신용장 등을 팔았다. 1891년에는 회사 이름으로 신용장과 여행자 수표를 발행하기도 했다.

토머스 부자는 성격이 전혀 달랐다. 토머스는

철도 발전과 금주운동을 연결하는 데 집착했지만그는 런던 상점의 위층에 소규모의 금주 호텔도 운영했다 아들인 존은 더욱 야심찬 성격이었다. 존은 곧 새로운 사업을 벌였는데, 바로 미국 남북전쟁이 일어났던 전쟁터를 답사하는 여행 사업이었다. 사실 전쟁터 답사 여행 자체는 전혀 새로운 분야가 아니었다. 마크 트웨인Mark Twain 역시 크림 반도의 세바스토폴Sevastopol이라는 황폐해진 전쟁터를 여행하는 사업을 운영한 적이 있었으니 말이다.

하지만 토머스 쿡 앤 썬 회사에 있어 이 분야는 새로운 출발이 되었다. 토머스는 이 사업을 시작한 이후, 아들에게 회사를 내 주고 마지못해 자리에서 물러나 멜버른으로 돌아갔다. 아버지가 자리에서 물러나자 존 쿡은 여행 사업을 확장하는 데에 열성을 다했다. 부자는 미들이스트 지역을 여행하는 프로그램을 기획하거나, 오스트레일리아와 뉴질랜드에 해외 지사를 열기도 했다. 그러던 중 존 쿡이 1899년에 이질로 사망하자 한 침대차 회사가 존 쿡의 회사를 인수했고, 훗날 '빅4'[28]가 다시 이를 인수했다. 이렇게 해서 금주자들의 가벼운 외출로 시작됐던 사업은 이제 전 세계적인 철도 사업으로 발전하게 되었다.

세인트레저 경마

✦

매년 9월, 동커스터에서는 세인트레저에서 열리는 경마 관련 기차를 제외하고 모든 기차 운행을 중단한다. 동커스터 경마가 맨 처음 시작된 것은 1770년대였는데, 철도가 등장하면서 경마의 모습이 크게 바뀌었다. 우선 그 규모가 크게 확장되었는데, 빅토리아 시대에 하루 70대에 불과하던 동커스터행 기차는 19세기가 시작될 무렵에는 무려 10만 명의 경마 팬을 실어날랐다. 또한 철도는 동커스터 경마 이외에도 온갖 종류의 스포츠에 영향을 끼쳤다. 비둘기 경주도 그중 하나였다. 1900년대 초, 요크서의 '비둘기 전용 철도'는 경주용 비둘기로 가득 찬 마차 15대를 290킬로미터 떨어진 윈체스터까지 이송했다.

브라이튼 행 기차
찰스 로스터의 작품 <브라이튼까지 왕복 3실링 6페니>는 승객들이 기차를 타고 해안가 마을로 향하는 모습을 담고 있다.

당일 여행자

해안 도시
블랙풀은 철도가 놓이면서 인기 있는 휴양지가 되었다.

이제는 토머스 쿡의 고객들뿐 아니라 거의 모든 사람들이 철도를 이용해 일상에서 벗어나 여행을 즐길 수 있게 되었다. 1850년대만 해도 여유롭게 여행을 즐기는 것은 부자들만이 누릴 수 있는 특권으로, 노동자 계층은 감히 넘볼 수 없는 사치였다. 하지만 철도 덕분에 이제 이들도 자유롭게 여행을 할 수 있었다. 유럽 전역의 철도 회사들은 해안가 마을로 놀러 가는 여행 상품을 제공했고, 그 마을들은 여행객들로부터 최대한의 이윤을 취하기 위해 스스로 마을을 제정비하기 시작했다.

1864년 철도가 지중해 연안까지 도달하자 프랑스 남부의 도시 니스는 호황을 맞았다. 1870년에 몬테카를로까지 이어져 모나코 공국의 인구는 2배나 늘었다. 도빌과 트루빌 같은 프랑스 북부 지역의 해안가 리조트 또한 사람들로 넘쳐났다. 1862년에는 브르타뉴의 캥페르Quimper에 철도가 이어져 도시 전체가 화가들로 가득 차게 되었다. 도시의 삶을 화폭에 담고자 이곳을 찾은 화가들이 너무 많아진 나머지 도시 인근의 퐁타방 주변에 예술촌이 형성되기까지 했다. 파리 · 미국 · 캐나다 · 영국 등지에서 너무 많은 화가들이 이곳으로 왔으며, 이에 유명한 화가였던 폴 고갱은 그곳을 떠나야만 하는 지경에 이르렀다. 고갱은 예술가들이 넘쳐나던 마을을 떠나 르풀뒤라는 작은 마을로 향했으며 결국 타히티에 정착했다.

> 1857~1861년 이후 잉글랜드와 웨일스의 음주율은 36퍼센트나 증가했다.
>
> **조제프 라운트리**, '금주운동의 총괄자', 《할스워스 매거진》, 1899

1944년에는 영국 총리 윌리엄 글래드스톤이 저렴한 기준 요금을 제안한 덕분에 마을의 대지주뿐만 아니라 그가 고용한 사냥터 관리인과 가정부까지도 철도 여행을 할 수 있게 되었다. 그 무렵 영국의 철도는 블랙풀, 사우스포트, 이스트본, 토키, 웨스턴슈퍼메어, 웨일스의 배리뿐만 아니라 브라이튼 같은 해안가 마을까지 이어졌다. 남부 해안가에 위치한 브라이튼은 철도의 혜택을 가장 많이 누린 마을로, 영국의 조지 왕자가 어린 시절을 보낸 곳이기도 했다. 이렇듯 수많은 마을과 사람들이 철도의 혜택을 누리게 되었지만, 상황이 바람직하기만 했던 것은 아니었다. 지역 신문인《베리 앤 서튼 포스트》지는 "1878년, 기차가 최하층민 600명을 태우고 입스위치에 도착했을 때, 승객들은 카운터에 있는 것을 죄다 가져가버렸다. 이 배고픈 사람들은 돈도 내지 않고 치즈, 빵, 비스킷 등을 닥치는 대로 쓸어갔다"고 전했다.

하지만 철도 덕분에 혜택을 본 마을이 훨씬 많았다. 사실 솔트번과 헌스탄톤 같은 해안가 마을은 철도가 만들었다고 해도 과언이 아니다. 헨리 르 스트레인지같은 기업가는 투자자들에게 여분의 자금을 노퍽 카운티의 킹스 린에서 이스트 앵글리아 지방의 해안가 마을, 헌스탄톤까지 연결되는 철도에 투자하라고 설득했다. 과연 린-헌스탄톤 철도는 이후 주주들에게 막대한 수익을 안겨주었다. 르 스트레인지는 1862년에 헌스탄톤에 널찍한 여인숙을 운영하기 시작했다빅토리아 여왕이 1년 전 인근의 샌드링엄 영지를 매입한 것이 도움이 되었다.

CHELTENHAM SPA
A BEAUTIFUL RESORT IN THE HEART OF THE
COTSWOLDS
GWR
LMS
Illustrated Guide free from Dept. D.R. Town Hall. Cheltenham

온천 마을
유럽 전역의 온천 마을들은 철도의 개통으로 큰 이득을 보았다. 반면 철도가 닿지 않는 온천 마을들의 미래는 상대적으로 불투명했다.

해안가 마을에서 온천 마을로

철도는 해안가 마을을 관광명소로 변모시키는 데에 그치지 않았다. 철도 덕분에 온천 마을 또한 호황을 누렸다. 만약 철도가 아니었더라면 영국의 온천 마을이 이렇게까지 유명해지지는 않았을 것이다. 1840년대에는 첼튼햄과 배스 온천이, 1850년대에는 링컨셔의 우드홀 온천이, 1870년대에는 매트록 배스가 철도 덕분에 많은 관광객들이 찾는 명소가 되었다. 심지어 랜드린도드라는 웨일스의 작은 마을조차 1865년에 중앙 웨일스 철도가 생기면서 혜택을 누리게 되었다. 여기에 우스터에서 출발한 철도가 1859년에 몰번의 온천 마을까지 이어지게 되자 이 마을의 당일 여행객 수는 5,000명으로 급증해 감당하기 힘들 지경에 이르렀다. 이 마을을 찾은 관광객 중 유명한 인물로는 알프레드 로드 테니슨, 찰스 디킨스, 케이트 디킨스, 플로렌스 나이팅게일 등이 있다. 그들은 나이아가라 폭포에서 파생한 물줄기가 굉장히 세다는 소문을 듣고 호기심이 발동해 이 온천 마을을 방문했다.《펀치 매거진》

의 존 리치는 "1분에 한 통238리터의 물줄기가 몸에 수직으로 떨어지는데, 그 힘이 어마어마해서 나는 볼링공처럼 픽픽 쓰러질 뻔했다."고 회고했다. 제임스 윌슨과 제임스 걸리라는 물리학자 2명은 이 폭포에 몸을 치유하는 효과가 있다고 생각하여 이를 상업화했고, 오래도록 인기를 끌었다.

언덕으로

제1차 세계 대전이 끝나고 제2차 세계 대전이 발발하기 전, 주말에 기차를 타고 교외로 놀러 가려는 한 무리의 사람들이 등장했다. 이들은 야외활동을 무척 좋아하는 사람들이었다. 제2차 세계대전이 끝난 후 캠핑 · 사이클링 · 힐워킹29 등이 본격적으로 유행하자 철도회사는 이 고객들을 끌어들이기 위해 경치가 아름다운 측선에 캠핑용 마차를 주차해 놓거나 자전거 이용객들의 편의를 위한 시설을 제공하는 등 서로 경쟁하기 시작했다. 1920년대가 되자 수천 명의 사람들이 맨체스터의 런던로드 역에서 출발하는 기차를 타고 헤이필드에 도착해 킨더 스카우트 주위의 언덕을 도보 여행하기 시작했다. 이들의 수는 1930년대에 더욱 불어나 경찰이 이를 관리해야 할 지경에 이르렀다.

이렇게 철도는 사회의 구석구석을 변모시켰다. 사람들이 교외로 여행을 가는 것은 이제 더 이상 놀라운 일이 아니었다. 박애주의자 존 러스킨은 1870년대에 이미 이러한 모습을 예견하며, "관광객들은 리버풀의 경치보다는 시골 지역의 아름다운 호수의 경치를 감상하는 것을 더 좋아할 것이다."라고 단언한 바 있었다. 그가 예상했던 대로 제2차 세계대전이 끝난 후 모두가 개인 차량을 소유하게 되기 전까지, 수천 명의 사람들이 도시에서 벗어나기 위해 기차를 타고 헤이링 섬, 맨 섬의 스케그네스와 더글러스 등지를 찾아가 아름다운 경치를 만끽했다. 토머스 쿡이 처음으로 선보인 철도 여행은 이후 100년 동안 거스를 수 없는 흐름으로 자리잡았다.

세계 일주

✦

1865년, 토머스 쿡은 북아메리카에서 철도 여행 사업을 시작했다. 그는 총 6,437킬로미터에 달하는 구간을 여행하는 프로그램을 제공했는데, 마침 미국의 대륙횡단 철도와 수에즈 운하가 개통하자 그 후 7년 동안, 소규모의 관광객을 데리고 세계 여행을 다니기 시작했다. 그들은 증기선을 타고 대서양을 건넜고 기차를 타고 미국을 여행했으며 일본, 중국, 싱가포르, 세일론30, 인도까지 항해했다. 토머스는 여기서 그치지 않고 이집트와 팔레스타인까지 갔다가 터키, 그리스, 이탈리아, 프랑스를 거쳐 영국으로 돌아왔다. 총 222일이 소요된 이 세계 일주는 그날 이후 연례행사가 되었다.

1845 셰필드-애쉬튼언더라인-맨체스터 철도

지역: 잉글랜드
유형: 터널
길이: 4.8킬로미터

거칠고 빠르게 돌아가는 철도 건설의 세계에서 노동자들의 복지는 거의 무시당하다시피 했다. 그러던 어느 날, 노동자 하나가 바위투성이의 페나인 산맥에 터널을 뚫으려고 고군분투하던 중 사망하는 사고가 발생했다. 그리하여 그를 고용한 철도 회사가 근로자들의 안전에 심각할 정도로 무심했다는 사실이 만천하에 드러나고 말았다.

- 사회성
- 상업성
- 정치성
- 공학성
- 군사성

위험을 무릅쓰다

영국의 범법자들을 뉴사우스 웨일스로 운송하던 배들이 오스트레일리아에 도착했을 때, 그 안에 타고 있던 수백 명의 사람들은 이미 목숨을 잃은 상태였다. 그들 중에는 평판이 좋지 않은 철도 노동자들도 있었다. 이들은 과음을 하고 툭하면 싸우는 것으로 악명 높았는데, 대부분 짐칸에 잔뜩 실린 채 이동했으므로 과거 아프리카 노예들처럼 자주 목숨을 잃곤 했다. 이에 영국 정부는 앞으로는 선주가 자신의 배에 탄 사람들의 안위를 책임지라고 명령했다. 정부의 발표는 즉시 효과를 발휘했다. 재소자들이 안전하게 도착할 경우 보너스를 지급하는 식으로 법이 바뀌자 운송업자들이 재소자들에게 더욱 신경을 쓰게 되었던 것이다. 하지만 고용인이 근로자들의 안전에 책임을 져야 한다는 이 원칙은 정작 빅토리아 정부의 회의실에서는 별로 관심을 받지 못했다. 8살 소녀가 자

페나인 산맥
셰필드-애쉬튼언더라인-맨체스터 철도를 건설하기 위해 1841년부터 1845년 사이, 페나인 산맥에 우드헤드 터널을 뚫는 작업이 진행되었다.

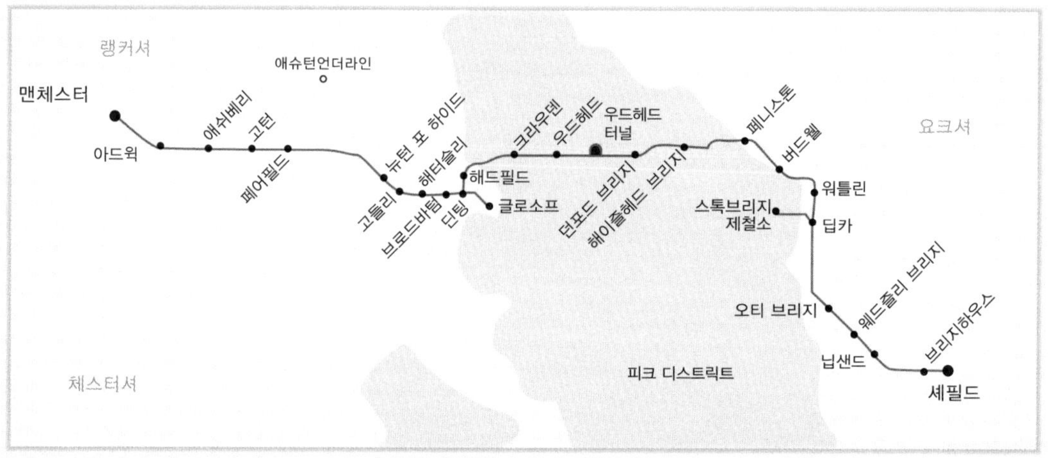

고된 상황
사회개혁가 에드윈 채드윅에 따르면, 우드헤드 터널 공사 중 사망한 인부들의 수는 워털루 전쟁 동안 사망한 사람들의 수보다 많았다.

신의 부주의로 기계에 손이 잘렸다고 해서 공장 주인이 이를 어떻게 책임진단 말인가? 술에 취한 인부가 작업 도중 사망한 것을 왜 철도 회사가 그 가족들의 생계까지 책임져야 한단 말인가? 그리고 주주들은 이미 돈을 대주었는데 왜 돈 받고 일하는 노동자들의 응석까지 다 받아줘야 한단 말인가?

한 예로 우드헤드 터널 건설 당시 보조 기술자로 일했던 웰링턴 퍼든은 정부의 수사 위원회에서, 석재를 폭발시킬 때 안전 퓨즈를 사용하는 것이 바람직한지에 대한 질문을 받자 이렇게 답했다. "사용하는 게 낫겠지요. 하지만 안전 퓨즈를 사용할 경우 시간이 낭비되는 데 반해 그로 인해 얻게 되는 안전상의 차이는 미미합니다. 저 같으면 고작 목숨 몇 개 건지려고 안전 퓨즈를 사용해서 시간을 낭비하지는 않겠습니다." 이러한 진술은 당시 담당자들이 철도 노동자들의 목숨을 얼마나 경시했는지를 잘 보여준다. 이 진술을 토대로 정부가 어떤 조치를 취했더라면 철도 산업의 역사는 지금과 완전히 달라졌을 것이다. 하지만 당시 국회는 기록을 보관하기만 했을 뿐 어떠한 시정 조치도 하지 않았다.

저 같으면 고작 목숨 몇 개 건지려고 안전 퓨즈를 사용해 시간을 낭비하지는 않겠습니다.

웰링턴 퍼든, 특별 위원회에서, 1846

1845년, 완공된 우드헤드 터널을 통과하는 최초의 기차를 기념하기 위한 자리에는 고위 관리들과 터널 건설 작업에 참여했던 인부들 몇 명만이 참석했다. 나머지 인부들은 다음번 철도 건설 작업을 하러 떠난 상태였다. 그 자리에 있던 사회개혁가 에드윈 채드윅Edwin Chadwick은 이 터널의 완공을 축하하지 않았다. 대신 우드헤드 터널을 건설하나 죽은 사람들의 비율이 격전으로 인한 사상자의 비율보

터널
브루넬이 배스에 건설한 박스 터널은 영국에서 가장 긴 터널이었지만, 페나인 산맥에 우드헤드 터널이 건설되자 새로운 터널에 1위 자리를 내주고 말았다.

다 많다며 공사의 작업 환경을 비난했다. 터널을 건설하는 동안 32명이 사망하고 140명이 부상을 입어, 워털루 전쟁의 사망 및 부상자보다도 더 많은 인명 피해가 발생했던 것이다.

잉글랜드는 페나인 산맥을 중심으로 북동 지역과 북서 지역으로 나뉜다. 그중 우드헤드는 페나인 산맥의 피크 디스트릭 계곡에 있는데, 나무 한 그루 없는 아주 작은 마을이었다. 그런데 목화 산업이 번성하면서 방직공들이 너도나도 사업을 시작하자 마을의 인구수가 급증하기 시작했다. 그리고 1839년, 이 마을에 철도 인부들이 도착했다. 그들은 우드헤드 언덕을 따라 터널을 내기 위해 온 사람들이었다. 길이가 5킬로미터에 달하는 우드헤드 터널은 완공되자 영국에서 가장 긴 터널이 되었다.

이 철도 건설의 기술 책임자인 찰스 B. 비뇰Charles B. Vignoles은 셰필드-애쉬튼언더라인-맨체스터 철도 회사의 주주이기도 했다. 그런데 건설 작업이 예상된 공사 기간과 금액을 초과하게 되자 그는 파산하고 말았다. 이에 개척 정신이 뛰어난 기술자 조셉 로크Joseph Locke가 공사를 이어받아 진행했다. 그런데 로크는 터널 건설 작업을 완료할 유일한 방법은, 작업자들을 짐승 부리듯 일을 시키는 것뿐이라고 생각하는 사람이었다. 이러한 책임자 밑에서 수천 명 이상의 작업자들이 먼지와 진흙더미 속에 파묻혀 곡괭이와 삽, 폭발 장치로 터널을 뚫었다. 이들은 7개의 통로를 따라 이동했는데 각 통로

인부

✦

미국에서 '인부(navvy)'는 본래 증기로 움직이는 삽을 의미했다. 이는 초창기 대다수의 철도 건설에서 사용된 기계장비였다. 한편 유럽에서 인부는 원래 항만 건설에 참여한 노동자를 의미했는데, 이후 철도 붐이 일면서 철도 작업에 참여하기 위해 떼 지어 현장에 도착하는 수천 명의 사람들을 의미하게 되었다. 이들은 농부, 사무원, 사상가, 집시 등이었다. 이 사람들의 출신 지역 역시 다양해서, 감자 기근으로 마을 전체가 파괴된 아일랜드 클래어 카운티 또는 개간으로 인해 살 곳을 잃은 스코틀랜드의 하이랜드 등 가지각색이었다. 사실 이들이 철도 건설 작업에 뛰어든 가장 큰 이유는 가난이었다.

의 끝에는 5개의 수직 통로가 있었다.

1846년 1월, 사회개혁가 에드윈 채드윅은 맨체스터 통계협회에 〈노동자들의 방만한 관리로 인한 사기저하와 상해〉라는 제목의 보고서 하나를 보냈다. 제목은 지루할 만큼 길었지만, 이 보고서의 내용은 노동자들이 설치한 폭발물만큼이나 강렬했다. 채드윅이 통계협회에 보낸 자료에 의하면, 부상을 입은 노동자들은 스스로 다친 몸을 돌봐야했으며, 대부분이 가축우리 같은 집에서 지내며 이따금 콜레라가 발발하기도 했다 페나인 산맥의 혹독한 겨울 날씨를 견뎌야만 했다는 것이다. 채드윅은 철도 회사가 노동자들에게 몇 주 동안 임금을 제대로 지급하지 않다가 선술집에서 한꺼번에 지급하기도 했다며 실태를 폭로했다. 술집은 노동자들이 임금을 전부 술을 마시는 데 써버리도록 부추겼고, 임금 지급을 미루던 철도 회사는 현물 급여제[31]를 도입하게 된다. 이 제도는 일종의 부채 상환 제도로, 노동자와 가족들은 노예처럼 철도 회사에 저당 잡힌 삶을 살 수밖에 없었다 당시 영국에서 현물 급여제는 불법이었지만 철도 붐이 있기 전에 작성된 법규에는 철도 노동자에 대한 부분이 구체적으로 명시되어 있지 않았다. 채드윅은 이 보고서를 통해 노동자들이 무책임하고 무분별한 음주가로 악명 높아지게 된 것은 철도 회사가 그들에게 제대로 된 음식과 급여를 제공하지 않고 대신 술을 자꾸 권한 결과라고 주장했다.

기본적인 도구
곡괭이와 삽, 튼튼한 두 팔이 인부들의 주 도구였다.

철도회사와 기술자들은 혐의를 부인했지만 마침내 1846년 7월, 정부 차원의 수사가 이루어졌고 결국 철도회사가 현물 급여제를 도입하는 행위는 불법이 되었다. 철도회사들은 이제 인부들의 건강 · 복지 · 숙박 뿐 아니라 사망이나 상해 또한 책임져야만 했다. 하지만 채드윅이 통계협회에 보낸 보고서와 자료에 대해서는 간단한 논의조차 이루어지지 않았다. 철도를 지지하던 이들은 철도가 과거를 보내고 새로운 시대와 사회 변화를 가져올 거라고 약속했으나, 꼭 그랬던 것만은 아니었다. 우드헤드 터널 사건으로 견책당한 철도 책임자는 아무도 없었다. 그럼에도 불구하고 채드윅의 노력은 결코 헛된 것이 아니었다. 그가 전장의 사망자 수와 철도 건설 중 사망한 인부들의 수를 비교한 자료는 대중의 마음을 자극했고, 이는 그 후 철도 건설 중 인부들이 사망하는 사고가 발생했을 때 언론이 사건을 기사화하는 데 큰 보탬이 되었다.

1847 파리-르아브르 철도

지역: 프랑스
유형: 승객용, 화물용
길이: 228킬로미터

- 사회성
- 상업성
- 정치성
- 공학성
- 군사성

철도 시대 초기의 작가들은 이 역동적이고 새로운 운송수단에 쉽게 적응하지 못했다. 그러던 중 톨스토이가 자신의 소설에 여주인공 안나 카레니나가 기차에 몸을 던지는 장면을 등장시키면서, 많은 작가와 영화제작자 들이 작품에 철도를 활용하기 시작했다. 이렇게 철도가 예술 작품에 끼친 영향을 가장 잘 보여주는 예가 바로 파리-르아브르 철도다.

생-라자르 역

"깊은 어둠 속에서 소리가 들렸다. 열기 속에서 죽어가는 누군가의 거친 숨소리, 폭행당하는 여성의 비명 소리처럼 갑작스럽고 날카로운 경적 소리, 음울하게 울부짖는 경적 소리와 기차의 덜커덩거리는 소리."

초창기 철도역의 서점 가판대에는 로맨스나 미스터리한 내용을 담은 통속적인 싸구려 소설과 삼류 소설이 주로 꽂혀 있었다. 빅토리아 시대에 가장 인기 있었던 소설은 《라 비*La Vie*》 같은 잡지에 실린 연재물이었는데, 찰스 디킨스와 아서 코난 도일그들의 작품 속 등장인물인 셜록 홈즈와 닥터 왓슨은 보통 철도 관련 기록, 특히 철도 시간표에 의존해 사건을 해결하곤 했다 등의 작가는 이러한 잡지에 소설을 연재하면서 유명세를 얻었다. 그리하여 1889년 11월, 《라 비》 한 부씩을 들고 기차에 탄 승객들 역시 파리-르아브르 철도를 배경으로 한 소설에서 무언가 흥미롭고 새로운 내용을 읽기를 기대하고 있었다. 이 잡지에 실린 소설은 당대의 유명 작가, 에밀 졸라가 쓴 《인간 야수*La Bête Humaine*》였다이 문단의 첫머리에 등장한 대목이 바로 이 소설의 한 장면이다. 에밀 졸라는 작품에 등장할 소재들을 꼼꼼히 조사하는 경향이 있었는데, 철도에 대한 자료 조사 역시 철저했다. 기관차 '라리송La Lison' 프랑스 기관차들 대다수가 그랬듯 그 철도가 놓인 지역의 마을 이름을 따서 지어졌다, 직원들의 월급, 객실가장 끝쪽 객실은 한 방향으로 놓여 있었다, 아무도 눈치채지 못하게 살인 사건을 일으킬 때 필요한 세부 항목들,

공포로 가득 찬 기차
에밀 졸라는 《인간 야수》에서 파리-르아브르 철도에서 일어나는 살인, 대혼란 등을 그려내 당대 프랑스인들의 상상력을 자극했다.

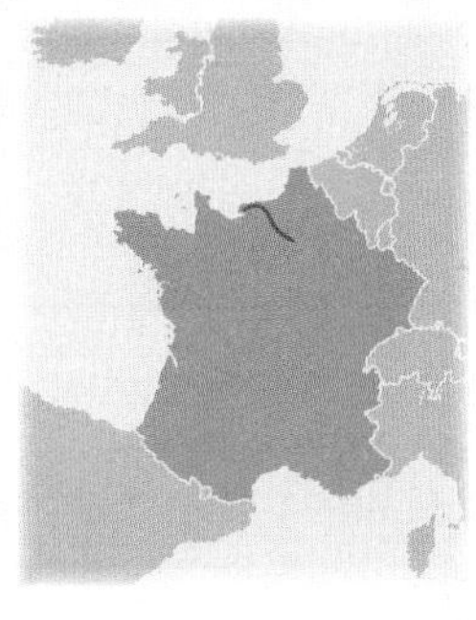

프랑스 북부
파리에서 출발해 프랑스 북부에 도달하는 이 철도는 에밀 졸라, 클로드 모네, 앙리 카르티에 브레송 같은 예술가들 덕분에 역사적으로도 큰 의미를 지니게 되었다.

기차에 사다리가 없다는 사실 등 기술적인 정보들을 빠짐없이 조사했다. 덕분에 철도 역사가들은《인간 야수》에서 당시 철도에 관한 유용한 정보들을 얻을 수가 있었다. 하지만 1890년에 그 소설을 읽던 독자들은 그저 흥미진진한 줄거리와 인상적인 문구에 즐거워할 뿐이었다. 독자들은 "엷은 안개가 자욱했고 기차는 온통 젖어 있었다. 그리고 마치 피가 튀기는 것처럼 여기저기서 붉은빛이 밤을 가르고 있었다." 따위의 문장에 흠뻑 빠졌다.

에밀 졸라가 기차 내에서 벌어지는 성적 학대, 간통, 살인, 자살 등을 소설 속에 등장시킨 것은 1869년에서 1870년 사이로, 당시 서부 철도회사는 파리의 생-라자르 역에서 북부 지역의 브리트니와 노르망디까지 기차를 운영하고 있었다. 졸라는 빅토리아 시대에 영국에서 일어난 미해결 살인 사건들'잭 더 리퍼'라는 살인마가 창녀들을 대상으로 저지른 사건, 1886년에 셰르부르에서 파리로 가는 기차에서 일어난 살인 사건 등 당대에 일어났던 사건들을 소설의 주제로 활용했다. 뿐만 아니라 인상주의 화가 친구의 작품에서도 영감을 받았는데, 그 친구가 바로 클로드 모네였다. 모네는 특히 생-라자르에서 북쪽으로 이동하는 기차에 관심을 보였다. 1877년, 모네는 생-라자르Saint-Lazare 역 주위를 어슬렁거리다 이젤을 기차 플랫폼 위에 내려놓고 그림을 그리기 시작했다. 작품의 모델은 아돌

안나 카레니나

✦

레프 톨스토이는 자신의 소설에 당시 러시아의 모습을 담기 위해 노력했다. 그래서 그는 1878년에《안나 카레니나》를 집필할 때, 철도를 중심으로 이야기를 풀어나갔으며 심지어 주인공의 자살 장면에도 철도를 등장시켰다. "빠르고 가벼운 걸음걸이로 급수탑에서 철길 쪽으로 나 있는 계단을 내려간 안나는 지나가는 열차에 바짝 다가가 멈추었다. 그녀는 첫 번째 차량의 한가운데가 자신의 정면에 보이자, 그 밑으로 몸을 던지려고 했다." 아이러니하게도 톨스토이 자신도 철도 옆에서 죽고 말았다. 그는 결핵을 앓고 있었는데, 1910년에 아스타포브역에서 갑자기 쓰러져 숨을 거두었다. 그 역은 훗날 그를 기리는 의미로 레프 톨스토이라고 불리게 되었다.

프 줄리앙이 역에 세운 거대한 철제 구조물, '유럽의 다리'였다. 모네의 친구인 구스타프 카유보트 또한 '유럽의 다리'를 그렸는데 그는 이 그림을 그리기 위해 근처 아파트를 화실로 이용했다. 또한 카유보트는 인상파 화가들을 위한 새로운 전시회에 자금을 지원하기도 했다. 그 전시회에 작품을 출품한 화가로는 철도를 자주 그렸던 카미유 피사로, 철도역을 그린 적이 있는 에두아르 마네, 에드가르 드가, 피에르 오그스트 르누아르, 모네 등이 있었다. 이들은 모두 외광파Plein-air32 운동의 지지자들이었다. 모네는 생-라자르 역에 불쑥 찾아가 철도 직원들에게 열차가 증기를 내뿜는 모습을 제대로 포착해야 한다며 기차를 좀 치워달라고 하거나, 작품 구성을 해야 하니 기차를 다시 배치해 달라고 요구하기도 했다. 이 역의 직원들이 그를 알아보기 시작한 것은 그 해 말에 열린 인상주의전에서 모네의 철도 작품 11점 중 7점이 공개되고 나서부터였다. 그 후로 직원들은 철도를 구경하기 위해 몰려든 승객들에게 "네, 그렇습니다. 저희는 지금 모네 화가님을 돕고 있어요."라고 자랑스럽게 말하곤 했다.

당시 오노레 도미에는 〈3등 열차〉 같은 작품을 통해 철도의 친근한 풍경을 담았다. 그림 속에 등장하는 할머니는 여행을 떠나는 모습인데, 잔가지로 엮은 광주리를 무릎에 놓고 뭔가 체념한 듯한 표정으로 앉아 있다. 할머니의 왼쪽에는 사내아이 하나가 고꾸라질 듯 앉아 있고, 오른쪽에는 할머니의 딸이 잠이 든 갓난아이를 품에 안고 있다. 도미에가 이 작품을 그린 것은 1860년대로 윌리엄 프리스가 상업적으로 가장 성공한 철도 미술 작품 중 하나를 선보인 시기이기도 했다. 그 작품은 바로 패딩턴 역을 그린 〈철도역〉이었다. 프리스는 이 값비싼 그림을 1862

보통석
오노레 도미에는 <3등 열차>에서 체념한 듯한 사람들의 모습을 담았다. 그는 철도 여행을 하는 사람들의 모습을 즐겨 그렸다.

철도 그림
1862년에 빅토리아 시대 화가 윌리엄 프리스의 <철도역>이 공개되자, 수천 명의 사람들이 그 작품을 보기 위해 몰려들었다.

년, 런던에서 공개했다. 그는 일찍이 1858년에도 철도역의 삶을 표현한 〈더비 경마의 날〉이라는 작품을 그렸는데, 〈철도역〉은 그 후속작이었다. 당시 어느 기자는 "이 그림은 철과 증기 시대를 대표하는 작품이다. 이 작품의 가격은 어림짐작으로만 파악할 수 있을 뿐이다. 대중들은 이 그림을 보기 위해 몰려들 것이다."라고 했으며 실제로도 그랬다. 무려 2만 1,000명 이상의 사람들이 입장료 12펜스를 지불하고 기꺼이 이 그림을 보러 왔다. 그림 속에는 사냥개를 준비시키는 사냥터 관리인, 기차 운전사와 요금을 두고 승강이를 벌이는 신사, 신랑신부를 비롯한 결혼식 하객들, 범죄자를 체포하는 런던 경찰 2명의 모습이 담겨 있다. 또한 프리스의 사업파트너이자 초창기 철도의 열렬한 지지자였던 루이스 빅터 플랫로우Louis Victor Flatlow가 이이언 듀크호의 운전사와 한창 대화 중인 모습도 포착되었다. 다시 말해 프리스의 그림 속에는 철도 위에서 펼쳐지는 삶의 온갖 모습이 담겨 있었다. 한편 뉴욕의 너대니얼 캐리어와 제임스 이브같은 19세기 판화가들은 철도를 주제로 한 판화를 제작했다당시에는 마치 공장의 조립라인처럼 여자아이 1명당 객차 1대씩 담당해서 직접 색을 입혔다. 다가올 21세기에 다국적 회사로서 이미지를 부각시키고 싶어 하던 철도회사들은 화가들에게 돈을 주고 자신들의 브랜드 이미지를 향상시켜 달라고 요청했다. 20세기에 등장한 대표적인 예술가로는 영국의 테렌스 쿠네오와 러시아에서 태어난 아돌프 무롱이 있다. 아돌프 무롱은 바우사우스에 영향을 받아 마치 카상드르[33]의 작품 같은

철도 시간표

✦

아서 코난 도일의 소설 《너도밤나무 집》에는 셜록 홈즈가 자신의 조수 닥터 왓슨에게 "브래드쇼의 기차 시간표를 찾아봐." 라고 말하는 장면이 나온다. 랭커스터 출신의 인쇄업자 조지 브래드쇼(George Bradshaw)는 1838년, 철도가 희박한 시절에 철도 시간표를 인쇄하기 시작해 그 후 1960년대까지 계속해서 매달 《철도 가이드》를 출판했다. 《철도 가이드》는 철도 회사의 기차 시간표를 토대로 정보를 제공했고, '본 잡지는 부정확성에 대해 일체 책임을 지지 않는다.' 는 조항에도 불구하고 시장의 주도자로서 자리매김하게 되었다.

외광파
프랑스 인상파 화가, 클로드 모네는 생-라자르 역을 여러 각도에서 그리기 위해 철도 직원들에게 기차를 이리저리 움직여 달라고 했다.

철도회사용 포스터'빠르고 화려하고 편안한'이라는 문구를 넣었다를 제작했다. 런던 운송회사의 부사장이었던 프랭크 픽은 만 레이, 그레이엄 서덜랜드, 폴 내시 같은 예술가들에게 일을 맡겼고, 롤런드 에밋, 푸가스 같은 삽화가들과 윌리엄 히스 로빈슨 같은 풍자만화가들 역시 철도 관련 작품을 내놓았다. 세월이 흘러 증기 기관차가 몰락한 뒤에도 웬만한 화가들은 철도 그림으로 꽤 괜찮은 생활을 유지할 수 있었다.

기차, 영화계를 강타하다.

19세기가 블록버스터 영화의 시대였다면 20세기는 철도 영화의 시대였다. 어거스트와 루이스 뤼미에르 형제가 제작한 다큐멘터리 스타일의 영화212쪽 참조가 등장한 이후, 영화제작자들은 에밀 졸라의 소설처럼 탄탄한 줄거리가 뒷받침된 영화를 추구했다. 특히 로맨스와 호기심, 모험으로 가득 찬 철도 여행은 이러한 줄거리를 제공할 가능성이 높았다. 1900년대 초에 영화감독 에드윈 포터의 12분짜리 영화 〈대열차강도〉가 개봉하자 관객들은 가게 점포 앞에 딸린 자그마한 극장으로 몰려들었다. 그들은 관람료 5센트를 내고 그다지 평판이 좋지 않은 극장의 싸구려 나무 좌석에 앉아 영화를 관람했다. 에드윈 포터는 이 추격 영화를 제작한 후에도 일련의 무성 영화들을 제작했는데, 주요 장면으로는 선로에 묶인 채로 겁에 질려 있는 아가씨들을 향해 기차가 돌진하는 신 등이 있었다.

에드윈 포터 감독이 미국에서 처음으로 철도가 등장하는 영화를 선보인 이후 다양한 영화들이 등장했다. 세실 B. 드밀의 〈유니온 퍼시픽〉, 존 포드의 무성영화 〈철마[1924]〉미국 최초의 대륙횡단 철도에 관한 영화, 〈서부개척사[1926]〉 등 그 후에 나온 영화들은 전부 포터 감독이 창출한 유행에 힘입어 큰 인기를 끌 수 있었다. 처음으로 현지 촬영을 시도한 것으로 유명한 존 포드 감독은 1962년에 〈리버티 밸런스를 쏜 사나이〉를 제작했는데 이 영화에서는 배우 제임스 스튜어트가 신본이라는 중서부 마을이 철도 덕분에 어떻게 변화하게 되었는지 회상하는 장면이 등장하기도 했다. "철도가 놓이기 전에 그 마을이 어떤 모습이었는지 기억조차 안 날걸요. 철도가 개통되자 완전히 바뀐 거죠." 유럽과 아시아 영화감독들 또한 철도에 관심을 보이기 시작했다. 폴란드의 예르지 카발레로비치는 〈야간열차[1959]〉를 제작했고 체코의 이리 멘젤은 성장 영화인 〈가까이에서 본 열차[1966]〉를 제작하는 등 다양한 철도 영화가 등장했다. 또한 노르웨이 영화감독 벤트 해머가 제작한 〈오슬로의 이상한 밤[2007]〉에서는 은퇴를 고려하는 노르웨이 철도 관리자가 주인공이고, 니시코리 요시나리 감독이 제작한 〈철로[2010]〉에는 직장을 그만두고 철도 운전사가 된 한 남자가 등장한다. 한편 에밀 졸라의 소설《인간 야수》를 영화로 만들려고 한 감독도 있었는데, 바로 졸라의 예술가 친구이자 어거스트의 아들인 장 르누아르였다. 그는 1939년에 이 소설을 영화로 제작하며 "기차는 이 영화의 주인공 중 하나다."라고 말했다.

"할리우드에는 왜 왔죠?" 기자가 영화제작자 포드에게 물었다. "철도 때문이지." 그가 대답했다.

프랑스 영화 전문지《카이에 뒤 시네마》

철도의 끝
1900년대 초, 파리-르아브르 철도의 생 로맹 역. 하지만 이 철도는 예술가들을 고무시킨 첫 번째 철도도, 마지막 철도도 아니었다.

1848 조지타운-플레장스 철도

지역: 가이아나
유형: 화물용
길이: 8킬로미터

남아메리카의 철도, 특히 경제적으로 발달한 아르헨티나의 철도는 외국인 투자자들에게 막대한 배당금을 안겨주었다. 하지만 서부 경제가 비틀거리자 남아메리카 경제 또한 큰 타격을 받았고, 아르헨티나의 철도 지분은 휴지 조각이 되고 말았다.

- 사회성
- **상업성**
- 정치성
- 공학성
- 군사성

사탕수수 운송용 철도

1800년대 말 북아메리카인들이 자기 살 길을 찾아 떠나자 남아메리카는 기회의 땅이 되었다. 스페인과 포르투갈 정복자들은 남아메리카를 식민지로 삼았는데, 그중에서도 특히 개발할 자원이 넘쳐나는 아르헨티나에 눈독을 들였다. 아르헨티나는 고기, 보크사이트, 곡물, 와인에 이르기까지 온갖 자원이 풍부했으므로 유럽과 미국의 기업가들은 이를 운송하기 위해 자국에서 아르헨티나의 항구까지 철도를 놓기만 하면 되었던 것이다. 초창기 남아메리카에 철도를 놓은 이는 존 로이드 스티븐스John Stephens와 프레드릭 캐서우드Fredrick Catherwood였다. 그들은 1830년대에 마야인들의 폐허를 방문한 후 그 모습을 생생히 기록한 글을 공개함으로써 세상 사람들을 깜짝 놀라게 한 적이 있었다. 뉴저지 상인의 아들로 태어난 스티븐스는 세계 최초의 대륙 횡단 철도인 파나마 철도92쪽 참조를 건설했으며 캐서우드는 1848년, 당시 영국의 지배하에 있던 가이아나에 사탕수수를 운송하는 짧은 철도를 놓았다. 조지타운과 플레장스를 연결하는 이 철도는 남아메리카에 두 번째로 지어진 철도였다. 이 철도는 본래 사탕수수를 운송하기 위해 지어졌지만 이후 남아메리카에서 철도가 확대되는 데 크게 기여했다. 특히 남아메리카의 철도는 그 대륙에서 두 번째로 큰 국가인 아르헨티나에서 가장 급속한 성장세를 보였다. 덕분에 1914년에는 아르헨티나의 부유한 목장주들이 기차를 타고 전국을 여행하거나 남아메리카 최초의 지하철을 타고 부에노스아이레스에 갈 수 있었다.

가이아나
남아메리카에 두 번째로 지어진 철도, 조지타운-플레장스 철도가 개통되자 남아메리카 대륙에는 철도가 급속도로 건설되기 시작했다. 하지만 이후 해외 투자자들이 자금을 빼가자 수많은 철도들이 살아남기 위해 고군분투해야만 했다.

북 대서양
웨이크난 제도
트루라이 제도
리구안 제도
에세퀴보 강
호그 제도
플래장스
조지타운
데메라라 강

1857년에는 버밍엄 출신 기술자 윌리엄 브래그William Bragge가 아르헨티나 최초의 철도인 서부 철도를 건설하기 시작했다. 그 후 1865년에는 사무엘 피토가 두 번째로 대남부 철도를 건설했고, 1870년에는 영국이 세 번째로 로사리오와 코르도바 사이에 철도를 지었다. 그리하여 제1차 세계대전이 시작될 무렵 아르헨티나에는 이미 세계에서 10번째로 큰 철도망이 구축되어 있었다. 덕분에 아르헨티나는 세계적으로 주목을 받기 시작했다. 아르헨티나에서 시작된 춤인 탱고는 철도가 놓이자 부에노스아이레스라는 교외 지역에서 뻗어나와 유럽으로 전파되었고1900년대 초에는 런던의 유명한 월도프 호텔에서도 탱고 파티를 주최하기에 이른다, 아르헨티나의 주요 수출품인 콘비프[34]역시 해외로 운송되었다. 유럽의 병사들은 전쟁을 치르는 동안 아르헨티나에서 수입한 통조림 쇠고기로 연명하며 싸움을 계속했다.

하지만 아르헨티나 철도는 해외 시장에 지나치게 의존한 나머지 큰 타격을 입고 만다. 1948년에 부에노스아이레스에서 국가적인 축하 행사가 열렸는데, 그 행사에서 후안 페론Juan Perón 대통령이 영국이 소유한 철도 7개와 프랑스가 소유한 철도 3개를 국영화하겠다고 선언한 것이다. 그는 이 사업에 투자자들이 물밀 듯이 몰릴 거라 생각했지만 생각보다 그 수는 적었고, 급기야 1990년대에 철도가 민영화되기에 이른다. 하지만 투자자는 여전히 터무니없이 부족했다. 결국 급증하는 화물의 수요에도 불구하고 아르헨티나 뿐 아니라 남아메리카 전체의 철도가 다른 국가들보다 뒤처지고 말았다.

라 트로치타 열차

✦

여행 작가인 폴 서룩스는 《더 올드 파타고니안 익스프레스(The Old Patagonian Express)》라는 여행기에 매서울 정도로 추운 보스턴 역에서 메마른 아르헨티나 남쪽 지역까지 철도를 타고 여행한 경험을 담았다. 여행을 하는 동안 그는 '라 트로치타(La Trochita)' 열차를 이용했는데, 이 작은 화물용 기차는 아르헨티나의 파타고니아를 통과해 총 402킬로미터를 운행했다. 그런데 이 기차는 차체가 너무 가벼워 바람이 불면 선로를 벗어날 정도였다. 어쨌든 라 트로치타는 오직 증기로만 작동하는 마지막 기차이자 가장 긴 기차로, 서룩스가 이용한 덕에 세계에서 가장 유명한 기차 중 하나가 되었다.

이 모든 혼란은 프록코트를 입고 나타난 한 남자 때문에 야기되었다. 재산이 조금 있던 그가 한 일이라고는 파리를 자주 방문한 것뿐이었다.

로버트 루이스 스티븐슨, 《아마추어 이민자*The Amateur Emigrant*》, 1895

한편 1992년에는 에스켈에서 인헤니에로 하코바시까지 안데스 산맥을 따라 건설된 화물 운송용 꼬마 철도, 파타고니코스 철도가 폐쇄될 위기에 놓인 일이 있었다. 철도 폐쇄에 반대하는 사람들의 항의 시위가 잇따르자 결국 아르헨티나 정부는 기존의 결정을 번복하고 이 철도를 국가 기념물로 지정했다.

1853 대인도 반도 철도

지역: 인도
유형: 승객용, 화물용
길이: 34킬로미터

✦ 사회성
✦ 상업성
✦ 정치성
✦ 공학성
✦ 군사성

인도의 철도 건설 작업은 피라미드가 건설된 이래 가장 큰 규모의 공공 공사였다. 한때 인도를 통치했던 영국이 건설한 이 철도는 인도라는 국가가 하나로 합쳐지는 데 큰 역할을 했지만, 한편으로는 역사상 가장 큰 규모의 민중 운동의 원동력이 되어 국가가 분리되는 데도 한몫을 했다.

라지 철도

인도에서 철도 산업에 종사하는 이들의 수는 영국의 의료 서비스 대상 숫자보다는 적지만, 중국 군대 다음으로 많다는 속설이 있다. 실제로 2012년 인도에서 철도 산업에 종사하는 이들은 140만 명에 달했으며 하루 이용객만 해도 1,100만 명이 넘었다. 하지만 150년 전만 해도 사람들은 "인도에 철도를 건설해봤자 그 철도를 이용할 여력이 되는 인도인들이 과연 있긴 할까?"라고 의아해하곤 했다.

인도에 처음으로 철도가 건설된 것은 인도가 영국의 통치하에 있을 시기였다. 그 후 인도는 1947년까지 거의 100년 동안 영국의 지배를 받다가 종교에 따라 시크교와 힌두교는 인도로, 이슬람교도는 새로운 국가인 파키스탄으로 분할 독립되었다. 인도에 철도 건설을 제안한 인물은 인도 총독인 댈하우지 경Lord Dalhousie이

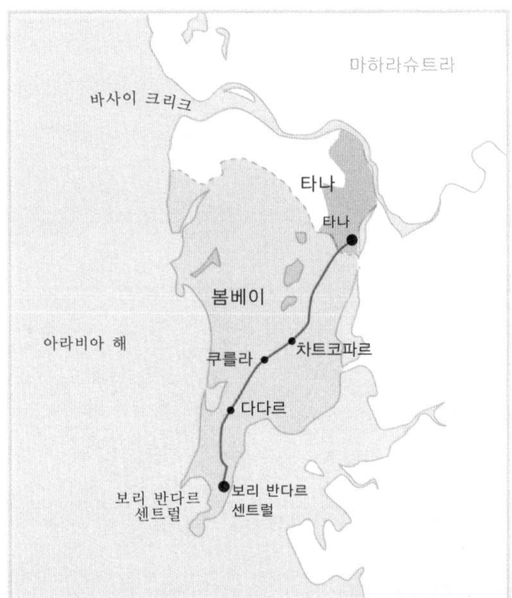

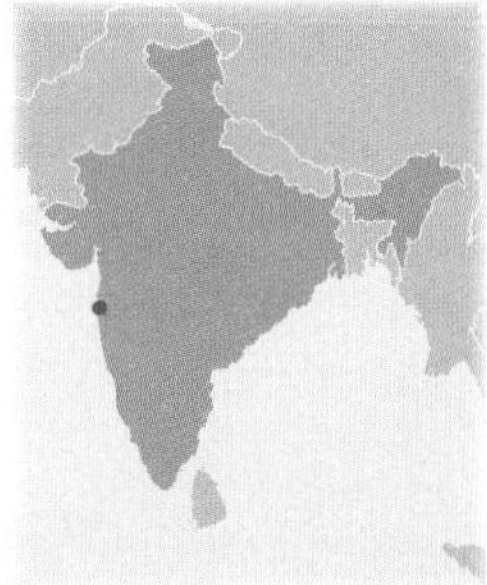

인도의 철도
인도 최초의 철도는 봄베이를 지나갈 예정이었다. 대륙을 따라 이 철도를 건설해나가던 작업자들은 철도를 짓는 과정에서 여러 장애물을 만났다.

댈하우지 경
인도의 철도 건설을 가장 열렬히 지지했던 인물 중에는 댈하우지 경이 있었다. 그는 영국에서 철도를 건설하는 광경을 직접 목격한 인물이었다.

었다. 당시 영국 정부는 인도를 통합시킬 방법을 고민하고 있었는데, 댈하우지 경은 그 방법으로 철도 건설을 제안했다. 그는 철도를 건설할 경우 큰 이득을 볼 수 있을 거라고 주장했다. 사실 그전에도 철도 건설을 제안한 이들은 있었지만 댈하우지 경만큼 영향력 있는 발언권을 지닌 사람은 없었다. 무엇보다 그는 예전에 영국에서 철도가 급증하던 시절 국회 내 철도 위원회에서 의장직을 맡았던 터라 철도가 지닌 막대한 영향력을 익히 알고 있었다. 그의 주장에 따르면, 인도에 철도를 건설할 경우 영국은 두 가지 상업적 이득을 취할 수 있었다. 바로 면화와 무기였다. 1846년에 미국의 면화 수확이 실패로 끝나자 영국의 직물 사업가들은 초조해졌다. 확실한 자원을 확보하기 위해 로비활동을 벌이던 그들에게 면화가 풍부한 인도는 훌륭한 대안이 될 수 있었다. 필요한 것은 면화를 봄베이현 뭄바이로 운송하는 수단을 향상시키는 일뿐이었다. 철도로 인한 두 번째 이득은 병력 운송이었다. 인도의 북서쪽 국경 너머 위치한 아프가니스탄은 영국에게 있어 여전히 위협적인 존재였다. 불과 1842년 아프가니스탄의 수도 카불에서 철군하던 4,500명의 무장 군인과 1만 2,000명의 민간인이 전멸되는 일을 겪었으니 더욱 그러했다. 따라서 철도는 영국의 군사 전략상으로도 아주 중요했다. 영국 군대 역시 인도에 철도를 건설하면 국경을 강화하는 데 큰 도움이 될 것이라 주장했다.

이에 댈하우지 경은 구체적으로 인도 대륙에 철도를 건설할 계획을 세우기 시작했다. 그의 계획은 영국이나 미국의 시장 지향적이고 무질서한 마구잡이식 계획과는 전혀 달랐다. 인도의 철도는 개인이 자금을 지원하기는 했지만 어디까지나 영국 당국의 계획 하에 진행됐으며 당대 최대의 철도 기술자들이 설계를 담당했다. 댈하우지 경은 먼저 시험 구간 2개를 계획했는데 첫 번째 철도는 봄베이에서 동부의 타나에 이르는 34킬로미터 구간으

동인도 회사

✦

동인도 회사는 프랑스 회사나 네덜란드 회사와 마찬가지로 영국 정부와 정치 · 경제적으로도 긴밀한 관계를 유지했던, 모험심 강한 회사였다. 이 회사는 마드라스, 봄베이, 캘커타의 무역항을 발전시키고 인도의 북동 주들이 벵골 지도자로부터 통제권을 빼앗는 데 도움을 주었으며, 그 후에는 벵골과 중국 사이에 수익성 높은 아편 무역을 확대함으로써 이득을 취하는 등 승승장구했다. 하지만 철도 시대가 도래하면서 결국 그동안 누려왔던 독점권을 빼앗기고 말았다.

통제권
철도가 확대되면서 동인도 회사는 인도에 대한 통제권을 점차 잃어갔다.

철도 기술자의 아내

✦

웨스턴 가트를 가로지르는 철도가 건설될 당시, 작업에 참여한 인부들 중 상당수가 사망했다. 그중에는 철도 도급업자인 솔로몬 트레드웰이 있었다. 트레드웰은 1823년에 영국 우스터셔에서 태어나, 이점바드 킹덤 브루넬이 증기선 그레이트 이스턴호를 제작할 때 이를 도왔다. 1851년에 엘리스 피커링과 결혼한 후에는 인도로 가서 버클리의 철도 작업에 참여했다. 하지만 그는 작업을 시작한 지 2개월 만에 시름시름 앓더니 죽고 말았다. 남편이 죽자 엘리스는 남편의 일을 대신 맡아 새로운 기술자를 임명하는 등 철도 건설 작업을 총 지휘했다. 그리하여 1863년, 철도는 마침내 훌륭한 모습으로 완공되었다.

로 로버트 스티븐슨이 설계할 계획이었다. 또 다른 철도는 하우라에서 라니간지에 이르는 벵골 철도로, 라니간지는 동인도 회사가 1770년대에 석탄을 발견하기 전까지는 별로 중요하지 않은 곳이었으나 이후 급부상한 곳이었다.

첫 번째 구간인 봄베이-타나뭄바이-타나 구간은 스티븐슨 대신 그의 조수 제임스 버클리James Berkley가 맡아 진행하게 되었다. 그는 공사 진행 도중 깊은 늪지대와 언덕을 맞닥뜨리게 되었는데, 철도를 놓으려면 언덕을 깎아내야 했다. 무척 어려운 작업이었지만 이는 리버풀-맨체스터 구간을 건설할 때 겪었던 문제들에 비하면 아무것도 아니었다. 하지만 그곳은 영국의 에지 힐[35]이나 올드 트레퍼드[36]가 아니라 인도 땅이었다. 결국 버클리는 공사를 시작한 지 얼마 안 되어 가장 숙련되고 뛰어난 기술자 둘을 잃었고 그 자신도 목숨을 잃고 말았다.

이 모든 어려움에도 불구하고 철도는 무사히 완공되었고 1853년 4월에 대인도 반도 철도회사는 개통식을 열었다. 사람들은 14개의 객차로 이루어진 기차가 유명 인사들을 싣고 시속 32킬로미터로 봄베이 역을 빠져나가는 것을 지켜보았다. 그러나 모든 이들이 철도의 등장을 반긴 것은 아니었다. 카베리와 고다비리에 관수시스템을 설치했던 코튼 경은 "인도에 필요한 것은 수상 운송기관이다. 철도는 원하는 가격에 제품이나 사람을 운송할 수도 없고 많은 양을 한꺼번에 운송하는 것도 불가능하다. 게다가 철도를 유지하는 데에는 1년에 300만 루피나 든다."고 지적했다. 하지만 결과적으로 이 철도는 300만 루피를 투자할 만한 가치가 있었다.

봄베이-타나 철도가 개통된 지 얼마 지나지 않아 동인도 철도회사는 벵골 철도 건설 작업에 착수했다동인도 철도회사는 영국 회사였다. 인도의 철도는 순전히 영국의 자본으로 지어졌다. 이번에는 기술자 조지 턴불George Turnbull이 공사를 맡았다. 이 철도는 1855년 2월에 완공되었는데 도중에 여러 번 차질을 겪었다. 영국에서 기차를 운반하던 함선인 'H. M. S. 굿윈H. M. S. Goodwin'이 바

크로스오버
제임스 버클리가 건설한 봄베이-타나 철도는 1853년에 개통했다.

다에 가라앉는 바람에 캘커타[37]에 위치한 스튜어트와 세톤, 두 회사에서 그 대체물을 제작해야만 했던 것이다. 게다가 직원의 실수로 영국에서 다시 기차를 싣고 오던 배가 캘커타가 아닌 오스트레일리아로 보내졌다. 여기서 끝이 아니었다. 결정적인 문제는 이 철도의 노선이 프랑스 영토인 찬데르나고르현 지명 찬다나가르를 침범하면서 발생했다. 동인도 철도회사는 이 문제를 해결하기 위해 오랜 기간 프랑스 정부와 협상을 벌여야만 했다.

코끼리의 지원
1855년, 동인도 회사는 부르드완 역의 개통식을 거창하게 치렀다.

한편 제임스 버클리는 해안 산맥, 웨스턴 가트를 가로질러 봄베이 서쪽까지 철도를 확상하는 삭업에 착수했다. 그가 1850년에 말했듯이, "웨스턴 가트 산맥은 인도 무역에 있어 가장 심각한 장애물이며, 이 산맥 때문에 인도는 막대한 비용을 지불하고 있기 때문에" 이는 불가피한 작업이었다.

직물 무역

그림처럼 아름다운 웨스턴 가트는 평야에서 762미터 높이에 자리잡고 있었다. 이곳에는 심한 급경사 지역이 두 군데 있었는데, 그 지역에 있는 바위는 열기로 인해 쩍쩍 갈라져 있어 장마가 오면 그 위로 물이 세차게 흘러내렸다. 이 때문에 1년 중 4개월은 공사가 불가능했다. 버클리는 굴착업자 1만 822명과 석공

> 인도의 철도에서 파생될 상업적 이득은 실로 막대하다.
>
> **롤런드 맥도날드 스티븐슨**

차트라파티 시바지 역
과거에 빅토리아 역이라 불렸던 뭄바이의 차트라파티 시바지 역은 영국 빅토리아 시대의 양식을 반영해 설계되었으며, 한 세기 후에는 테러리스트들로부터 공격을 받았다.

2,659명을 포함한 총 3만 명의 인부를 데리고 작업을 시작했지만, 중간에 콜레라가 창궐하는 바람에 1만 2,000명의 인부를 더 고용할 수밖에 없었다. 그는 결국 기관차의 역단면을 이용한 기발한 장치로 이 문제를 해결했다그가 개발한 이 장치는 훗날 브라질과 안데스 철도에도 사용되었다. 철도를 건설하려면 터널 25개와 구름다리 8개가 필요했는데, 이것 때문에 공사비용은 1.5킬로미터 당 7만 파운드로 상승했다턴불의 동인도 철도는 본래 1.5킬로미터 당 1만 5,000파운드의 건설비용이 들어갈 예정이었다. 게다가 인적 피해는 이보다 훨씬 컸다. 작업 도중 약 2만 5,000명이 사망했는데 수치로 따져보면 1.5킬로미터 당 1,500명꼴로 사망한 셈이었다. 버클리 자신도 건강이 악화되어 영국으로 돌아갔고 결국 철도가 완공되기도 전인 1862년에 숨을 거두었다.

하지만 이러한 인명피해는 철도가 개통되자마자 사람들의 기억에서 잊혀졌다. 1870년이 되자 이 철도는 캘커타까지 확대되었는데 덕분에 봄베이에서 캘커타까지 한 번에 이동할 수 있게 되었다. 이는 아주 대단한 성과로, 당시 45살이었던 작가 쥘 베른은 이 철도에서 영감을 얻어 필리어스 포그라는 영국 신사가 전 세계를 항해하는 내용을 담은 소설《80일간의 세계 일주》를 썼다. 한편, 이 철도가 서인도에서 가장 잘나가는 면화 생산 지역을 지나가게 되자 영국의 방적 공장 소유자들을 비로소 안심할 수 있었다. 철도가 직물 무역을 살린 것이다.

프런티어 메일

인도에 최초의 철도가 개통된 이후, 서로 떨어져 있는 주요 도시들을 연결하기 위한 철도 건설이 시작되었다. 인도 정부는 이를 위해 1890년대에 라자스탄의 아지메르에서 기관차를 제작하거나 자국의 기술자들을 우간다 등의 해외로 파견해 작업에 참여하게 하는 등 각고의 노력을 했다. 인도 정부는 1900년에 대인도 반도 철도회사를 인수하고, 1928년에는 뭄바이와 페샤와르의 증기선 선착장 사이에 '프런티어 메일Frontier Mail' 같은 일반 기차를 운행하기 시작했다. 페샤와르는 인도와 아프가니스탄 사이에 놓인 지역으로, 그곳으로 파견된 영국 장교들과 그들의 가족은 '프런티어 메일'을 이용해 페샤와르로 이동하곤 했다. 당시 영국인 장교의 딸, 페기 리치는 이렇게 회상했다. "기차는 여러 칸으로 나뉘어 있었는데 각 칸에는 작은 화장실이 구비되어 있었다. 변소는 선로를 향해 아래가 뻥 뚫려 있었고 그 옆에는 놋쇠로 된 작은 세면대가 놓여 있었다. 창문에는 덧문과 방충망이 쳐져 있었으며, 기차 바닥에는 얼음 한 상자가 놓여 있었다." 이때 장교가 고용한 운반인 람 키센이 가족들의 여행을 도왔는데, 그는 키가 크고 품위 있는 힌두교 신자로 "간병인을 구하는 것에서부터 장교를 위해 사교 모임을 주최하는 것에 이르기까지 사실상 모든 일을 담당했다." 하지만 1941년, 일본의 동남아시아 진출로 이러한 식사나 사교 모임은 중지될 수밖에 없었다. 이제 철도는 군대와 군수물자를 버마의 국경 지대로 보내는 데 사용되었다.

제2차 세계대전은 1945년에 끝이 났고, 영국의 인도 지배도 1947년에 끝이 났다. 영국이 인도에서 철수하자 약 1,200만 명의 영국인들이 보복이 두려워 자국으로 급히 도망을 쳤다. 하지만 기차를 타고 이동하며 비폭력 독립운동을 전파하던 마하트마 간디의 노력에도 불구하고 영국인을 태우고 가던 수백 대의 기차가 도중에 운행을 멈추어야 했으며 영국인 승객들은 선로에서 강간 당하거나 살해당했다. 이 시기에 거의 100만 명에 달하는 영국인들이 사망했다. 바야흐로 철도는 역사상 가장 큰 규모의 민중 운동을 위한 수단이 되어버렸고 인도의 지도자 자와할랄 네루도, 파키스탄의 지도자 무하마드 알리 진나도 이 유혈사태를 막을 수는 없었다.

세계 문화유산이 된 산악 철도

✦

영국은 인도를 통치하는 동안, 인도의 작은 산맥에 수많은 산악 철도**38**를 건설했다. 인도 남부의 험준한 지역에 건설된 산악철도로는 웨스턴 가트의 닐기리 산악 철도, 다즐링 히말라얀 철도(1881년에 완공됨), 칼카-심라 철도(1898년에 개통함)가 있다. 그중 산간 피서지 마을이었던 심라는 인도 하계의 수도가 되는 영광을 누렸다. 이 산악 철도들은 그 독특한 매력 덕분에 인도의 주요 관광 코스가 되었고 일부는 세계 문화유산으로 선정되기도 했다.

1854

젬머링 철도

지역: 오스트리아
유형: 승객용, 화물용
길이: 41킬로미터

19세기 중반, 용감한 젊은이들 사이에서 알프스 정상을 가장 먼저 오르는 일이 유행처럼 번졌다. 그리고 철도 역시 이 유행의 선두에 있었다.

- ✦ 사회성
- ✦ 상업성
- ✦ 정치성
- ✦ 공학성
- ✦ 군사성

산악 철도

1850년대는 등산가의 시대라고 해도 과언이 아니었다. 두려움을 모르는 젊은 산악가들은 적극적으로 알프스의 산들을 정복해나갔다. 1854년에 영국 변호사 알프레드 윌리스그는 훗날 영국 철도 및 운하 의원회의 의장직을 맡았다가 베터호른 산을 등정한 것이 알프스의 정상에 오르는 여정의 시작이었다. 윌리스가 기본적인 장비인 마 로프와 반짝이는 피톤[39]을 갖고 얼어붙은 바위의 표면을 힘겹게 올라갈 때, 철도 역시 산 정상으로 향하고 있었다. 윌리스가 베터호른 산을 정복한 해에 표준 궤간을 적용한 최초의 산악 철도, 젬머링 철도가 개통되었던 것이다.

이 철도를 건설한 이는 이탈리아 기술자 칼 폰 게가Carl von Ghega였다. 그는 당시 건설된 철도들의 각 구간을 꼼꼼하게 측량하다가 오스트리아의 글로그니츠와 뮈르츠슐라크 사이가 연결되어 있지 않은 것을 발견하고 이 구간을 연결하는 철도를 건설하기로 계획했다. 그는 산악 철도가 가능하리라 생각하는 몇 안 되는 사람 중 하나였다. 비록 철도 건설에 필요한 다리, 구름다리, 터널 등을 짓는데 인부 2만 명이 필요했고 총 6년이라는 시간이 걸렸지만 그는 성공리에 젬머링 철도 건설을 마쳤다. 문제는 그렇게 가파른 경사길을 운행할 기관차를 찾는 일이었

세계 최초
세계 최초의 산악 철도가 오스트리아에건설되었다.

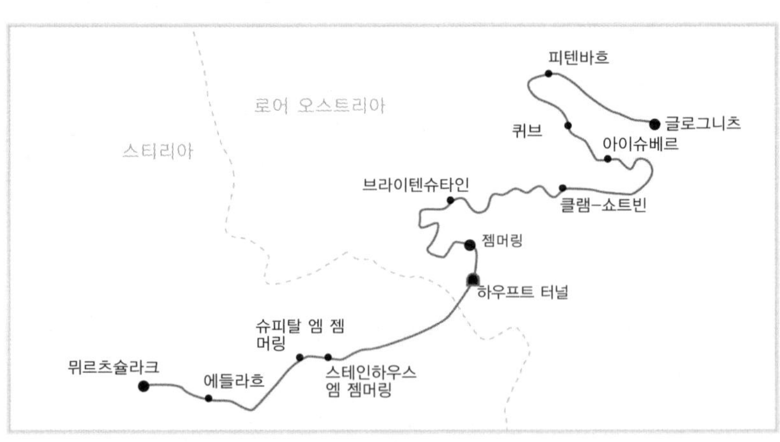

다. 결국 오스트리아 기술자 빌헬름 폰 엥거트Wilhelm von Engerth가 설계한 특별한 '엥거트 기관차'를 가져와 운행을 시작했고, 젬머링 철도는 1998년에 유네스코 세계유산에 등재되는 기록을 세웠다.

젬머링 철도가 건설된 지 10년 후, 여성 등산가 루시 워커가 해발 3,698미터에 이르는 스위스 알프스의 발름호른 산을 등정할 무렵, 철도 기술자들은 론 알프스에 위치한 몽니스 근처의 가파른 언덕길을 측량하고 있었다. 젬머링 철도 구간만큼이나 험준한 오르막길인 몽니스 고개는 영국 입장에서 큰 골칫거리였다. 영국에서 인도로 보내는 우편물이 워낙 많아 지중해의 항구로 옮겨 배에 실어 운송했는데, 도중에 몽니스 고개에서 한참 동안 지체되곤 했다. 몽니스 고개를 통과하려면 말을 이용할 수밖에 없었기 때문이다. 결국 영국은 몽니스 고개에 철도용 터널을 뚫어 프랑스의 모단느와 이탈리아의 바르도네치아를 연결함으로써 알프스를 직접 관통하는 통로를 건설하기로 했다.

압축공기 브레이크

1846년에 태어난 조지 웨스팅하우스(George Westinghouse)는 초창기 철도의 전성기에 활발히 활동한 인물이었다. 그는 최초의 탈곡기를 발명한 아버지의 뒤를 이어 1년에 18개 가량의 철도 기술 관련 아이디어를 특허냈다. 그는 몽니스 터널에 사용된 공기 착암기의 원동력인 압축공기에 영감을 받아 피츠버그에서 압축공기 브레이크를 개발했는데, 이는 훗날 기차의 각 객차 사이에 사용되었다.

이탈리아 왕 비토리오 에마누엘레 2세의 승인을 받아 마침내 터널 건설 작업이 시작되었다. 터널 길이는 고작 13킬로미터밖에 되지 않았지만 예상 작업 기간은 자그마치 25년이었다. 터널 작업자들이 산을 폭발시켜가며 길을 내는 동안 임시 철도가 도입되었고, 말은 더 이상 운행되지 않았다. 터널 건설을 위해 컴브리아 주 출신의 존 바라클로 펠John Barraclough Fell이 특별히 3개의 선로와 증기 기관차를 설계했으며 랭커셔 출신의 제임스 브로든James Brogden이 이를 제작했다. 다행히 14년 안에 건설 작업이 마무리되었다. 부지런한 인부들 덕도 있었지만 무엇보다 당시에 막 개발된 공기 착암기와 알프레드 노벨의 발명품인 다이너마이트의 힘이 컸다. 그리하여 1871년 9월, 드디어 터널이 개통되었다.

산은 나라 안에 존재하는
거대한 적과 같다.

윌리엄 쿠퍼, 《과제*The Task*》, 1785

젬머링 철도가 철도 기술자들에게 산을 오르는 철도에 대한 아이디어를 심어준 덕에 1869년에 워싱턴 산세계 최초의 톱니 궤도 철도가 놓였다에도 산악 철도가 놓였고, 1891년에는 시몬스 뷰티레스트 매트리스 회사가 콜로라도의 마니투와 파이크스 피크에 철도를 놓았으며, 1896년에는 웨일스의 스노든 산에 산악 철도가 놓였다.

알프스 정복자들
젬머링 철도의 성공에 힘입어 몽니스 고개에도 철도가 건설되었다.

1855 파나마 철도

지역: 코스타리카
유형: 승객용, 화물용
길이: 76킬로미터

철도가 등장하면서 마차의 시대가 막을 내린 것처럼 운하 또한 사양길에 접어들었다. 단, 파나마 운하의 경우 그 순서가 반대였는데, 철도가 먼저 생기고 나서 그 유명한 캘리포니아 골드러시가 등장한 후 운하가 건설되었다.

운하로를 건설하다

1849년에 시작된 캘리포니아 골드러시gold rush는 새로운 유형의 노동자를 탄생시켰다. 바로 포티 나이너스[40] 또는 모험가였다. 그들은 독일 · 폴란드 · 러시아처럼 먼 곳에서도 찾아와, 상당수가 뉴욕에 도착한 후 남아메리카의 케이프 혼에서 캘리포니아로 가는 배를 탔다. 다른 항로로는 카리브 해로 가서 통나무배와 짐 나르는 노새를 이용해 파나마 해협을 건넌 후, 태평양에서 배를 타고 캘리포니아로 가는 여정이 있었다. 하지만 이 방법을 택한 이들은 도중에 가이드에게 돈을 빼앗기거나 들짐승에게 잡아먹히거나 병에 걸려 죽을 위험을 무릅써야 했다. 그럼에도 불구하고 수천 명의 사람들이 골드러시에서 한몫 챙기기 위해 그 험난한 여정길에 올랐다. 이들을 태운 증기선 'S. S. 조지아'와 'S. S. 필라델피아' 호가 아스핀월에 도착한 것은 1851년의 일이었다. 소문에 따르면 그 마을은 13킬로미터에 이르는 철도를 건설한 윌리엄 아스핀월William Aspinwall의 이름을 따서 지어졌다고 한다.

- ✦ 사회성
- ✦ **상업성**
- ✦ 정치성
- ✦ **공학성**
- ✦ 군사성

대륙 횡단
파나마 철도가 건설된 후 태평양과 대서양을 연결 짓는 운하 건설 작업이 시작되었다.

광부들은 1.5킬로미터에 50센트라는 어마어마한 금액을 내고 철도를 이용했지만 결코 편안한 여행은 아니었다. 선로 옆에 즐비한 무덤 외에도 술 취한 노동자들과 철도 건설자의 시신이 담겨 있는 나무통이 기차 내에 겹겹이 쌓여 있었다. 죽은 사람 중에는 철도 건설 작업이 너무 고되어 심지어 그 지역 인부들에게 돈을 주고 자신을 죽여 달라고 한 이들도 있었다.

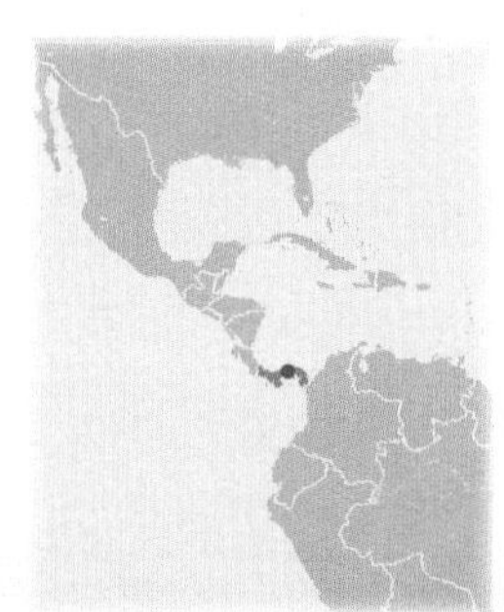

원래 이 철도는 모험가들을 위해서가 아니라 미국 우체국의 편의를 위해 건설되었다. '포니 익스프레스Pony Express'나 미국 대륙 횡단 철도118쪽 참조가 등장하기 이

전에 미국의 우편물은 바다를 통해 운송되었으므로, 우체국은 서부와 동부 해안을 따라 선적항을 운영했다. 윌리엄 아스핀월은 파나마를 관통하는 철도를 건설하면 우편물을 운송하는 데 소요되는 시간이 훨씬 줄어들 거라 판단했다. 이 구간을 측량한 조지 휴즈 대령은 총 건설 비용은 총 100만 파운드 정도이고 시간은 12개월 정도면 충분할 거라고 장담했지만 이는 너무 순진무구한 생각이었다. 실제로 파나마 철도는 건설되는 데 5년이나 걸렸고 700만 파운드 이상의 비용이 소요됐으며 공사 도중 너무나 많은 인부가 죽는 바람에 공사 자체가 중단될지도 모르는 위기에 놓였다. 하지만 증기선이 태우고 온 많은 모험가들 덕분에 철도 건설이 중단되는 사태만은 면할 수 있었다. 모험가들이 현금을 투입하면서 뉴욕의 투자는 단숨에 활기를 띠었고, 그 기세를 몰아 마침내 1855년에 철도가 개통되었다. 그 후부터 파나마 철도는 승승장구했다. 투자자들은 24퍼센트라는 막대한 수익을 보았고 파나마 철도는 한동안 세상에서 가장 많은 양의 화물을 운송했다. 파나마 철도에서 나오는 수익은 노동자들을 위한 교회와 도서관에 자금을 댈 수 있을 만큼 충분했다. 하지만 바로 이때, 파나마 운하가 건설되면서 모든 것은 수포로 돌아갔다. 처음 파나마 운하를 건설하기 시작한 이는 수에즈 운하를 건설했던 페르디낭 드 레셉스Ferdinand de Lesseps였다. 그는 파나마 운하 건설에서 그치지 않고 파나마 철도를 매입하기까지 했다. 하지만 이때도 이미 파나마 철도의 인기는 수그러들고 있었다. 1881년에 미국 대륙횡단 철도가 개통되면서 골드러시가 끝났던 것이다. 파나마 운하는 1914년에 개통되었고, 다행히 철도 역시 살아남았다.

태평양에서 대서양으로

✦

파나마 철도는 세계 최초의 대륙횡단 철도였다. 19세기에 대륙횡단은 철도 건설자들 사이에서 성배나 마찬가지였다. 어떤 국가들은 자국의 곳곳을 연결하려면 대륙횡단 철도가 꼭 필요하다고 보았는데 가령 러시아 제국 같은 국가들은 대륙횡단 철도를 신분의 상징으로 보았고, 영국 · 프랑스 · 독일 같은 옛 강국들은 식민지의 경제 활동을 증가시키면서 군사적 통제력도 공고히 할 수 있는 가장 효율적인 수단이라 여겼다. 그리하여 20세기 말이 되자 대륙횡단 철도는 철도 열광자들이 찾는 순례지가 되었다.

높은 사망률
파나마 철도의 건설 환경은 끔찍하여 일부 노동자들은 자살을 선택하기도 했다. 당시 얼마나 많은 사람이 죽었는지 지금까지도 정확히 밝혀지지 않았다.

파나마에는 3가지 병이 있다. 황열, 말라리아, 능또. 그중 가장 무서운 것은 바로 능또이다.

존 스티븐스, 파나마 운하 건설자

1855 그레이트 크리미안 철도

지역: 우크라이나
유형: 군용
길이: 47킬로미터

+ 사회성
+ 상업성
+ 정치성
+ 공학성
+ 군사성

군수산업은 기술이 진보할 때마다 이를 최대한 활용했다. 철도 기술 또한 예외는 아니었다. 여러 나라들이 크림 전쟁, 미국 남북 전쟁, 보어 전쟁에서 철도를 최대한 활용했다.

군사적 교착 상태

1854년에 브라질과 노르웨이는 자국 최초의 철도를 건설하고 있었고, 오스트레일리아는 멜버른과 홉슨 사이에 증기 기관차를 운행하기 시작했다. 한편 흑해의 북부 해안에 있는 크림 반도에서는 러시아 군사들이 영국, 프랑스, 터키 연합국 군대와 대치하고 있었다. 이 전투에서 연합국은 승리를 거뒀지만 전투 자체는 지휘관의 잘못된 명령 때문에 졸전으로 평가받았다. 600명이 넘는 영국 용기병들이 지휘관의 명령대로 말을 탄 채 그대로 러시아 대포를 향해 돌진했던 것이다. 결국 러시아 병사들은 세바스토폴리로 후퇴했지만 이 요새는 아주 튼튼하여 연합국의 공격을 거뜬히 견뎌냈다.

《런던 타임즈》는 당시 상황을 생생히 묘사한 기사를 실었는데, 비록 일부 귀족들이 이를 비난하기는 했지만앨버트 공은 "한 미치광이 작가가 쓴 글이 이 나라를 망가뜨리고 있다"

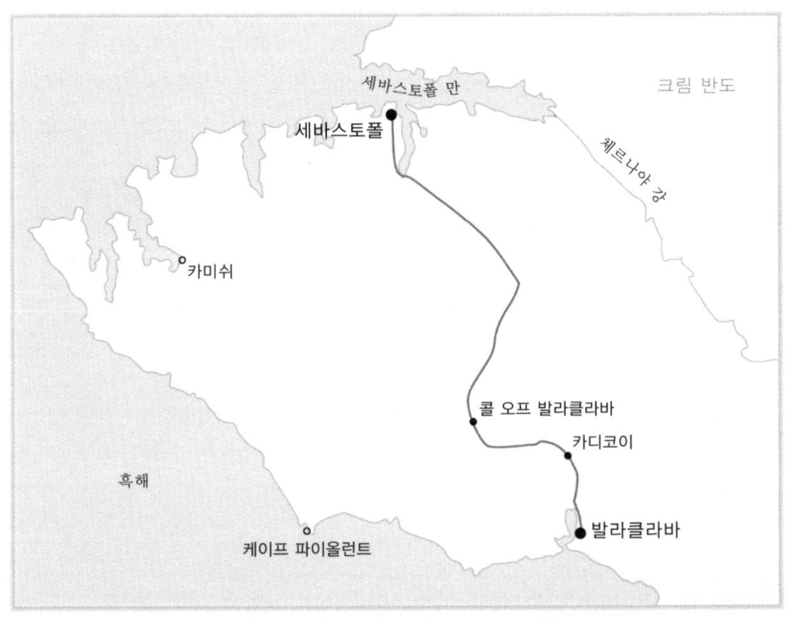

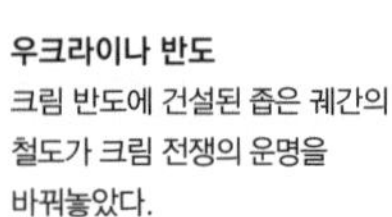
우크라이나 반도
크림 반도에 건설된 좁은 궤간의 철도가 크림 전쟁의 운명을 바꿔놓았다.

고 단언했다 이 기사는 대중에게 큰 영향을 끼쳤다. 당시 34살이었던 플로렌스 나이팅게일은 이 기사를 접한 후 전쟁터에 야전 병원을 세워 다치거나 사망한 병사들을 돌보았고, 세 명의 철도 전문가가 군사적 교착 상태를 해결하고자 나섰다. 바로 사무엘 모턴 피토Samuel Morton Peto와 그의 파트너인 에드워드 베츠Edward Betts, 토머스 브레시Thomas Brassey였다. 그들은 이 교착 상태를 극복할 단순한 해결책을 제안했다. 발라클라바 항구와 세바스토폴리 진지 사이에 포위 상황을 타개할 철도를 건설하기로 한 것이다.

포위 격퇴 철도
철도 작업에 종사하던 인부들이 발라클라바와 세바스토폴리 사이에 철도를 놓음으로써 영국 군대는 크림 전쟁에서 승리할 수 있었다.

영국 정부가 이를 승인했고 1854년 11월에 선로공, 인부, 대장장이, 벽돌공, 십장, 석공, 목수, 시간 기록원, 기술자, 서기, 성직자 한 무리가 리버풀 항구에 모였다. 필요한 장비를 모두 갖춘 그들은 배 23척에 나눠 타고 크림 반도로 향했다. 《일러스트레이티드 런던 뉴스》는 1885년, "이들이 힘을 합하여 적과 싸우면 적들은 볼링핀 마냥 쓰러질 것이다."라고 예측했다.

피토는 빅토리아 시대의 전형적인 사업가였다. 그는 14살에 삼촌의 회사에서 임시 건축업자로 일을 시작했으며 30대 중반이 되자 전 세계에서 가장 많은 인력을 갖춘 건설 회사를 설립했다. 그 후 피토는 철도 산업에 뛰어들어 캐나다의 퀘벡과 휴런 호를 잇는 867킬로미터에 달하는 그랜드 트렁크 철도와, 잉글랜드 동부에 위치한 로스토프트 항구를 그 밖의 지역을 잇는 짧은 국내선을 건설했다.

피토는 크림 반도의 열악한 상황에도 포기하지 않고 선로 1,800톤과 침목 6,000개를 이용해 발라클라바 부두에서 군대가 포위된 지역까지 아주 빠른 속도로 철도를 건설했다. 철도가 완공되자 포위된 병사들에게 식량과 총알을 공급할 수 있게 되었을 뿐 아니라 부상자들도 수송할 수 있게 되었다. 부상자들은 세계 최초의 병원 열차에 실려 발라클라바로 돌아와 치료를 받았다. 1855년 9월, 세바스토폴리는 마침내 연합국의 손아귀에 떨어졌다. 철도 덕분에 연합국은 크림 전쟁에서 승리할 수 있었던 것이다.

피토의 선물
철도왕 피토는 실경비만 받고 크리미안 철도를 짓겠다고 제안했다.

병원 열차
남북 전쟁 중에 전장에서 부상자를 싣고 와 생명을 살리는 최초의 열차가 탄생했다.

철도, 전쟁의 규모를 확장시키다

한편 크림 전쟁이 발발하기 6년 전, 미국에서는 남북 전쟁으로 북부반역 정부와 남부연합 정부가 서로 대치하는 상황에 놓여 있었다. 남부와 북부는 노예제를 둘러싼 갈등으로 서로 총부리를 겨누고 있었는데, 철도는 이 전쟁에서 처음부터 큰 역할을 했다. 남북 전쟁의 발단은 헤이워드 셰퍼드라는 불운한 짐꾼이 볼티모어-오하이오 특급열차를 맞이하기 위해 버지니아의 하퍼스 페리에 갔다가 사망함으로써 시작됐다. 셰퍼드는 흑인이었는데 북부군 한 무리와 우연히 마주치면서 그들이 쏜 총에 맞아 사망하고 말았다. 이 무리를 이끈 것은 노예폐지론자 존 브라운그가 이끌던 무리에는 흑인들도 있었다으로, 그는 인근의 무기고를 점령해 반란에 가담한 노예들에게 무기를 공급할 계획이었다. 하지만 그의 계획은 사전에 발각되었고 남부 연합 정부의 로버트 리 장군은 철도를 이용해 해병대 86명을 보내 브라운을 체포했다. 1861년에 시작된 전쟁은 1865년까지 계속되었는데 볼티모어-오하이오 철도는 전쟁 기간 내내 사선에 있었다. 북부군은 이를 보호하려고 한 반면 남부군은 파괴하려고 하여 충돌이 끊이지 않았다. 남부가 굳이 철도를 파괴하려 했던 이유는 그들이 철도의 총구간 중 단지 1만 4,484킬로미터

움직일 수 있기 전까지는
아무 일도 일어나지 않는다.

미 군수 운송 회사의 좌우명

만을 소유한 탓에 3만 5, 406킬로미터를 소유한 북부군에 비해 불리한 상황이었기 때문이었다. 게다가 남부군이 소유할 철도의 상당수는 여러 궤간이 뒤섞여 있어, 다른 궤간과 만나는 곳마다 기차를 갈아타야 불편함이 있었다. 하지만 얼마 지나지 않아 남부군도 군대를 전장에 보내는 데 철도를 이용하게 되었다. 1861년 7월, 북부군의 맥도날드 장군이 군대 3만 5,000명을 마내사에 보내 철도를 장악하려 하자, 남부군의 피에르 G. T. 보르가드 장군은 2만 3,000명의 군대로 이에 대항했다. 이후 보르가드 장군이 병력 증강 차원에서 철도를 통해 1만 명의 군대를 증원하자 남부 쪽의 명백한 우세가 되었다. 이때 남부의 스톤월 잭슨 장군은 기관차와 철도가 군사 전략상 얼마나 중요한 역할을 하는지를 눈치채고, 1861년 5월에 마틴스버그에 위치한 볼티모어-오하이오 철도역 인근에 보관되어 있던 기관차 40대 가량을 파괴해버렸다. 또한 남부의 제브 스튜어트 장군은 철도역과 전신국을 공격 대상으로 삼아 그곳에 불을 질렀다. 남부와 북부 모두 내전 중에 철도에 고정된 특수 대포를 사용했으며 북부군의 그랜트 장군과 셔먼 장군은 조지아와 버지니아를 얻기 위한 막바지 싸움

철도 확보 전쟁

✦

미국에서 남북 전쟁이 발발하자 링컨 대통령은 철도와 전신을 정부 통제하에 두었다. 이리 철도의 관리자인 D. C. 캘럼(D. C. Callum)이 철도를 책임지는 준장직을 맡았고 필라델피아 철도의 수석 기술자인 헤르만 하우푸트(Herman Haupt)가 철도의 유지 및 보수를 담당했다. 많은 사람들이 남북 전쟁에서 북부가 승리할 수 있었던 것은 철도를 잘 활용했기 때문이라고 생각했다. 이에 교훈을 얻은 20세기 군대에서는 전쟁이 발발할 때마다 즉시 철도부터 손아귀에 넣는 것이 철칙이 되었다.

전략적 항해
테네시 철도 등 미국 내에 지어진 여러 철도들로 인해 남북 전쟁은 그 규모가 점점 확대되었다.

에서 철도를 최대한 활용했다. 전쟁이 시작됐을 때만 해도 군대가 32킬로미터를 이동하려면 하루가 걸렸지만 이제는 한 시간이면 충분했다. 즉 철도가 전쟁의 규모를 확대시킨 것이다.

마페킹을 함락하다

철도는 1870년에 발발한 프로이센-프랑스 전쟁에서도 중요한 역할을 했다. 프로이센이 초반에 전쟁에서 승리할 수 있었던 것은 철도로 병력을 빨리 수송한 덕분이었다. 철도는 보어 전쟁에서도 무기와 군수 물자를 보내거나 직접 공격에 가담하는 등 중요한 역할을 했다. 보어 전쟁은 1867년, 보어인들의 정착지에서 다이아몬드와 금이 발견되자 영국이 이를 손에 넣기 벌인 전쟁이었다. 이후 1877년에 영국이 트란스발을 합병하면서 보어 전쟁은 가속화되었다. 본래 보어인들은 영국 수상 윌리엄 글래드스톤이 자신들의 독립을 인정해주거나 적어도 자체 정부를 인정해줄 거라 기대했다. 하지만 예상이 빗나가자 그들은 독립을 쟁취하기 위해 싸웠고 결국 자유를 얻어냈다. 이를 계기로 평화가 찾아왔고 남아프리카의 인종 차별정책을 위한 기반이 마련되었다.

그럼에도 불구하고 영국은 포기하지 못했다. 1899년에는 8만 명의 보어인들이 레이디스미스, 킴벌리, 마페킹의 주둔지를 둘러싸면서 또다시 영국군이 포위되는 상황에 놓였다. 그 지역의 지휘관인 로버트 스티븐슨 스미스 파월은 마페킹이 정략적 요충지라고 판단하여 불라와요-킴벌리 철도가 이곳을 지나가도록 했다. 이

철도를 이용한 전쟁
1870년에 발발한 프로이센-프랑스 전쟁에서, 프로이센 군대가 철도를 장악하면서 군용 열차와 병원 열차가 다시 활발히 이용되었다.

철도를 통해 해안가에 영국의 병력이 도착하면 보어군을 내쫓을 계획이었다. 흔히 로버트 바덴 파월로 더 잘 알려진 파월 장군은 프레더릭 러셀 버넘을 만난 후 정찰병을 창설하고자 했는데, 그는우연인지 그는 철도 기술자 로버트 스티븐슨의 손자였다 이때 그 지역의 철도를 최대한 이용했다. 파월 장군은 마페킹의 철도 작업장에서 곡사포[41]를 제작하라고 명령했고 스스로 장갑을 두른 기관차를 타고 적진의 한가운데를 향해 돌진했다. 1902년 아서 코난 도일이 쓴 보어 전쟁 르포에 따르면 비록 지휘관 홀즈워스 대령이 작전 도중 사망하고 말았지만 기관차 자체만으로도 충분히 대단했다고 한다. 셜록 홈즈와 그의 친구 닥터 왓슨을 창조한 이 소설가는 "이 물체를 탄 불운한 사람들보다 오히려 기차 쪽이 운이 좋아 보인다."라고 썼다.

보어 전쟁
철도는 전쟁의 최전방에서 활약했다. 증기기관차 기술자, 로버트 스티븐슨의 손자인 바덴 파월은 전쟁 기간에 철도를 최대한 활용한 인물이었다.

영국은 철도를 활용해 접전을 거듭한 끝에 1900년 5월, 드디어 마페킹을 함락시켰다. 전쟁이 끝나자 52만 8,000명의 군대와 말, 군수장비가 고향으로 돌아가기 위해 런던-남서부 철도를 이용하여 포츠머스 항구로 이동했다. 아서 코난 도일의 기록에 따르면, "이때부터 파견대는 모잠비크의 베이라까지 수천 마일에 달하는 구간을 철도로 이동했으며, 그곳에서 좁은 궤간의 철도로 갈아타서 뱀부 계곡까지 이동한 후, 다시 넓은 궤간의 철도로 갈아타 마란델라스까지 이동했다. 그곳에서 마차를 타고 수백 마일을 더 가 불라와요에 도착한 후, 또다시 기차로 갈아타 500마일을 이동해 웃시까지 갔다. 그리고 마지막으로 백 마일을 행군했다."고 한다.

철도의 시작과 함께 시작된 세기는 이제 저물어가고 있었다. 대영제국의 군주 빅토리아 여왕은 마지막 임기를 보내고 있었고, 손자 빌헬름 2세는 전쟁에 착수할 준비를 하고 있었다. 이 시기부터 철도는 모든 전쟁에서 꼭 필요한 무기가 되었다.

유종의 미를 거두자

✦

크리미안 철도를 건설한 후 사무엘 피토와 동업자인 에드워드 베츠는 피터버러에서 동커스터, 보스턴에서 라우스, 옥스퍼드에서 울버햄프턴, 글로스터에서 헤리퍼드, 옥스퍼드에서 버밍엄까지 계속해서 철도를 건설해 나갔다. 1853년에는 사우스 런던에서 만국박람회가 열린 수정궁까지 철도를 건설했다. 그들은 러시아의 뒤나베르크에서 비쳅스크, 북아프리카의 빌다에서 알제까지 철도를 건설했으며, 노르웨이의 크리스티아나와 이드솔을 연결하는 그랜드 트렁크를 놓았고, 심지어 오스트레일리아에도 철도를 건설했다. 하지만 1866년에 건지 오버렌드 은행이 파산하자, 피토 또한 파산하고 말았다. 그는 20년 동안 극빈한 상태로 헝가리, 잉글랜드 등지를 전전하다가 숨을 거두고 말았다.

1859

시카고-세인트루이스 철도

지역: 미국
유형: 승객용
길이: 421킬로미터

기차를 이용하는 승객들은 티켓 값을 지불하는 대신 안락의자나 접을 수 있는 탁자, 식당차 등 뭔가 편안하고 편리한 것을 기대했다. 조지 풀먼은 이러한 기대에 부응하여 시카고-알트만 구간에서 이 모든 것을 제공했고, 그 후 그가 제공한 서비스는 고급 기차 여행의 전 세계적인 트렌드로 자리잡았다.

- ✦ 사회성
- ✦ 상업성
- ✦ 정치성
- ✦ 공학성
- ✦ 군사성

대통령의 서거

에이브러햄 링컨 대통령이 1865년 4월에 사망하자 미국은 대통령의 장례식을 치를 준비로 분주했다. 대통령이 밤중에 워싱턴 포드 극장에서 머리에 총상을 입고 사망한 터라 아무런 준비도 하지 못했던 것이다. 대통령의 시신은 다음 날 대통령의 고향인 일리노이주 스프링필드로 보내질 예정이었다. 수많은 국민이 대통령의 시신을 태운 장례 기차가 워싱턴에서 출발하는 것을 소리 없이 지켜보았다. 모두가 충격에 빠진 표정이었다. 장례 기차는 2,575킬로미터를 시속 32킬로미터이하의 속도로 천천히 이동했다. 대통령의 죽음을 기리기 위해 철도를 이용한 것은 처음이었다. 이는 링컨 대통령과 개인적으로 친분이 두터웠던 조지 풀먼George Pullman 개인에게는 비극적인 사건이었지만 사업적으로는 생각지도 못한 기회를 제공해 주었다. 이때 장례 기차를 제공한 것을 계기로 그의 사업이 승승장구했던 것이다.

장례식 기차
암살된 링컨 대통령의 시신을 대통령의 고향인 일리노이 주 스프링필드로 옮기기 위해 운행되었던 내슈빌 증기기관차. 조지 풀먼이 기관차의 배장기에 기대어 서 있다.

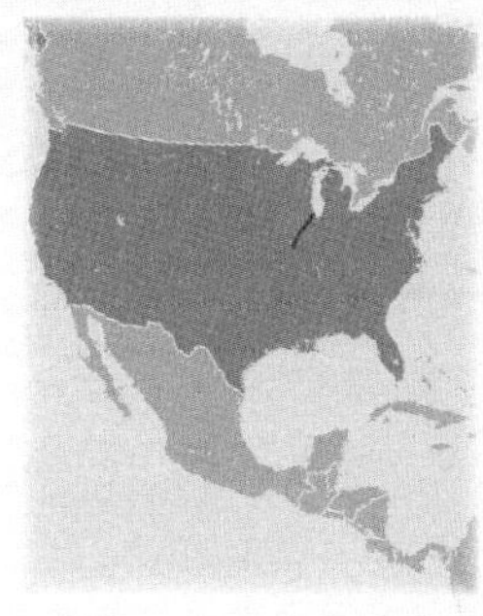

미 중서부
조지 풀먼은 세상에서 가장 비싼 기차를 운행할 구간으로 시카고-세인트루이스 철도를 선택했다. 이후 이 철도의 교차로는 미국에서 가장 혼잡한 교차로가 되었다.

당시 35살이었던 풀먼은 시카고 출신의 기업가로, 집을 옮기는 사업에서 이제 막 손을 떼고 철도 사업에 발을 담근 상태였다. 풀먼은 뉴욕과 버펄로, 웨스트필드 사이를 운행하던 침대차에서 불편한 밤을 보낸 것을 계기로, 고급 열차를 개발해야겠다고 마음먹었다. 그는 이 계획안을 시카고-알톤 철도 회사에 제출했다. 그는 오래된 기차를 분해하여 새로운 장비와 부품 등을 넣어 수리한 후 이를 시카고-알톤 철도를 따라 운행하자고 제안했다. 풀먼은 승객들로부터 몇 달러를 추가로 더 받는 대신 편안함을 제공하겠다고 약속함으로써, 시카고-알톤 철도를 이용하는 승객들로부터 추가 요금을 받는 데 성공했다.

그리하여 1859년 9월, 드디어 첫 번째 고급 기차가 시카고-세인트루이스 철도를 따라 운행을 시작했다. 풀만은 1860년대 초반에 고급 기차 '파이어니어Pioneer'를 선보였는데 이 기차는 미국에서 가장 비싸고 고급스러웠지만 안타깝게도 기차의 폭이 너무 넓었던 터라 시카고-알톤 철도에서는 운행할 수 없었다. 그런데 그 무렵 링컨 대통령이 암살되면서 풀만은 '파이어니어'를 대통령의 장례식 기차로 사용하자고 영부인에게 제안했고, 이

마지막 여행
빈틈없는 사업가, 조지 풀먼은 자신이 개발한 '파이어니어'를 대통령의 장례식에 사용할 기차로 제공했다.

의견이 받아들여졌다. 시카고-알톤 철도는 이 기차를 수용할 수 있도록 황급히 선로가 교체되었다. 그의 기차가 대통령 장례 기차로 이용되면서 풀먼은 하룻밤 새에 유명인이 되었고 그의 이름은 곧 상표명이 되었다 링컨과 풀먼은 친분이 아주 두터웠다. 링컨의 아들 중 유일하게 살아남은 로버트 토드 링컨은 조지 풀먼이 사망한 후 그를 대신해 회사를 이끌었다.

풀먼 기차가 확대되다

많은 이들이 풀먼의 기차가 제공하는 서비스에 감탄했다. 그중 대표적 인물인 소설가 마크 트웨인은 오마하에서 출발하는 기차를 타고 여행한 뒤 이렇게 말했다. "저녁 식사를 마친 후 우리는 거실 차량으로 이동했다. 안식일 전날 밤이라 그런지 오래된 찬송가가 잔잔히 울려퍼졌다. 만복의 근원 하나님, 대관식 등을 부르는 남자 가수와 여자 가수의 목소리가 저녁 공기 안에 부드럽게 스며들었다. 우리가 탄 기차는 폴리페모스[42]의 거대한 눈처럼 반짝이며 대초원의 풍경을 밝게 비추었고 깊은 잠에 빠진 자연을 향해 돌진했다. 노래가 끝나자 우리는 침대 차량으로 가서 숙면을 취했다." 《함스워스 매거진》에서 일하던 영국 기자 역시 마크 트웨인만큼이나 이 기차에 감탄했다. 그는 "밤이 되자 짐꾼이 와서 안락의자 2개를 침대로 바꿔주었다. 그는 소파도 침대로 바꿔주었고 식탁은 접어서 올려젖혔다. 그리고 낮에는 보이지 않던 선반을 아래로 내려주자 나는 말 잘 듣는 어린이마냥 옷을 벗고 침대로 들어갔다. 그리고 선 아침에 모닝콜을 해달라는 부탁을 남기고 잠이 들었다."라고 썼다. 기자가 모닝콜을 부탁한 사람은 아프리카계 미국인이었다. 이들의 상당수가 자신들에게 주어진 일을 좋아했지만 사회개혁가들은 이들에게 그러한 일을 시키는 것은 더 이상 노예가 아닌 사람들에게 비천한 역할을 강요하는 행위라며 분노했다.

종업원 서비스
풀먼은 아프리카계 미국인들을 식당차의 직원으로 고용했다. 종업원들의 상당수가 자신들의 일에 만족했지만 사회 개혁가들은 그들을 고용한 풀먼의 행위를 비난했다.

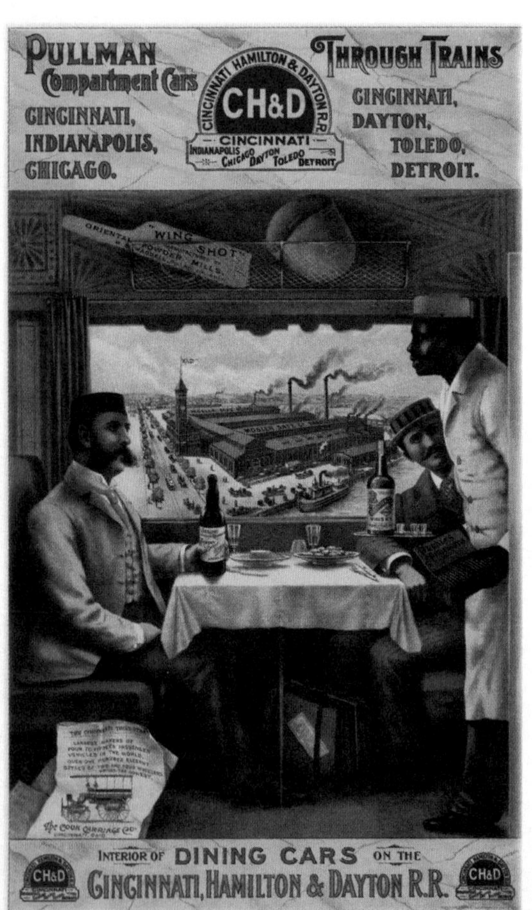

풀먼은 '풀먼 객차 회사'를 설립한 후, 미국과 캐나다 전 지역에서 거의 50대의 침대 차량을 운영했다. 그는 한 객차 내에 요리, 식사, 수면이 동시에 이루어지는 다소 혼잡한 형태의 호텔 차량을 시도

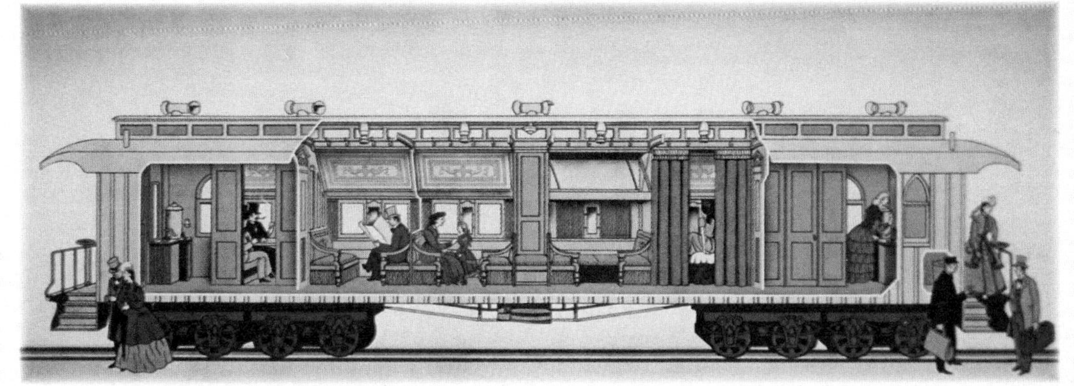

했다가 실패한 후 아예 식당 차량만 분리해서 운영하기로 했다. 이 식당 차량은 지붕이 달린 복도를 통해 나머지 차량과 연결되었는데, 이 방법은 훗날 전 세계적으로 모든 객차에 적용되었다. 마크 트웨인은 최초의 식당 차량인 '델모닉Delmonic 뉴욕에 위치한 유명한 레스토랑의 이름을 따서 지어졌다'의 서비스에도 상당히 만족했다. 그는 친구들과 함께 오마하에서 출발한 '델모닉' 기차를 이용하고, 당시의 느낌을 자신의 책《원시적인 삶을 살며*Roughing*》에 담았다. 그는 "식사는 상당히 맛있었다. 델모니코[43] 자체만으로도 훌륭했고 그 밖의 모든 요리도 1등석 식사다웠다. 산천 송어, 신선한 과일과 산딸기 등이 제공됐으며 이틀 동안 우리는 샴페인 잔에 술을 가득 따라 한 방울도 흘리지 않고 마셨다"고 기록했다.

야간 여행
풀먼이 제공한 최초의 야간열차는 1860년대에 개통을 시작했다. 오마하에서 출발한 열차를 탄 마크 트웨인은 기차 안에서 "숙면을 취했다"고 했다.

니겔맥커의 침대차

풀먼의 사업 규모는 더 확장되어 종국에는 150개가 넘는 철도 위에 7,000대의 기차를 운행하기에 이르렀다. 1868년, 수익이 최초로 100만 달러를 돌파하기 전날에 그는 벨기에 출신 은행가의 아들과 만났는데 그가 바로 조지 니겔맥커Georges Nagelmackers였다. 당시 니겔맥커는 상사병에 걸린 상태였다. 안타깝게도 사촌과 사랑에 빠졌던 탓에 가족들이 그 둘을 갈라놓기 위해 그를 해외로 보내 철도 공부를 시켰던 것이다. 니겔맥커는 이 사업에서 성공하여 가족과의 관계를 개선하고 싶어 했다. 그는 풀먼의 사업을 오랫동안 냉정하게 지켜본 후 고향으로 돌아와 침대차 회사를 설립했다. 그리고 풀먼이

르 트항 블루

✦

칼레에서 지중해의 니스까지 이동하는 르 트항 블루(Le Train Bleu) 익스프레스는 침대 차량의 암청색과 금색 테두리 때문에 이러한 이름이 붙었다. 이 기차는 1886년에 운행을 시작한 후, 잠시 운행이 중지되었다가 제1차 세계대전과 제2차 세계대전 사이에 다시 운행을 시작했다. 기차는 초저녁에 파리를 출발해 다음 날 아침 지중해에 도착했는데, 디자이너 코코 샤넬, 공연기획자 세르게이 디아길레프, 소설가 조르주 심농, 소설가 F. 스콧 피츠제럴드, 영화배우 찰리 채플린 등 많은 유명인들이 탑승했다. 1930년이 되자 2등석과 3등석 기차가 추가되었지만 1945년, 비행기와 초고속 열차가 등장해 여행 시간을 20시간에서 5시간으로 단축시키면서 이 기차의 인기는 수그러들었다.

철도 경쟁자
조지 니겔맥커는 풀먼의 고급 기차 여행 서비스를 유럽에 도입했다.

그랬던 것처럼 고급 열차를 보편화했으며 부유한 여행객들이 지불할 만한 추가 요금을 선별했다. 니겔맥커는 우선 오스텐드-베를린 철도에 고급 기차를 운행하려 시도했지만 그 계획은 프로이센-프랑스 전쟁 때문에 실패로 끝났고, 가족들의 관심도 그다지 받지 못했다. 하지만 1872년에 의심 많은 윌리엄 알톤 만 대령의 투자를 받아 자신만의 고급 기차를 선보일 수 있었다.

그는 사생활을 중요시하는 유럽인의 특성상 객실이 구획된 차량을 더 좋아할 거라고 생각했는데, 이는 올바른 판단이었다. 적어도 니겔맥커의 후원자 중 하나인 벨기에 왕 레오폴드 2세는 확실히 그랬다. 그는 세상에서 철도 여행을 가장 많이 한 군주 중 하나로, 침대 차량이라는 설명에 솔깃한 모습을 보였다. 어쩌면 그의 유명한 소문대로, 파리 출신의 22살의 발레리나 클레오 드 메로드그녀는 앙리 드 툴루즈 로트렉과 구스타브 클림트의 모델이기도 했다와 연인 관계였기 때문인지도 모른다.

한편 니겔맥커의 침대차 회사는 특수 기차를 제작하여 도버 항까지 운행하는 기차들이 겪는 문제를 해결하기도 했다. 기존의 승객들은 도버 항에서 페리를 타기 위해 기차에서 내려야했는데, 특수 제작된 기차에서는 1등석 승객들이 기차에서 내릴 필요가 없었다. 도버 항과 케르크에 수문을 특별히 제작하여 기차가 조수의 높이에 관계없이 페리의 레일과 곧장 연결될 수 있도록 했기 때문이었다. 이렇듯 다양한 고급 기차를 제작한 니겔맥커는 이제 다른 기차에 딸려 있는 고급 기차가 아닌 완전히 새로운 침대차를 제작하기를 원했다. 그는 화려한 초고속 열

유럽 스타일
니겔맥커는 풀먼의 침대차와 다르게, 유럽식으로 구획을 나눈 침대차를 제공했다. 니겔맥커의 침대차와 풀먼의 침대차 모두 호화로움이 절정에 달했다.

차를 타고 낭만적인 파리에서 이국적인 콘스탄티노플에 이르기까지 유럽 전역을 이동하는 환상적인 철도 여행을 꿈꿨다. 결국 1883년 6월, 니겔맥커는 결국 자신의 꿈인 '오리엔트 특급열차'를 제작하기에 이른다. 이 기차를 운행하기 위해 두 도시 사이에 놓인 철도를 운영하는 8개의 각기 다른 철도회사와 협상해야 했지만 결국 그의 꿈은 실현되었다. 니겔맥커의 '오리엔트 특급열차'가 등장한 이후, 고급 기차 여행은 하나의 트렌드로 자리매김하게 되었다.

1885년, 이 특별한 침대차가 대서양 항로 정기선에서 내린 승객들을 운송하기 위해 변경된 루트로 운행되자 '르 트랑 블루'기관차가 도입되어 1등석 승객들을 칼레에서 남부의 지중해 연안까지 운송하기 시작했다. 그 후 1887년에 파리에서 리스본까지 운행하는 수드 익스프레스가 개통됐고 1896년에는 최초의 노드 익스프레스가 파리에서 출발해 브루셀과 베를린을 지나 2,158킬로미터를 이동해 상트페테르부르크에 도착했다. 그러나 이렇게 대륙을 건너는 철도를 타는 것은 상당한 위험이 수반되는 일이었다. 실제로 제1차 세계대전과 러시아 혁명기간에 많은 침대차가 약탈당했다. 그럼에도 제1차 세계대전과 제2차 세계대전 사이에 침대차의 인기는 최고조에 달했다. 1936년에 런던 출신의 부유한 연인들은 바그다드, 카이로 혹은 테헤란까지 여행 가이드를 사서 대동했으며 저녁 식사 후에는 빅토리아 역 2번 플랫폼에서 야간 페리를 타고 파리 북쪽으로 갔다. 이 호화로운 고급 열차는 소설가 아가사 크리스티의 작품《오리엔트 특급 살인사건*Muder on the Orient Express*》의 배경으로 등장하여 유명해지기도 했다. 한편 니겔맥커가 유럽에 새로운 서비스를 도입할 때마다 사업적 기득권을 빼앗길까 노심초사하던 조지 풀먼은 이에 질세라 또 다른 서비스를 선보였다. 풀먼은 심지어 1882년에 니겔맥커의 기업을 아예 인수하려고 했지만 결국 각자의 영역을 지키며 선의의 경쟁을 하는 것으로 마무리를 지었다. 고급 기차 여행을 추진했던 두 남자는 비슷한 시기에 숨을 거뒀는데 풀먼은 1897년, 니겔맥커는 1905년에 각각 사망했다. 물론 이들이 사망한 후에도 고급 기차 여행 사업은 계속되었다.

오리엔트 특급열차

✦

오리엔트 특급열차는 1883년에 개통되었다. 고급 기차를 대표하는 이 기차에는 모로코산 가죽을 씌운 의자, 고급스러운 카펫이 깔린 휴게실, 신사용 흡연실, 개인 화장실 등이 구비되어 있었다. 이 기차의 화려한 명성은 1891년 5월, 강도의 습격을 받으면서 더욱 높아졌다. 강도들은 콘스탄티노플에서 96킬로미터 떨어진 곳에서 기차를 탈선시키고 운전수와 독일 기업가 5명을 납치한 뒤 8,000파운드를 받고 그들을 풀어주었다. 이 기차에 탑승했던 유명 인물로는 1917년에 프랑스에서 사형된 독일 스파이 마타 하리, 기차를 운전해 보겠다고 우겼던 불가리아 왕 페르디난드가 있었다. 제2차 세계대전이 발발하면서 오리엔트 특급열차의 전성기는 끝이 났으며(이 기차는 몇 년 동안 운행을 계속하기는 했지만 기껏 해야 객차 한 대만이 기존 차량에 딸려 있을 뿐이었다.) 1982년에 뉴 오리엔트 특급열차가 개통되었다.

1862 한니발-세인트조지프 철도

지역: 미국
유형: 화물용
길이: 332킬로미터

- ✦ 사회성
- ✦ 상업성
- ✦ 정치성
- ✦ 공학성
- ✦ 군사성

정원, 사람, 소포, 신문 등 온갖 종류의 화물 중에서 가장 수익이 높은 것은 의외로 가장 가벼운 우편물이었다. 우편물을 운송하는 방법을 크게 변화시킨 것은 바로 철도였다. 하지만 철도도 20세기에 접어들어 자동차와 비행기가 등장하자 큰 타격을 입게 되었다.

우편물 운송용 철도

1860년대 미시시피의 증기선 조종사, 샘 클레멘스는 버지니아 신문사인 《테리토리얼 엔터프라이즈》에 마크 트웨인이라는 필명으로 기고를 하고 있었다. 샘 클레멘스는 "증기선의 낭만은 사라졌다"며 새로운 증기선을 좋지 않게 보았다. 상황에 딱 들어맞는 말을 잘하는 것으로 유명했던 그는 철도 또한 증기선과 마찬가지로 편견을 가지고 바라보았다. 그래서 그는 1867년, 《알타 캘리포니아》에 "철도는 마을을 파괴하는 주범이다"라고 기고하기도 했다.

하지만 마크 트웨인이 전국적으로 자신의 독자층을 형성할 수 있었던 것은 철도가 미국 전역으로 그의 편지들을 실어날랐기 때문이다. 우편 사업이 점점 발전하면서 펜실베이니아-필라델피아-랭커스터 철도를 운영하는 철도회사가 우편물 운송으로 1년에 400달러의 수입을 올리기에 이르자, 미국 정부는 1838년에 우편물을 운송하는 데 전국의 모든 철도를 이용할 수 있도록 했다. 이 우편물 운송 서비스는 사실 마크 트웨인의 가족과도 밀접한 관계가 있었다. '하운드 독Hound Dog'이라는 역마차를 대체하기 위해 미주리 주의 세인트조지프와 한니발 사이에 짓기로 한 철도를 처음으로 승인한 사람이 한니발 출신의 변호사 존 마

마크 트웨인
이 미국 작가는 철도의 발전을 달갑게 여기지 않았다.

셜 클레멘스, 바로 그의 아버지였던 것이다. 이렇게 지어진 철도를 통해 마크 트웨인의 편지는 각 가정으로 운송되었다.

포니 익스프레스

세인트조지프세인트 조는 모피 사냥꾼 조지프 로비두가 세운 마을로, 국경 부근에 위치했다. 철도의 종착역이기도 한 이 마을은 3,212킬로미터에 달하는 공터를 중심으로 서부의 해안가 마을과 분리되어 있었다. 그래서 서부 해안가 마을에 정착한 사람들은 고향인 동부에서 오는 편지와 소식을 듣기 위해 지루할 정도로 오랫동안 기다려야만 했다. 그러던 중 1860년 4월에 '포니 익스프레스'가 도입되어 마침내 세인트조지프에 도착한 우편물을 해안가 마을까지 배송할 수 있게 된다. '포니 익스프레스'라는 우편배달 제도를 도입한 사람은 윌리엄 H. 러셀William H. Russell이었다. 그는 이 제도를 운영하기 위해 "어리고, 날렵하고, 18세 이하의 강단 있는 사람. 고아 대환영."이라는 구인 광고를 내어 기수를 모집했다. 한편 마크 트웨인은 세인트조지프에서 출발한 기수가 말을 타고 1861년, 카슨에 도착한 모습을 다음과 같이 묘사했다. "말은 전속력으로 질주했고 한 번에 16킬로미터에서 19킬로미터를 이동했다. 기수는 작은 역사나 마굿간 등 다음 번 수거지에 도착하기 전까지 절대 멈

PONY EXPRESS
St. JOSEPH, MISSOURI to CALIFORNIA
in 10 days or less.
WANTED
YOUNG, SKINNY, WIRY FELLOWS
not over eighteen. Must be expert riders, willing to risk death daily.
Orphans preferred.
Wages $25 per week.
APPLY, PONY EXPRESS STABLES
St. JOSEPH, MISSOURI

고아 환영
철도가 놓이지 않았던 시절, 윌리엄 H. 러셀의 포니 익스프레스는 세인트조지프에서 캘리포니아까지 열흘 안에 우편물을 배달했다.

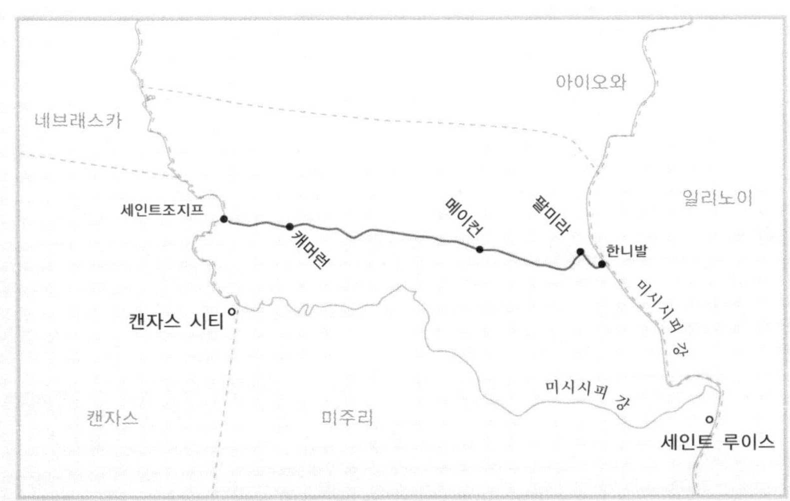

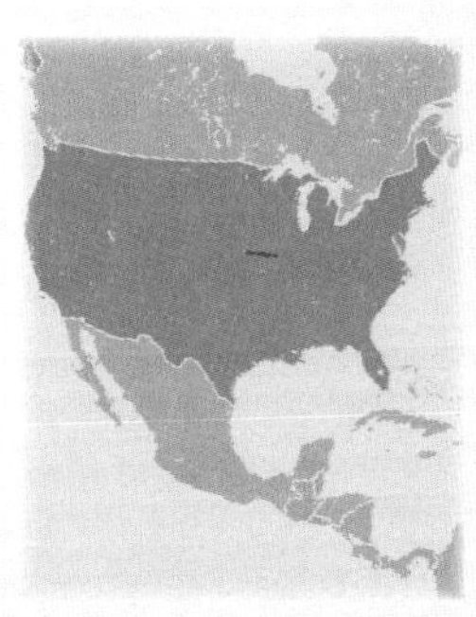

서부의 우편물 배송제도
미주리 철도는 동부에서 세인트조지프까지 우편물을 운송했고, 그곳에서부터는 포니 익스프레스의 기수가 우편물을 배달했다.

추는 법이 없었다." 러셀이 고용한 기수들은 세인트조지프라는 철도 종착역에서 우편을 수거해 열흘 안에 우편물을 날라야만 했다. 그들은 우편물을 안장주머니나 가죽 파우치 안에 안전하게 보관한 채 캔자스, 네브래스카, 콜로라도, 와오밍, 유타와 네바다 주를 거쳐 캘리포니아의 새크라멘토에 있는 우체국장에게 전달했다.

기차와 배
'S. S. 케세이호'는 영국과 오스트레일리아 사이를 운행했으며, 배가 닿지 않는 곳에는 철도가 우편물을 운송했다.

포니 익스프레스는 1861년 말까지만 운행되었지만 이는 전설이 되기에 충분한 기간이었다. 반면 한니발과 세인트조지프 사이에 운영되던 우편배달 서비스는 그만한 영광을 누리지 못하고 막을 내리고 말았다. 1862년부터 윌리엄 A. 데이비스가 한니발에서 세인트조지프 사이에 우편차를 운영하기 시작했는데, 우체국 직원들은 차량 안에서 우편물들을 분리했다. 이 우편차 덕분에 우편배달 서비스는 한 차원 발전할 수 있었다. 이 서비스는 미국 남북 전쟁이 발발하자 중단되었고, 그로부터 2년 후 시카고와 클린턴 사이에 철도 우체국이 생겼으며 뉴욕 · 워싱턴 · 펜실베이니아에도 비슷한 우체국이 생겼다. 이쯤 되자 철도를 부정적으로 보던 마크 트웨인조차 우편물 운송용 철도에 올라타 이렇게 말할 수밖에 없었다. "우리는 시속 49킬로미터의 속도로 이동했다. 이것이 가장 빠른 운송수단이라는 데 모두가 동의했다."

전 세계로

미국의 정반대에 위치한 뉴사우스웨일스에서는 1855년 이후 시드니-파라마타 철도가 오스트레일리아의 우편물 운송을 담당하고 있었다. 세인트조지프처럼 오스트레일리아에서도 1879년이 되자 이동식 우체국이 운영되기 시작했다. 철도 우편 사업은 계속 성장하여 대륙 전체에 새로운 우편물 운송 철도가 건설되기에 이른다.

철도 여행이 즐거운 나라는 없다.
마차를 타고 여행하는 편이
훨씬 즐거울 것이다.

마크 트웨인, 《철부지의 해외여행기》, 1869

한편 1838년, 영국에서는 영국 법률협회 의장의 아내인 엘리자베스 프레르 여사가 자국 내에 철도를 이용한 우편배달 서비스가 없다는 사실에 분개하고 있었다. 그녀는 딸의 결혼식 후기를 지인들에게 알리려고 혈안이 되어 있었는데, "수잔은 흰 새틴 가운을 걸치고 교회로 갔습니다. 브뤼셀에서 사온 베일을 머리에 쓰고 잔가지로 이를 단단히 고정시켜 오렌지 꽃 가지 두 개를 꽂았죠. 목에는 금목걸이를, 오른팔에는 팔찌를 걸쳤답니다. 하인들은 세탁실에서 밤새 춤을 추었고 이웃집 사람들도 새벽 2~3시까지 춤을 추며 즐겼지요."라고 편지에 적어 사람들에게 보냈다. 그러나 케임브리지셔의 화려한 생활을 담은 이 편지는 우편 마차를 통해 아주 느리게 배달되었다. 영국 정부도 그 해에 철도 우편배달 서비스를 개시했지만, 엘리자베스 프레르 여사는 런던-케임브리지 철도가 그녀가 사는 마을을 지나갈 때까지 2년을 더 기다려야만 했다. 마침내 철도가 마을을 지나가자 그녀가 쓴 편지가 목적지에 도착하는 데 이전의 절반도 채 걸리지 않게 되었다. 영국 최초의 우편 열차는 리버풀-맨체스터 철도를 따라 운행되었으며, 그로부터 7년 후인 1837년에는 우체국 검정사인 조지 카슈타트Geoege Karstadt가 최초로 이동식 우체국을 제안했다. 이 우체국은 말 운송용 4톤짜리 화차를 개조해 만들었으며, 버밍엄과 리버풀 사이에 놓인 그랜드 정션 철도를 따라 운행되었다. 《일러스트레이티드 런던 뉴스》의 논평가에 따르면 이동식 우체국은 이동과 동시에 업무도 처리함으로써 시간을 두 배로 활용했다고 한다. 1년 후, 우체국의 분실물 부서에서 일하던 존 램지John Ramsey는 한발 더 나아가 아주 기발한

인도의 우편물

대륙횡단 철도가 등장하기 전, 인도의 우편물은 홍해와 지중해를 건너는 증기선과 이집트와 프랑스를 건너 영국에 도착하는 화물 운반용 말에 의해 수거되었다. 식민지의 소식을 가능한 한 빨리 듣고자 하는 바람 때문에, 중요한 것만을 간추린 소식이 간혹 영국으로 황급히 전해지기도 했다. 《일러스트레이티드 런던 뉴스》의 표현을 빌자면 우편함이 마르세유에 도착하는 순간, 시간과 조류와의 싸움이 시작되었다고 한다. 간추린 소식은 파리로 전송되었고, 말을 이용해 불로뉴의 항구로 보내진 뒤 해협을 건넜다. 배는 경고 깃발을 단 채 항해했는데, 이는 포크스턴의 역장이 런던으로 출발할 기차를 대기시키도록 하기 위해서였다.

SOUTH ITALIAN RAILWAY: ADRIATIC LINES
INDIA MAIL: LONDON-BRINDISI-BOMBAY
Weekly Train Peninsular Express.
LONDON to BRINDISI 45 hours
LONDON
BRINDISI
BOMBAY

인도 메일
이 포스터는 런던과 봄베이 사이에 놓인 이탈리아 우편 열차를 이용할 경우 이득을 볼 수 있다고 홍보하고 있다. 당시 우편 기차가 우편물을 운송하는 데는 이틀밖에 걸리지 않았다.

장치를 개발했다. 바로 기차를 멈추지 않고도 선로 옆에 놓인 우편 가방을 낚아챌 수 있는 장치였다. 램지는 이 장치를 마차 옆에 고정시켜놓았고, 그 후 프랑스와 프로이센의 철도 모두 램지의 '떨어뜨리고 낚아채는' 장치를 적용했다. 영국에서 이 장치는 130년 넘게 이용되었다.

한편 영국 정부는 1844년, 인도의 우편물을 운송하는 고된 사업을 시작했다. 사실상 동부의 모든 우편물에 해당하는 이 우편물은 봄베이에서 금속 박스에 담겨 운송됐다. 우선 납땜을 한 30~40개의 박스가 수에즈로 보내졌고운하가 건설되기 전이다 그곳에서 우마차에 실려 카이로나 알렉산드리아로 보내졌으며, 이것이 지중해를 건너 프랑스를 거쳐 마침내 영국에 보내졌다. 이런 상황에서 영국 정부가 인도의 우편물을 운송하는 국제 철도 시스템 건설을 끊임없이 추진한 것은 어쩌면 당연한 일이었다. 그 무렵 대서부 철도 회사는 우편물 운송에서 돈을 벌 수 있을 것이라 판단해 1855년에 영국 패딩턴에서 브리스톨훗날에는 펜잔스까지까지 영국 최초로 우편물 운송만을 전담으로 하는 철도를 운영했다. 마크 트웨인이 영국을 방문했던 1907년 무렵에는, 우편 가방은 새로운 종류의 우편물로 가득 차 있었다. 바로 그림엽서였다. 우체국은 아름다운 경치가 담긴 사진 뒷면에 '내 곁에 있기를' 같은 내용이 담긴 수많은 카드를 운송했다.

야간 우편
100년 동안 철도가 우편물 운송을 책임졌지만, 20세기가 오면서 대부분의 국가에서 철도 우편 서비스는 그 막을 내리게 되었다.

우편물 분류작업
철도는 우편배달 서비스의 속도와 효율성을 크게 향상시켰다. 우체국 직원들이 밤새 운행되는 기차 안에서 우편물을 분리한 덕분이었다.

야간 우편 열차

그림엽서, 사랑하는 이들의 편지, 은행의 수표를 전국으로 실어나르던 야간 우편 열차는 당대의 상징물이 되었다. 가장 유명한 열차는 영국의 '웨스트 코스트 우편 열차'였다. 열차의 계단을 따라 놓인 램프 덕분에 열차는 반딧불처럼 밝게 빛나며 런던과 스코틀랜드 사이를 밤새 운행했고, 그 안에서 우체국 직원 40명이 1년에 5억 개의 편지를 분류했다. 이를 두고 시인 위스턴 휴 오든은 "기차는 수표와 우편환을 싣고 국경을 넘어 북쪽으로 향했다."고 묘사했다.

하지만 우편 열차의 온갖 로맨스에도 불구하고 철도를 이용한 우편 서비스는 20세기 후반이 되자 시들기 시작했다. 그리하여 1977년 6월, 뉴욕과 워싱턴 D.C 사이를 운행하던 철도 우체국은 막을 내렸고 영국의 로얄 메일은 2003년, 철도 우편 서비스를 완전히 종료했다. 오스트레일리아의 뉴사우스웨일스의 이동식 우체국도 1984년에 이미 문을 닫은 상태였다. 철도 운송 우편 서비스가 중단된 것은 철도에는 큰 타격이었지만 도로와 항공 운송 산업에는 큰 이득이 되었다.

지하 터널

✦

2011년, 불법 지하 탐험가들이 런던의 지하 우편 철도에 포스터를 붙였다. 포스터 속 사진은 런던 아래 11킬로미터를 따라 뚫린 텅 빈 터널의 모습으로 마치 버려진 지하묘지처럼 어두침침했다. 대부분의 우편 철도가 21.3미터인데 비해 굉장히 긴 구간이었다. 이 지하 우편 철도는 1906년부터 1959년까지 시카고 아래에 화물 철도를 건설한 것에 착안해 지어졌는데 영국정부는 이 터널을 더 이상 사용하지 않게 된 후 1927년부터 2003년 사이에 이 철도에 무인 기차를 운행하기도 했다.

1863 메트로폴리탄 철도

지역: 잉글랜드
유형: 승객용, 화물용
길이: 6킬로미터

19세기 중반, 도시 인구가 급격히 증가하자 각국 정부는 도시 계획을 다시 세울 수밖에 없었다. 어떤 나라들은 도시의 혼잡함을 해소하기 위해 지하를 따라 기차를 운행하기로 했는데, 처음에는 많은 이들이 이 해결책을 의아해 했다.

- 사회성
- 상업성
- 정치성
- 공학성
- 군사성

인간의 배출물

1800년대 중반, 각종 잡지의 지면을 장식한 사진 중에는 조금 이상해보이는 것들이 있다. 예를 들어 보행자들이 롤러 스케이트를 타고 쉽게 내려올 수 있게 설계된 경사로, 강도의 침입을 막기 위해 밤에는 위로 올라가도록 만들어진 상점 앞 도로, 바람의 저항을 낮춰 기차가 더 쉽고 빠르게 이동할 수 있도록 뒷부분이 쐐기형으로 생긴 기관차 등이다. 능률을 높이기 위해 고안된 이러한 장치들은 일견 터무니없어 보일지 몰라도, 실제로는 꽤 효율적인 편이었다. 19세기 영국에서는 도시와 관련된 온갖 아이디어들이 등장했는데, 그중에는 혼잡한 도시 아래로 터널을 뚫어 기차를 운행하자는 의견도 있었다. 사실 1850년대의 런던 공무원은 도시의 혼잡함을 해소할만 한 계획이라면 어떤 것이든 기꺼이 시도해볼 준비가 되어 있었다. 당시 런던의 주요 철도역의 경우 하루 이용자가 25만 명이나 되었

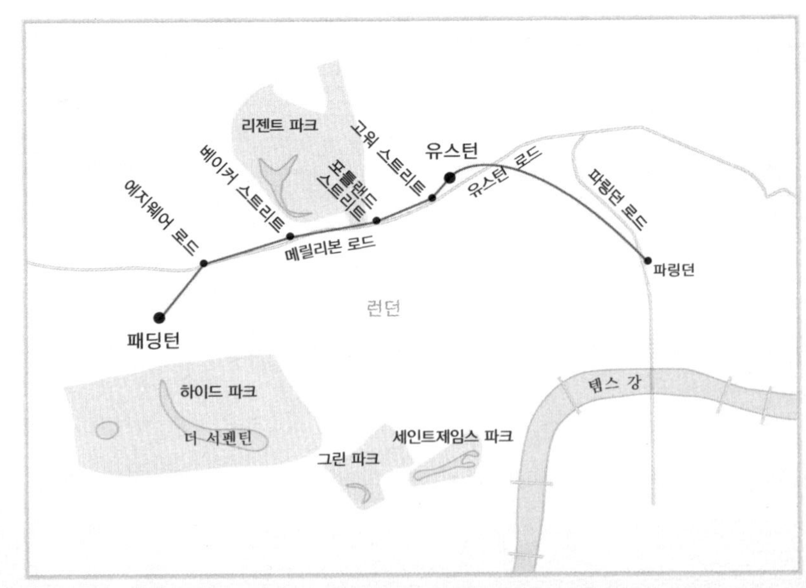

런던 아래로
지상 철도가 크게 성공하자 런던은 지나치게 혼잡해졌고 이를 해결하기 위해 지하 철도가 지어졌다.

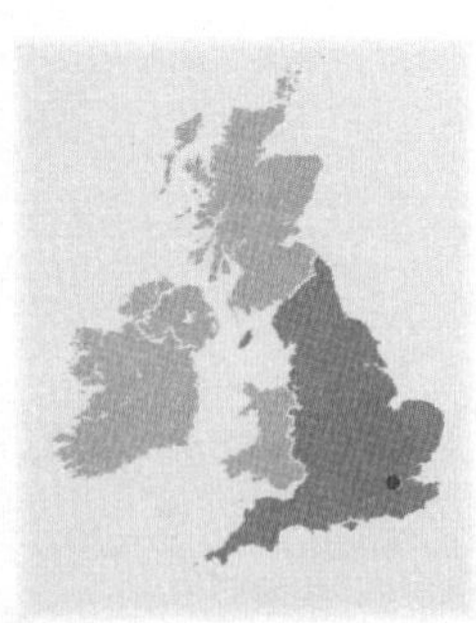

고, 각 철도역에서 런던의 금융 중심지인 시청까지 운행되는 마차 버스와 택시는 4,000대나 되었다. 진보 성향의 변호사 찰스 피어슨은 "거리와 골목은 인간이 만들어내는 썩은 오물로 가득 찼다. 근로자들은 가족과 함께 살 수만 있다면 도시를 떠나 먼 시골에 가는 것도 마다하지 않을 것이다. 단, 이를 위해서는 철도가 건설되어야 한다. 게다가 철도가 생기면 현재 주요 교통수단으로 쓰이는 말을 대체하여, 막대한 양의 오물을 줄일 수 있다."고 주장했다. 그의 말은 일리가 있었다. 당시 도시를 활보하던 말들은 정말 어마어마한 양의 배설물을 배출했던 것이다1895년 《타임》지는 런던이 50년 이내에 말의 대변에 파묻히게 될 거라고 예측했다. 당시 런던은 뉴욕보다도 훨씬 큰 도시로, 이곳에 거주하는 사람들의 수가 런던 이외의 지역에 거주하는 사람들을 전부 합친 것보다도 많았다. 이는 정말 심각한 상황이었다. 매년 폐결핵으로 1만 명에서 2만 명이 사망했고, 천연두 · 디프테리아 · 백일해 · 발진 티푸스가 창궐했으며, 1832년에는 콜레라가 발발해 시민 1만 8,000명의 목숨을 앗아갔다. 우드헤드 터널을 건설한 에드워드 채드윅은 콜레라의 발병 원인을 "인체에 해로운 가스"때문이라고 오진하기까지 했다.

메트로폴리탄 철도
개착식 공법으로 지하 철도를 건설하는 방법은 철도용 터널 공사에서 자주 사용되어 그 효과가 입증된 방법이었다.

피어슨은 이 같은 상황을 해결할 방법으로 터널을 뚫어 런던역과 주변 역을 연결한 거대한 런던 중앙역을 건설할 것을 제안했다. 그는 정부 당국이 도시에 철도역을 추가로 건설하는 것을 허락하지 않자, 대신 터널을 뚫어 이들을 연결하기로 했다. 그는 먼저 시청역과 런던 북부의 철도역들을 연결하는 터널을 뚫고자 했다. 그는 이 터널을 따라 지나게 될 철도를 메트로폴리탄 철도라 불렀다. 철도가 완공되면 패딩턴의 비숍로와 패링턴 스트리트 사이를 운행하며 런던 북부의 주요 역인 유스턴 역과 킹스크로스 역을 지날 예정이었다.

깨끗한 공기
1890년 무렵 니스던에서 운행된 C등급 증기 기관차는, 보다 깨끗한 공기를 배출하는 전기 기관차에게 그 자리를 내주고 말았다.

1860년, 인부들은 개착식 공법으로 자갈길을 들어내고 도랑을 깊게 팠다. 이는 깊은 도랑을 파서 그 아래에 선로를 놓고 벽돌을 이용해 터널을 세운 후, 다시 흙을 메워서 길로 쓰는 방법이었다. 초창기 철도 기술자들 상당수가 이 방법을 이용해 터널을 지었다. 한편 메트로폴리탄 철도는 도시 경관을 향상시키는 데 나름대로 크게 기여했다. 철도를 짓기 위해 '인간이 만들어낸 배출물' 중 하나인 가난한 이들과 그들이 살던 돼지우리 같던 집을 철거했기 때문이다.

덮개 방

1862년 5월, 윌리엄 글래드스톤 수상과 그의 아내를 포함한 유명 인사들이 한자리에 모였다. 지하 터널을 따라 최초로 운행되는 무개열차open carriages, 지붕이 없는 열차를 타고 이동하기 위해서였다. 기차는 석탄을 원료로 하는 기관차의 힘으로 깜빡거리는 석유램프 조명을 받으며 앞으로 나아갔다. 기관차에는 배출되는 증기의 양을 줄이기 위해 냉각기가 부착되어 있었다. 이 기차를 타고 이동하는 여정은 한마디로 지옥 같았지만 대중은 개통되자마자 이를 이용하기 위해 벌떼처럼 몰려들었다. 그리하여 1863년, 이 지하 기차의 하루 이용객은 3만 명이 넘었다. 메트로폴리탄 철도는 운행 첫 해에 자그마치 900만 명이나 되는 승객을 운송했다. 이 같은 현상이 말해주는 사실은 자명했다. 앞으로는 지하 철도가 보편화되리라는

승강장과 열차 사이의 틈을 조심하세요.
1863년에 그려진 이 지하철은 연기로 자욱하지만, 당시 많은 사람들이 이를 이용하기 위해 몰려들었다.

지하의 기관차
1863년, 패딩턴의 프레이드 스트리트에 주차되어 있는 기관차와 유개열차.

것이었다. 지옥과도 같았던 여정은 포장의자와 유개열차지붕이 있는 열차, '덮개 방'이라는 별명이 붙여졌다가 도입되면서 한결 나아졌다.

1870년이 되자 런던 지하 철도의 건설자들은 새로운 도구를 얻게 되었다. 바로 직경 2.1미터의 실드shield 원통모양의 외각이 달린 굴진기. 이를 지하에서 추진시켜 터널을 구축했다로, 일찍이 템스 강 아래로 터널을 뚫는 데 사용되었던 도구였다. 실드 공법은 개착식 공법보다 효과가 뛰어나서 터널 굴착자들은 더욱 깊은 곳에 '지하철'을 건설할 수 있게 되었다. 마침내 1886년에 땅속 깊은 곳에 길이 5.6킬로미터에 달하는 최초의 철도 터널, '시티 앤드 사우스 런던 철도City and South London Railway'가 건설되었다. 이 터널을 따라 런던과 스톡웰 사이에 6개의 역이 지어졌다. 얼마 후 런던 중앙 철도가 개통되었고 '2펜스 기차'라는 별명이 붙은 전기 기관차가 새롭게 등장해 쾌적한 공기를 가로지르며 철도를 따라 운행됐다.

헤리 백

✦

1930년대에 핀칠리에서
매일 지하철에 오르던 통근자 중에는
런던 운송 신호국의 제도사인
헤리 백(Harry Beck)이 있었다.
한가한 시간에 그는 지하철의
대략적인 지도를 그리는 작업을 했고,
자신이 그린 지도를 1933년 1월에
출간했다(백은 전기 회로 다이어그램을 기반으로 지도를 작성했다고 한다).
그 무렵 지하철을 운영하던
다양한 사기업들은 런던 교통국으로
하나둘씩 통합되고 있어서
그의 명확한 지도는 출간 즉시
큰 성공을 거뒀다.
이 지도는 하나의 상징물이 되었고
전 세계의 다양한 대중교통 시스템이
이 방법을 채택했다.

지하철, 전 세계로 뻗어나가다

하지만 다른 도시들은 섣불리 지하철 산업에 뛰어들지 않았다. 그들은 우선 런던 지하철의 발전 과정을 지켜본 후, 이것이 성공하자 비로소 각자 지하철을 도입하기 시작했다. 우선 1896년에 헝가리가 부다페스트에 3킬로미터에 달하는 프란츠 조셉 지하철을 건설했고, 뒤이어 스코틀랜

빠른 운송수단
세계에서 네 번째로 오래된 지하철은 프란츠 조셉 황제가 1896년에 헝가리의 부다페스트에 개통한 지하철이었다.

드가 글래스고에 순환선을 개통했다. 이 순환선을 따라 운행된 기차는 시속 24킬로미터로 1930년대까지 운행되었다. 보스턴에서는 1898년에 미국 최초의 공용 지하철이 건설됐으며 같은 해에 오스트리아의 빈에서도 지하철이 개통됐다. 그리고 마침내 전 세계에서 가장 상징적인 지하 철도 시스템인 파리의 '메트로'가 건설되기 시작됐다. '메트로'라는 이름은 메트로폴리탄 철도에서 따왔는데 파리의 지하철을 현실화한 이는 바로 프랑스 기술자, 풀강스 비엥베뉴Fulgence Bienvenüe였다. 그는 안타깝게도 건설 도중 일어난 사고로 한쪽 팔을 잃고 말았지만, 훗날 지하철의 아버지로 추앙받는 영광을 누렸다. 비엥베뉴는 1900년 7월에 바스티유 광장과 루브르 박물관, 콩코르드 광장, 개선문을 연결하는 10킬로미터짜리 지하철을 개통했다. 1900년은 바로 파리 올림픽과 만국 박람회가 열린 해였다. 당시 파리 시민들은 아르누보[44]라는 새로운 양식에 매료되어 건축가 엑토르 기마르에게 아르누보 양식의 지하철 입구를 설계해 달라고 의뢰했다.

1930년대 이후에는 모스크바, 베를린, 뉴욕, 필라델피아의 시민들도 지하철을 타고 이동할 수 있게 되었다. 1950년대가 되자 마드리드와 바르셀로나, 시드니, 도쿄, 오사카, 나고야, 시카도, 오하이오 주의 클리버랜드, 스톡홀름, 토론토, 로마, 레닌그라드[45], 리스본, 이스라엘의 하이파에도 지하철이 생겼다.

윌리엄 글래드스톤과 그의 아내 캐서린 글래드스톤이 처음으로 지하철을 탄 지 150년이 지난 지금, 전 세계의 1억 5,500만 명의 사람들이 자동차와 트럭이 야기하는 교통 체증과 공기 오염을 피해 매일 지하철을 이용하고 있다. 현재 전 세계에서 가장 번잡한 지하철은 일본의 도쿄 지하철이며 2위는 바로 대한민국의 서울 지하철이다.

지하철에 뛰어들어 자살하는 사람

지하철은 그동안 등장했던 대중교통 수단 중에서도 가장 안전했다. 하지만 제2차 세계대전 중 런던이 공습받는 동안 사상 최악의 인명 피해가 발생했으며, 1940년에는 발햄 간선도로에 폭탄이 터져 수도관과 상수도관이 파열되는 바람에 지하철에 대피하고 있던 68명이 익사하기도 했다. 그리고 1943년, 베스널 그린에서는 공습 기간에 173명이 계단에서 압사당해 죽기도 했다. 하지만 최근 수년 간 가장 많은 지하철 사상자를 낳은 원인은 바로 자살이었다. 이들은 일명 '지하철에 뛰어들어 자살하는 사람' 혹은 '점퍼' 라고 불렸다.

아르누보
엑토르 기마르가 설계한 파리 지하철 입구는 현재 상당 부분이 철거되었다.

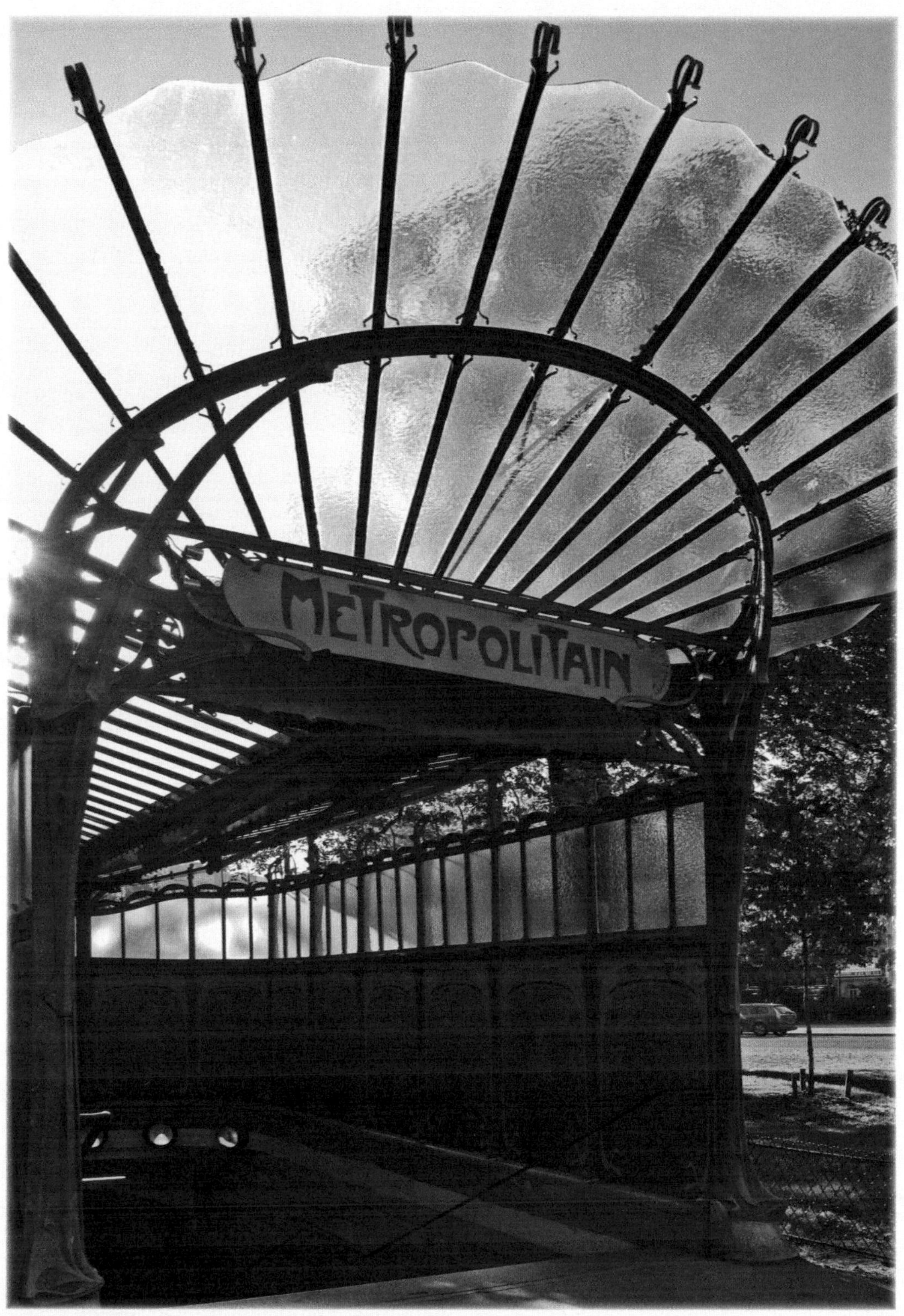
METROPOLITAIN

1869 센트럴퍼시픽 철도

지역: 미국
유형: 승객용, 화물용
길이: 1,749킬로미터

분명 미국 최초의 대륙횡단 철도가 세계 최초의 대륙 횡단 철도는 아니었다. 하지만 이 철도는 미국 경제를 크게 바꿔놓았으며 한때 철도 위를 누볐던 낭만적인 사륜 마차를 사라지게 만들었다. 또한 이로 말미암아 미개한 서부 지방이 개척됐고 그 후 전 세계적으로 다양한 대륙횡단 철도가 등장하게 되었다.

- ✦ 사회성
- ✦ 상업성
- ✦ 정치성
- ✦ 공학성
- ✦ 군사성

신이 버린 캘리포니아

1875년, 런던의 출판업자 카셀의《패밀리 매거진》에서 일하던 기자 M. A.가 퍼시픽 철도에 탑승했다. 그는 여행가방을 싸면서 깨끗하게 다린 셔츠들 사이로 6연발 권총과 보이 나이프[46]를 슬쩍 밀어넣었다. 혹시 누군가의 칼에 찔려 부상을 입을 경우에 대한 대처법도 단단히 숙지한 사태였다. 그가 이토록 방비에 목을 맨 이유는 바로 '5,290킬로미터에 달하는 대장정'을 떠나기 전, 뉴욕에 사는 친구로부터 "캘리포니아로 간다고? 그곳은 신이 버린 땅이야." 라는 충고를 들었기 때문이었다. M. A.가 미국의 대륙 횡단 철도를 이용했을 당시, 이 철도는 개통한 지 막 6년이 되던 참이었다. 그는 기차의 속력에 깜짝 놀라 "여행은 고작 1주일밖에 걸리지 않았다. 미국이라는 거대한 대륙을 횡단하는 데 그것밖에 걸리지 않은 것이다"라고 기록했다. 또한 이 여행은 미국

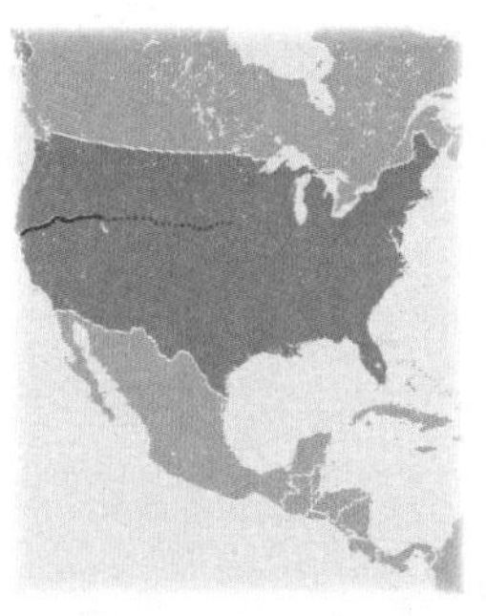

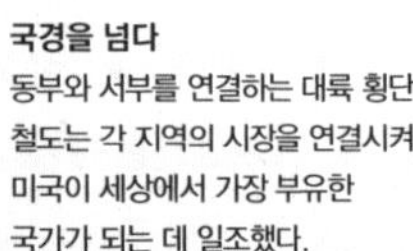

국경을 넘다
동부와 서부를 연결하는 대륙 횡단 철도는 각 지역의 시장을 연결시켜 미국이 세상에서 가장 부유한 국가가 되는 데 일조했다.

미래를 예언하는 만화
유타 주에서 두 철도가 만나자 미국 원주민들과 버펄로가 놀라서 도망치는 모습이다.

에서 영국으로 가는 4~5시간의 여정보다도 덜 지루했는데, 그 이유는 미국의 기차가 제공한 편리함 덕분이었다. 기차에는 안락의자, 소파, 책, 카펫, 온갖 장식품으로 가득 찬 거실이 구비되어 있어서 승객들은 여행하는 내내 불편함을 느낄 수 없었다. 그는 돈이 많은 여행객이라면 뉴욕에서 기차의 거실 차량을 전부 전세 내어 샌프란시스코에 도착할 때까지 그 공간을 혼자서 독차지할 수도 있다는 사실을 알고 깜짝 놀랐다. 당초의 우려와는 달리 M. A.는 미국에서의 기차 여행을 충분히 즐겼다. 그 이유 중의 하나는 그의 고향인 영국의 기차 여행과는 분위기가 전혀 달랐기 때문이었다. 예를 들어 그와 같은 칸에 탄 승객 중 하나는 시카고에서 내리기 전까지 계산기를 두드리느라 정신이 없었고 사업으로 돈을 벌려는 계산적인 생각에 목적지에 빨리 도착하기만을 고대하고 있었다. 반면 시카고에서 탑승한 승객 하나는 그와는 정반대로 재잘대느라 정신이 없었다. 기차에는 가지각색의 승객들이 탑승하고 있었지만 모든 사람들은 금세 서로 이야기를 나누며 친해졌다. M. A.가 깜짝 놀란 것도 바로 이 부분이었다. 영국 기차에 탑승한 승객들은 친절하지만 어느 정도 거리를 두고 사람을 대했다. 영국에서는 "여기 자리 있나요?" "아니요." 정도가 대화의 전부였으나 퍼시픽 철도에 탑승한 미국의 승객들은 그렇지 않았다. 그는 뼛속까지 선량한 사람들과 함께 있다 보니 자신이 지니

완료!

✦

전문가들은 동부의 센트럴 퍼시픽 철도와 서부의 유니언 퍼시픽 철도가 건설되는 데 10년이 걸릴 거라고 예상했지만 실제로 두 철도는 4년 만에 완공되었고 1869년 5월 10일, 마침내 유타주의 프로먼토리 서밋에서 서로 만났다. 센트럴 퍼시픽의 대표인 릴런드 스탠퍼드와 유니언 퍼시픽의 대표인 토머스 듀랜트는 상징적으로 객차를 엮는 마지막 못**47**을 박아 두 철도를 연결시켰다. 당시의 상황을 묘사한 만화를 보면 두 철도를 따라 기관차를 운행하던 사람들이 마치 하이파이브를 하듯 서로에게 손을 뻗고 있으며 미국 원주민은 철도가 다가오자 겁에 질려 달아나고 있다. 철도가 완성되자 곧 전신선이 놓였고 첫 번째로 전송된 메시지는 "완료!"라는 한 마디였다.

선로 점검
네바다 주의 아르헨티나 근방에 놓인 '팔콘' 기관차가 선로를 점검하러 떠나기 전 그 앞에 서 있는 기술자들.

고 있던 영국인 특유의 딱딱함도 녹아버렸다고 회상했다. M. A.는 펜실베이니아, 오하이오, 인디애나를 지나 미시간 호의 북쪽 경계까지 이어지는 1,609킬로미터에 달하는 구간은 굳이 자세히 기록하지 않기로 했다. 이 구간은 별로 중요하지도 않을뿐더러 그가 보기에 영국의 수도인 런던과 스코틀랜드의 산악지대인 럭비 사이의 구간보다도 풍경이 매력적이지 않았다. 그의 말에 따르면 진정한 여행은 시카고에서부터 시작되었다. M. A.는 시카고가 "동부와 서부의 경계지로, 옥수수와 소가 넘쳐나는 곳"이라고 생각했는데 마침 같은 기차칸에 타고 있던 한 미국인이 시카고의 활기에 대해 아주 잘 설명해 주었다. 당시 시카고는 1871년 10월에 끔찍한 화재가 발생한 이후 이제 막 사고의 후유증에서 벗어난 상태였는데, 그 미국인은 " 화재가 발생해서 재산 전부를 잃고 말았죠. 하지만 이제는 재산이 2배로 불었지 뭡니까."라고 말해 당시 급성장하던 시카고의 분위기를 전달했다. M. A.는 또한 "시카고의 가축 수용소 주위 27킬로미터가 넘는 구간에 철도가 건설된 덕분에 그 지역 가축들의 수용소는 영국 극빈자들의 거주지보다도 더 훌륭했다."고 기록했다. 이는 아일랜드 문제, 일명 아일랜드 감자 기근과 관련이 있었다. 이 기근은 미국에서도 크게 회자되었는데, 미국이 기근 때문에 발생한 아일랜드인 250만 명을 이민자로 받아들였던 것이다이 상황을 본 식품 전문가이자 기고가인 E. A. 번야드는 "이제 그 누구도 감자를 그저 채소에 불과하다고 생각하지 않을 것이다. 감자가 운명을 바꿀 수도 있다."고 했다.

폐기된 기관차

✦

프로먼토리 서밋에서 2개의 증기 기관차가 상징적인 만남을 가질 때, 토머스 듀랜트는 '119' 기관차에 탑승하고 있었다. 원래 그는 '듀랜트(Durant)' 기관차를 타려고 했으나 홍수때문에 배송이 지연되는 바람에 '119'를 탈 수 밖에 없었다. 한편 릴런드 스탠퍼드는 '주피터(Jupiter)' 기관차에 탑승하고 있었는데, 이 기관차는 뉴욕에서 만들어진 것이었다. 스탠퍼드는 원래 '앤털로프' 기관차를 이용하려고 했지만 주위에 서 있던 나무가 쓰러지면서 기관차 위로 떨어져 차체가 훼손되는 바람에 부득이하게 '주피터'로 대체할 수밖에 없었다. '119'와 '주피터' 모두 1903년과 1909년 사이에 폐기됐다.

미개인들에게 혜택을

블루머 컷
철도 작업자들은 1865년, 캘리포니아의 뉴캐슬 근처에 위치한, 244미터에 이르는 블루머 컷을 폭발시켜가며 철도를 건설했다

뉴로셸에 거주하는 건물류 판매상, 아사 휘트니Asa Whitney는 1849년, 《철도로 태평양까지*A Project for a Railroad to the Pacific*》라는 소책자에서 자신의 대륙 횡단 철도 건설 계획을 간략하게 서술했다. 그는 지역 간의 소통 부재로 인해 어떤 문제가 일어날 수 있는지 익히 알고 있었다. 철도에 열광했던 휘트니는 영국의 리버풀-맨체스터 철도를 방문했고 이후 파나마, 니카과라, 테우안테펙에서 운하나 철도를 이용해 대서양과 태평양을 연결하는 것을 보고는 미국에도 이러한 교통수단이 꼭 필요하다고 확신했다. 그래서 그는 마치 특허 받은 약을 홍보하는 돌팔이 의사 마냥 대륙 횡단 철도를 홍보하고 다녔다. 그는 "철도는 우리에게, 나아가 이 나라에 득이 될 것이다. 그리고 문명화와 기독교라는 축복을 받지 못한 미개인들, 식량이 부족해 후손을 굶기고 있는 중국인들, 스스로 목숨을 끊는 노인, 이 밖의 모든 인류에게 도움이 될 것이다."라고 설파했다. 하지만 철도에 대한 휘트니의 집착은 도가 지나칠 정도였다. 그는 철도가 놓일만한 구간을 비롯하여 '미개인들만 가보았을 만한' 외딴 곳을 답사하기도 했다. 심지어 중국, 일본, 인도, 폴리네시아까지 가서 그곳에 철

계곡 횡단
1868년, 센트럴 퍼시픽 철도 위에 버팀다리를 건설하는 작업이 진행 중이다.

솔트레이크시티
1885년, 센트럴 퍼시픽 철도 위에 놓인 기관차와 철도 작업자들.
센트럴 퍼시픽 철도는 미국에 건설된 최초의 대륙 횡단 철도였다.

도가 놓이면 무역상 누릴 수 있는 혜택이 상당히 많다는 것까지 파악했다. 휘트니는 이 상황을 철저히 지구 중심적인 관점에서 보았다. 그는 "지구의 중심에 위치한 이곳은 3, 219킬로미터에 달하는 아무도 살고 있지 않은 황무지이다. 지구의 한쪽에 위치한 유럽에서도 사람들이 굶어 죽거나 궁핍한 상태로 살지만 그 반대쪽에 위치한 아시아인은 더욱 극빈한 상태여서 이 위대한 작업철도의 혜택이 필요한 듯 보인다."고 말했다.

토머스 제퍼슨 대통령의 임기에도 대륙 횡단이 가능한 구간에 대한 답사가 이루어졌지만 당시에는 철도뿐만 아니라 배도 함께 이용할 계획이었다. 그러나 휘트니는 자신의 계획안이 대륙을 횡단하는 여러가지 방안 중에서 가장 훌륭하다고 주장했으며, 미시간 호에서 태평양까지를 약 3,267킬로미터정도로 예측했다. 그는 1미터 당 30킬로그램이 넘는 자재를 사용하고, 1.8미터 미만의 궤간을 채택할 예정이었으며, 기타 장비와 수리 작업까지 합쳐 1.5킬로미터 당 2만 달러가 소요될 거라고 예상했다. 게다가 재무부의 도움을 일절 받지 않고도 모든 작업이 가능할 것이라 주장했다. 하지만 그의 모든 예상은 헛된 약속에 불과했다.

머지않아 세상에서 가장 부유한 국가가 될 미국은 당시에도 이미 자원이 충분하여 경제적으로 자립이 가능한 상태였다. 하지만 휘트니는 부유한 동부가 사막, 초원, 로키 산맥으로 인해 서부의 오리건 · 워싱턴 · 캘리포니아 주 등과 분리되어 있다는 점을 지적했다. 링컨 대통령 역시 집권 초기에 미국이 경제적으로 동부와 서부로 분리될 수 있다는 위험성을 간파한 바 있었다. 마치 남북 전쟁으로 인해 미국이 남과 북으로 분리될 뻔했던 것처럼 말이다. 링컨 대통령 또한 휘트니가 그랬듯 철도만이 분리된 국가를 하나로 합칠 수 있다고 확신했고 1862년에 퍼시픽 철도 건설 관련 법안을 끝까지 밀어붙였다. 하지만 남북 전쟁이 발발하고 링컨 대통령이 암살당하자 철도 건설은 또다시 7년간 미뤄졌고 미국의 '운명'이 실현될 날도 7년이 늦춰졌다. 당시는 백인 정착민이 서부의 미개인을 정복하는 것이 천부적 권리라고 여겨지던 때였다.

우리는 기차에 감사한다.
기차 덕분에 이 많은 역경에서
재빨리 벗어날 수 있었다.

로버트 루이스 스티븐슨, 《초원을 건너며》, 1892

무상 토지 지급

국가를 하나로 합치는 일은 서부의 유니언 퍼시픽 철도회사와 동부 캘리포니아에 위치한 센트럴 퍼시픽 철도회사가 맡았다. 정부는 이 회사들에게 무상으로 토지를 지급함으로써 이들의 작업을 지원했다. 철도회사는 선로 양옆으로 바둑판 모양 토지를 받았는데 이를 전부 합칠 경우 텍사스 주의 면적보다도 컸다. 토지의 상당 부분이 미국 원주민의 거주지였지만 이들의 권리는 무시당했다. 1872년, 존 가스트는 미국 원주민들이 철도가 다가오자 공포에 질려 도망가는 모습을 화폭에 담았다. 〈미국의 진보〉라는 이 그림의 중앙에는 콜롬비아자유의 여신에게 자리를 물려주기 전까지 미국과 여성성의 상징이었다가 밝게 빛나는 동부에서 어둠으로 가득한 서부를 향해 나아가는 모습이 그려져 있다. 그리고 근대화의 상징인 쟁기, 책, 철도, 전신선이 그녀의 뒤를 따르고 있다. 마치 이 그림 속 장면을 실제로 보듯이 기차여행 당시 M. A.는 "우리가 지나가자 붉은 피부의 인도인들이 무표정하게 우리를 쳐다보고 있었다."고 기록했다. 그는 원형 천막을 짓고 출정길에 나서던 용감한 원주민들은 도대체 어디로 간 거냐며 의아해했다.

명백한 운명
존 가스트는 1872년 <미국의 진보>에 문명을 상징하는 우아한 콜롬비아와 미국을 횡단하며 원주민들을 몰아내는 철도의 모습을 담았다.

중국인 노동자

✦

중국인 노동자들은 제임스 스트로브릿지에게 애꾸눈 보스(그는 폭발 사고로 한쪽 눈을 실명했다)라는 별명을 붙여주었다. 그는 처음에는 이민자들을 고용하는 것에 반대했지만 이들이 아주 성실한 근로자임이 밝혀지자 고용에 동의했다. 중국인 노동자들은 새로 발명된 강력한 폭발 장치, 니트로글리세린의 도움으로 산을 폭발시켜가며 철도를 놓았다. 중국인 노동자 약 1만 2,000명이 철도를 건설하기 전에, 이 구간을 측량한 기술자는 시어도어 유다(Theodore Judah)였다. 그는 성직자의 아들로, 황열로 사망하기 전까지 대륙 횡단 철도의 기술자로 일했다

빅4

M. A.는 철물 무역상이자 도매 식료품 잡화상, 건물류 판매상으로 일하면서 동부와 서부를 연결하겠다는 계획을 구상했다. 야심찬 계획이었지만 용감한 일을 수행한 인물들의 역사에서 한 페이지를 장식할 수 있을 만큼은 아니었다. 그러한 인물들은 따로 있었다. 바로 릴런드 스탠퍼드Leland Stanford, 콜리스 헌팅턴Collis Huntington, 찰스 크로커Charles Crocker, 마크 홉킨스Mark Hopkins였다. 사람들은 이들을 가리켜 '빅4Big Four'라고 불렀다. 스탠퍼드는 캘리포니아의 주지사이자 스탠퍼드 대학의 설립자로 철도를 공공연하게 지지해온 정치인이었다. 헌팅턴은 노골적으로 철도 건설을 홍보하지는 않았지만 금융상의 지분은 계속 유지했다. 홉킨스는 냉정한 성격의 회계 담당자로 나머지 3명과 마찬가지로 철도에 투자해 샌프란시스코에 대저택을 지을 수 있을 만큼 충분한 수익을 거두었다. 마지막으로 크로커는 철도 건설의 총 관리자로 제임스 하비 스트로브릿지James Harvey Strobridge라는 기술자를 고용했다.

한편 동부의 유니언 퍼시픽 철도도 한창 건설 중이었다. 측량가를 필두로 한 무리의 인부, 기술자, 다리 건설자, 대장장이 등이 서쪽으로 이동하며 철도를 건설해 나갔다. 철도가 지어지자 줄스버그, 샤이엔, 라라미 같은 작은 마을들이 우후죽순 생겨났고 그때부터 철도가 들어서는 곳에는 새로운 주거지가 생겨나는 것이 거의 모든 대륙 횡단 철도의 특징으로 자리 잡았다. M. A.가 여행 도중에 만나 인터뷰한 오마하 출신의 한 신사는 "우리는 사람들을 기다리지 않습니다. 큰 규

빅4
찰스 크로커, 마크 홉킨스, 콜리스 헌팅턴, 릴런드 스탠퍼드는 동부와 서부를 연결할 계획을 구상했다.

황금 못
토머스 힐의 기록에 따르면 센트럴 퍼시픽 철도와 유니언 퍼시픽 철도는 1869년, 유타주, 프로먼토리 서밋에서 만났다.

모의 철도 건설 프로젝트를 계획하면 곧바로 실행에 옮기죠. 그렇게 해서 오마하에서 프리스코까지 대륙 횡단 철도 '트랜스 아메리카'를 놓았습니다. 일단 철도 건설이 되면 사람들은 양처럼 알아서 몰려들거든요."라고 말했다. 그리하여 유니언 퍼시픽 철도는 유타 주의 프로먼토리 서밋Promontory Summit에서 마침내 센트럴 퍼시픽 철도와 만났다. 이 만남을 기념하기 위한 행사는 꼼꼼하게 준비되었다. 마침내 1869년 5월 10일, 릴런드 스탠퍼드가 두 철도의 만남을 상징하기 위해 특별히 금으로 도금한 '마지막 못'을 박았다. 동부와 서부에서 각각 출발한 기관차 2대는 배장기가 서로 닿을 때까지 운행됐다. 철도 건설 작업에 참여한 사람들은 앞다투어 기차에 탑승해 사진을 찍었다. 1900년대 초반에 대륙 횡단 철도는 프로먼토리 서밋을 우회하여 운행되었지만, 그렇다고 해서 미국의 동부와 서부가 철도로 연결된 역사적인 사건의 중요성이 희석되지는 않았다. M. A.가 독자들에게 말했듯 이 철도는 많은 이들에게 큰 도움이 되었다. "대륙 횡단 철도는 극서부 지역의 산맥, 계곡, 초원까지 도달했으며 이제 그 지역은 쉽게 접근할 수 있을 뿐 아니라 안전해지기까지 했다." 그는 덧붙여 "짧은 기차 여행이 끝날 때까지 나는 6연발 권총을 마호가니 케이스에서 한 번도 꺼내지 않았다. 샌프란시스코는 뉴욕만큼이나 훌륭한 도시이며 캘리포니아는 미국에서 가장 부유하고 아름답다."고 기록했다.

괴물 기계
대륙횡단 철도가 개통한 지 100년 후인 1969년, 유니언 퍼시픽 철도는 무려 270톤이 나가는 '센테니얼' 기관차를 도입했다.

1873 차머스 항 철도

지역: 뉴질랜드
유형: 화물용
길이: 12킬로미터

미국인들이 철도를 이용해 냉동고기를 운반하는 방법을 고안하는 동안 뉴질랜드에서도 짧은 구간의 철도가 지어져 냉동식품 운송 방법을 향상시키는 데 기여했다. 이는 질투심 강한 철도 지지자, 줄리어스 보겔 덕분이었다.

- ✦ 사회성
- ✦ **상업성**
- ✦ 정치성
- ✦ 공학성
- ✦ 군사성

냉동고기 무역

1873년에 뉴질랜드의 주지사는 더니든에서 차머스 항까지 이어지는 새로운 철도를 개통했다. 사실 이는 새로 선출된 수상, 줄리어스 보겔Julius Vogel이 했어야 하는 일이었다. 보겔 수상은 선견지명이 있는 사람으로 여성 참정권에 관심이 있는 만큼 철도에도 열광적이었다. 그로부터 9년 후, 기이한 모습의 쾌속 범선이 파머스 항에 정박했다. 이 범선은 오타고 주도의 이름을 따서 '더니든Dunedin'이라 이름 지어졌으며 돛 사이에 굴뚝이 나 있어 증기선과 돛단배를 반반 섞은 모습이었다. 증기의 힘은 냉동식품을 런던까지 녹지 않은 상태로 운송하는 데 있어 꼭 필요한 요소였다. 냉동식품을 항구까지 옮기는 데는 파머스 항 철도가 이용됐다. 우선 철도 끝머리에 위치한 토타라 이스테이트에서 양, 돼지 등을 도축한 후 얼음을 그 위에 덮어 기차에 실어서 항구까지 운송했다. 철도는 이밖에도 토끼, 꿩, 칠면조, 닭, 버터, 양의 혀 2,200개를 운송했다. 옥양목으로 만든 가방에 담긴 고기는 항구에서 더니든 배에 실렸고, 배는 런던을 향해 출발했다. 뉴질랜드산 고기는 100일이 채 지나지 않아 런던 항에 도착했

뉴질랜드
사우스 아일랜드, 더니든 근방의 항구까지 도달하는 짧은 구간의 철도는 냉동고기 무역에서 아주 중요한 역할을 담당했다.

고, 막 도축한 것 마냥 아주 신선했다. 따라서 선주는 뉴질랜드의 국제 냉동고기 무역으로 큰 돈을 벌 수 있었다.

줄리어스 보겔
뉴질랜드의 수상 줄리어스 보겔은 철도가 국가의 경제를 활성화시킬 것이라 확신했다.

이보다 몇 년 전에, 미국인 구스타버스 프랭클린 스위프트Gustavus Franklin Swift는 특별히 제작된 냉동차로 고기를 운송하는 사업을 구상했다. 그는 어린 시절 도살장에서 일한 적이 있어 고기에 대해 잘 알았고 소를 시장으로 운반하는 사업을 한 적도 있었다. 하지만 살아 있는 짐승을 운송하는 사업은 생각보다 수익성이 높지 않았다. 가축들은 도중에 죽거나 몸무게가 줄어들었던 것이다. 그래서 그는 예전에 유행하던 수법을 동원했다. 바로 목적지에 도착할 무렵 가축들에게 물을 먹이지 않는 것이었다. 그러다 도착하자마자 물을 잔뜩 먹여서 일시적으로 몸무게를 늘리면 시장에서 비싼 값에 팔 수 있었다. 하지만 이러한 수법도 더 이상 통하지 않았다. 결국 1870년 중반, 스위프트는 유니언 스톡 야드 건설 작업에 참여하기 위해 철도 교통의 요지인 시카고로 갔다. 이 철도는 소를 기르는 그레이트 플레인스와 이 소들이 팔리는 동부 시장을 연결하는 중요한 구간이었다. 스위프트는 도축한 고기를 신선한 상태로 서부에서 동부로 운송할 수 있는 냉동차를 개발하는 데 총력을 기울였다.

하지만 그가 처음에 개발한 박스카 즉, 냉동트럭은 겨울에만 효과를 발휘했다. 게다가 기차가 곡선 구간을 통과하다가 그 안에 들어 있던 고기들이 한쪽으로 쏠리면서 기차가 탈선하는 사고까지 발생하고 말았다. 이로 인해 그의 명성은 급속히 추락했다. 그래서 마침내 그가 균형 잡힌 기차얼음이 고기 위에 저장되어 있었다를 개발했지만 철도 회사들은 그의 기차를 운행하기를 꺼려했다. 스위프트는 자신의 제안을 거절한 회사들을 포기하고 대신 그랜드 트렁크 철도회사를 설득해 미시간을 지나 캐나다까지 고기를 운송하도록 했다. 그리하여 그는 직접 스위프트 냉동철도 회사를 설립하는 데 성공한다. 이 회사는 곧 일주일에 가축 사체 3,000개를 보스턴으로 운송하기 시작했다. 철도가 육류 산업의 모습을 크게 변모시킨 것이다.

육류 포장 산업

✦

철도를 이용해 냉동고기를 신선한 상태로 운송할 수 있게 되자 뉴질랜드, 오스트레일리아, 미국의 농작물 시장의 모습이 완전히 바뀌었다. 하지만 부정적인 면도 있었다. 시카고의 한 공장은 부패한 고기를 사용하고 고기의 질을 제대로 관리하지 않는다는 혐의를 받아 소비자들로부터 항의가 빗발쳤다. 소설가 업튼 싱클레어(Upton Sinclair)는 1906년에 출간된 《정글》을 쓰기 위해 고기 포장 공장에서 직접 일을 했는데, 공장의 수상쩍은 관행들을 폭로한 이 소설은 출간 즉시 베스트셀러가 되었다. 이후 육류 포장 산업은 정기적인 조사를 받게 되었으며 관련 법이 제정되었다.

1885 캐나다 태평양 철도

지역: 캐나다
유형: 승객용, 화물용
길이: 3,219킬로미터

브리티시컬럼비아는 1871년에 캐나다 연방에 가입했다. 단, 주민들에게 조건이 하나 있었는데, 바로 자신들의 거주지에 철도를 지어 캐나다의 다른 지역들과 연결해달라는 것이었다. 그렇게 해서 지어진 캐나다 최초의 대륙 횡단 철도는 예정보다 6년이나 일찍 완공되었으며, 캐나다 정부가 반란을 진압하고 국가를 통합하는 데 큰 기여를 했다.

- 사회성
- 상업성
- 정치성
- 공학성
- 군사성

대륙을 횡단하다

캐나다는 서쪽으로는 태평양에, 북쪽으로는 북극에, 동쪽으로는 대서양에 접했으며 로키 산맥, 오대호, 허드슨 만의 일부를 품고 있다. 세계에서 두 번째로 큰 이 국가는 실제로 지구의 상당 부분을 차지한다. 캐나다는 훗날 10개 주로 이루어진 연방 국가가 되며, 세 개의 대륙횡단 철도가 국가 전체를 가로지르게 되었지만 철도의 시대가 막 시작될 무렵에는 헌법상으로 인정된 국가가 아니었다. 그러던 중 1867년에 작성된 영국령 북아메리카 조례에 따라 프랑스가 영국에게 북아메리카 영토를 내어주면서, 캐나다라는 국가가 탄생했다. 이 조례는 캐나다의 연방 자치령을 인정해주었지만 그곳에 포함되지 않는 지역이 한 곳 있었다. 바로 브리티시 컬럼비아British Columbia로, 캐나다 정부가 1870년에 30만 파운드를 주고 허드슨 만 회사로부터 구입한 땅이었으며,

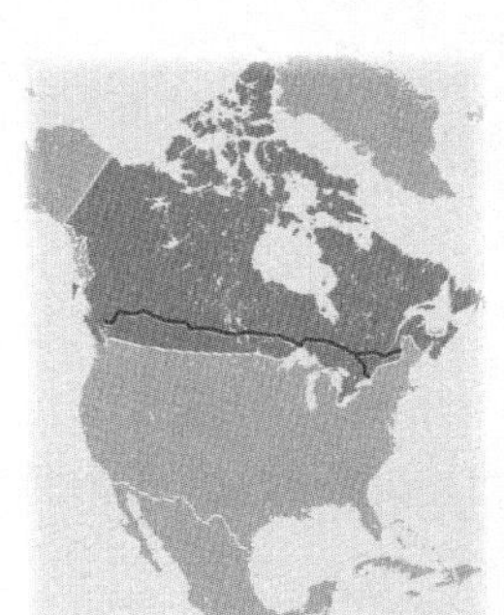

북아메리카
캐나다 태평양 철도는 캐나다 최초의 대륙 횡단 철도로, 서부 종착역이 밴쿠버에 위치해 있었다.

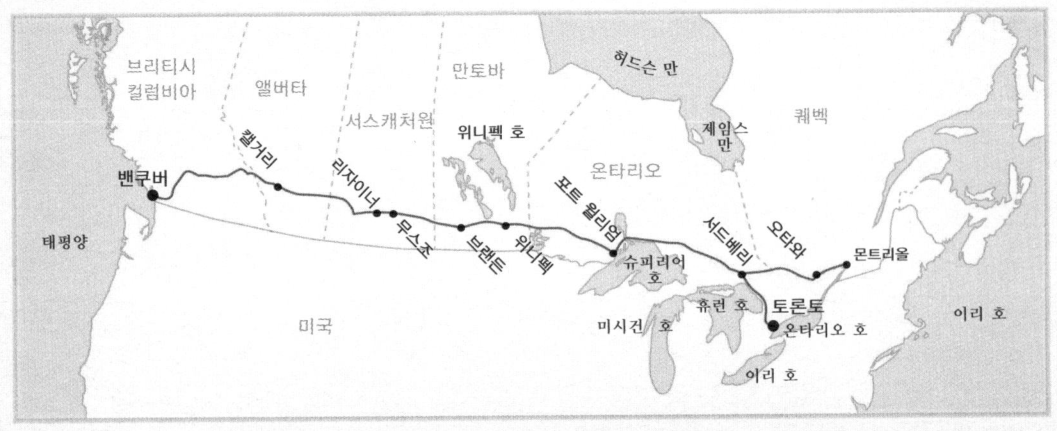

마지막 못
턱수염을 기른 도날드 스미스 (스트래스코나 경)는 1885년, 브리티시 컬럼비아의 크레이글리치에서 캐나다 태평양 철도 건설 작업을 마무리하기 위한 마지막 못을 박았다.

이 우아한 이름을 지어준 것은 빅토리아 여왕이었다.

브리티시 컬럼비아의 주민들은 골드러시 이후 빚더미에 앉아 있었고, 자신들의 주거지가 워싱턴에서 알래스카에 이르는 미국 서해안의 일부가 되면 굉장히 근사해보일 거라 생각하여 캐나다 연방에 가입하는 데 동의했다. 단, 이들은 캐나다의 다른 지역과 철도로 연결돼야 한다는 조건을 내걸었다. 그리하여 1871년 7월, 브리티시 컬럼비아는 캐나다의 여섯 번 째 주가 되었다. 그리고 1885년에 로키 산맥의 크레이글리치 부근에 위치한 이글 패스에 놓인 두 철도를 잇기 위한 마지막 못이 박히면서 캐나다 태평양 철도가 개통되었다. 이로써 브리티시 컬럼비아의 주민들이 제안한 조건은 충족된 셈이었다.

캐나다의 첫 번째 총리였던 존 맥도날드는 국민들에게 철도가 국가를 통합시켜 줄 거라고 약속했다. 그는 철도 때문에 캐나다가 미국의 속국이 되거나, 미국의 수단이 되어 미국 화물을 운송하는 역할을 하지 않을 것이며, 캐나다의 도로를 파괴하려는 목적으로 미국의 철도가 동원하는 크고 작은 속임수에 놀아나지 않겠다고 했다. 족장이라 불린 그는 미국이라는 골리앗 앞에 선 다윗과도 다름없는 캐나다의 정치적 이익을 최대한 이용하려고 노력했다. 하지만 상황은 철도 건

눈사태 위험
캐나다 태평양 철도에는 외부에 노출된 구간을 지나가는 기차를 보호하기 위해 철로를 따라 눈사태 방지 설비가 설치되었다.

설자들에게도 맥도날드 총리에게도 그다지 유리하게 돌아가지 않았다. 1876년에 캐나다 동부에 위치한 영국의 북아메리카 식민지들을 연결하는 철도가 건설되었지만, 1874년에 캐나다 태평양 철도가 건설되기 시작할 무렵 맥도날드 수상의 정부는 선거자금으로 받은 막대한 정치 자금관련 혐의로 자리에서 물러나야만 했다. 철도 작업자들은 온타리오 북쪽으로 1,609킬로미터에 달하는 험준한 황무지와 마주쳤고 위니펙 너머로는 황량한 초원을, 그리고 그 너머로 어마어마한 로키 산맥과 맞닥뜨렸다. 맥도날드 총리는 1881년 1월, 세계에서 가장 긴 이 철도가 "캐나다의 운명이 확정될 때까지 활발히, 지속적으로, 체계적으로, 성공적으로 건설되고 운영될 거라고" 주장했다. 그의 약속이 실현될지 여부는 두 남자의 어깨에 달려 있었다. 스코틀랜드 농장주의 손자인 조지 스티븐Goerge Stephen과 퇴락하는 철도 운영에 활기를 불어넣기 위해 총리가 위임한 윌리엄 코르넬리우스 반 혼William Cornelius Van Horne이었다.

스티븐은 몬트리올로 이민을 온 후 사업을 시작한 인물이었는데 적자를 내던 미네소타의 철도회사를 매입해 사업 동료와 함께 재정비한 후 이익을 남기고 매각한 적이 있었다. 그 후 그는 동업자들과 함께 캐나다 태평양 철도회사를 설립하고

천연가스

✦

1883년, 캘거리 해럴드(Calgary Herald)는 기온이 영하 55도로 내려가면서 특이한 현상이 발견되었다고 기술했다. "메디신 헷(Medicine Hat)의 서쪽에 위치한 네 번째 측선인 랑주뱅에서 다소 기이한 현상이 벌어졌다. 우물을 파던 인부들이 지하 340미터까지 파 내려 갔는데 물은 나오지 않고 가스가 분출하는 것을 발견한 것이다. 이 가스에 불이 붙이자 인근 지역을 환하게 밝히고도 남을 만큼 불길이 활활 타올랐다. 인부들은 물을 찾기 위해 더 깊이 파고들어 갔지만 밤이 되자 안전상의 이유로 작업을 포기할 수밖에 없었다." 캐나다 태평양 철도에서 일하던 기술자들은 증기 기관차에 급수를 하기 위해 땅을 파다가 우연히 천연가스를 발견한 것이다.

대륙 횡단 철도 사업에 관심을 보이기 시작했다. 샌퍼드 플레밍Sanford Fleming과 메이저 A. B. 로저스A. B. Rogers라는 측량가 2명이 그 구간을 측량했는데 이들은 3,129킬로미터에 달하는 숲 · 강 · 늪 · 산지를 바라보며 두려움에 떨었다. 경사도를 평평하게 유지하기 위해서는 철도 작업자들이 계곡 전체에 걸쳐 다리를 건설해야 한다는 것을 알았기 때문이었다. 그리고 유럽에서 온 수천 명의 인부들이 철도 건설 작업에 참여했다. 겨울에 그들은 영하 40도의 날씨 속에서 일했고, 여름에는 흑색 날벌레와 모기떼가 득실거리는 곳에서 일해야만 했다. 이 벌레들은 온갖 병을 옮기는 주범이었다. 중국 이주민 노동자 9,000명도 이 작업에 가담했다. 그들에게는 고용된 노동자라는 뜻의 힌두 용어를 따라 '막노동꾼coolies'이라는 별명이 붙었는데 그들의 작업 환경을 생각해 볼 때 대부분이 실상 노예나 다름없는 대우를 받고 있었다. 그들은 쥐꼬리만 한 월급을 받고 폭발물 설치 같은 위험한 업무를 맡았다. 게다가 작업 도중 부상을 입어도 보상을 받지 못했고, 사망하더라도 가족들은 동료 노동자를 통해 그 소식을 접할 수 있을 뿐이었다. 마침

이 위대한 작업이 완료되기 전까지 캐나다의 영연방 자치령은 그저 지도상의 선에 불과할 것이다.

존 맥도날드, 캐나다의 첫 번째 총리

다량의 목재
증기 기관차가 브리티시 컬럼비아의 마운틴 크릭에 지어진 철도용 다리를 건너고 있다. 1885년에 건설된 이 다리는 목재 4,719세제곱미터를 사용해 지어졌다.

세계 시간

✦

캐나다 태평양 철도 회사의 측량가인 샌퍼드 플레밍은 아일랜드에서 기차를 놓치고 말았다. 기차 출발 시간이 오전이 아니라 오후라고 잘못 표시되어 있었기 때문이다. 이 사건 이후 그는 세계 시간을 만들기로 했다. 플레밍은 24시간으로 나뉜 시간에 착안해 표준 세계 시간을 구상했다. 그는 전 세계를 24개의 지역으로 나눴다. 지구 전체를 360도로 보면 각 지역은 360에서 24를 나눈 15도이고, 경도 15도 차이는 한 시간을 의미했다. 참신한 생각이기는 했지만 당시 그의 생각은 채택되지 못했다. 하지만 이 아이디어는 1918년에 현실화되어 현재까지 사용되고 있다.

내 철도가 완공되었지만 차별 대우는 더욱 심해졌다. 캐나다 정부가 그들에게 가족을 데려다 주겠다고 했던 애초의 약속을 저버렸던 것이다2006년, 캐나다 정부는 대륙횡단 철도 건설에 참여한 중국 이주민 노동자에게 공식적으로 감사를 표했다.

반란을 진압하다

습지대가 철도 작업자들이 놓은 기초를 잠식하는 동안어떤 구간에서는 철도를 놓기 위해 12미터에 달하는 침목을 사용하기도 했다 철도는 도날드 스미스와 조지 스티븐의 재산과 정부 보조금을 야금야금 갉아먹고 있었다. 그런데 이때 서스캐처원 주에서 예상 밖의 사건이 벌어진다. 매니토바 주를 설립한 루이스 릴이 국외로 추방됐다가 다시 돌아와 원주민과 유럽인 사이에서 태어난 혼혈인들을 모아 반란을 일으켰던 것이다. 정부는 어떻게든 이 반란을 진압하려고 안달하다가, 캐나다 태평양 철도 건설에서 큰 역할을 한 반 혼이 철도를 활용해 봉기를 진압하자고 설득하자 이에 넘어갔다. 실제로 반군의 점령지 앞에 놓인 임시 선로는 반란을 종식시키는 데 큰 역할을 했고, 철도의 혜택을 톡톡히 본 정부는 결국 자금을 더 지원하여 철도를 완공했다. 반란을 주도한 릴은 관대한 처

기관차 수리
캐나다 태평양 철도회사는 1904년, 몬트리올의 어거스에 기관차 제작소를 열었다. 이 제작소는 철도 차량을 수리하고 보관하는 일을 했다.

새로운 시대
캐나다에 지어진 3개의 대륙 횡단 철도는 이 국가에 새로운 피를 수혈해주었고, 1901년에서 1921년 사이 약 200만 명의 사람들이 이 철도를 이용해 영국에서 캐나다까지 이동했다.

분을 호소했지만 1885년, 철도 건설이 완료된 지 9일 만에 결국 참수되고 말았다.

이 무렵 태평양 철도 회사의 금고는 거의 바닥이 난 상태였으나 최초의 대륙 횡단 철도가 운행되면서 점차 수익이 발생하기 시작했고 증기선, 외륜선, 호텔, 천연가스 등으로 사업 영역을 확대해갔다. 그 후에는 도살장, 항공기, 버스, 삼림 등의 분야까지 진출했으며 캐나다 최초의 대륙 횡단 철도가 개통된 지 100년이 지나자 캐나다에서 두 번째로 큰 회사가 되었다. 이 철도회사는 캐나다 서부에 이주민들을 정착시키는 사업에도 착수했다. 해외의 지사에서 캐나다 태평양 회사만의 패키지 상품을 판매했는데, 여기에는 저렴한 임대료, 배와 특수 제작된 기차를 이용한 운송 서비스 등이 포함되었다. 물론 미국으로 이민을 가기 위해 국경을 넘는 이들도 있었지만 대륙횡단 철도가 샌프란시스코를 비롯한 서부 지역까지 연결되면서 1890년에 미국의 국경은 캐나다에서 이민자들이 넘어오는 것을 막기 위해 봉쇄되었다.

한편 캐나다 태평양 철도 회사가 정착민 사업에서 이득을 취하자 이에 확신을 얻은 윌리엄 매켄지와 도날드 만은 두 번째 대륙 횡단 철도를 건설할 토지를 매입하기로 했다. 또한 캐나다 노던 철도 회사도 밴쿠버 섬에서 노바스코샤 주의 케이프브레턴 섬까지 이어지는 철도를 운행할 계획을 세웠다. 1915년 1월에는 캐나다의 세 번째 대륙 횡단 철도가 완공되었는데, 바로 그랜드 트렁크 철도였다. 그랜드 트렁크 철도는 1867년에 주로 동부 해안가를 따라 2,055킬로미터가 넘는

퀘벡교
퀘벡교가 1919년에 개통하자 그 아래로 흐르는 세인트로렌스 강을 지나던 배들은 상대적으로 작아 보였다. 퀘벡교는 전 세계에서 가장 긴 캔틸레버(다리나 다른 구조물을 떠받치는 레버)식 철도용 다리였다.

구간에 건설되었는데 이는 당시로서 가장 긴 철도였다. 대륙 횡단 철도는 서부를 출발해 밴쿠버 북쪽에 새로 지어진 마을인 프린스루퍼트까지 운행될 예정이었다. 하지만 건설 과정에서 건설자들은 매서운 겨울과 늪지대 같은 익숙한 장애물에 부딪쳤고 측량을 나갔던 기술자들이 거친 자연을 만나 되돌아오지 못하는 사건도 발생했다. 이뿐만 아니라 세인트로렌스 강 위로 퀘벡교를 설치할 때 두 번이나 실패를 거듭하기도 했다. 그럼에도 1914년, 캐나다의 세 번째 대륙횡단 철도는 이 모든 난관을 극복하고 결국 성공리에 개통되었다.

자본 투입

런던의 투자가들이 이 대륙횡단 철도 건설에 자금을 투입했는데, 그 중심에는 찰스 멜빌 헤이즈Charles Melville Hays가 있었다. 그는 17살에 처음으로 철도 산업에 뛰어들어 고향인 미주리 주의 세인트루이스에서 오클라마 주의 털사까지 연결되는 철도 건설 작업에 참여했다. 40대 후반이 되었을 때는 캐나다에 세 번째 대륙횡단 철도를 건설하기도 했는데 안타깝게도 그는 이 철도가 완공되는 것을 보지 못하고 숨을 거두고 말았다. 1912년, 런던으로 출장을 갔다가 돌아오는 길에 그가 탄 타이타닉 호가 빙산에 부딪히면서 가라앉았던 것이다. 캐나다에 대륙횡단 철도가 건설되자 매니토바, 서스캐처원, 앨버타 등의 대초원 지역에 이주민들이 정착하게 되었다. 그곳에 정착한 농부들은 160에이커에 달하는 토지를 제공받았다. 단, 등록비 10달러를 내고 땅을 일구며 3년 동안 그곳에 산다는 조건이었다. 농부들은 사시나무로 가득 찬 녹지를 밭으로 갈아 농사를 짓는 힘겨운 작업에 매달렸는데, 1890년대에 밀 가격이 급등하고 종자가 개량되고 장비가 향상되자 이 작업은 한결 수월해졌다.

헤이즈가 건설한 그랜드 트렁크는 정부가 캐나다 태평양 철도회사에 지급했던 보조금을 거부했지만 16킬로미터에서 24킬로마다 새로운 마을을 건설해 나감으로써 자본을 확충했다. 새로 지어진 마을은 바로 전에 지어진 마을을 본떠서 표준 격자모양 도로 위에 지어졌다. 각 마을에 이름을 지어주는 일은 별로 어렵지 않았다. 철도 작업자들은 알파벳순으로 마을에 이름을 붙였다.

한편 철도가 건설되자 대형 곡물 보관창고가 지어져 철도 옆에 놓인 긴 창고를 대체했다. 예전의 창고는 비우는 것만큼이나 채우는 것도 오래 걸렸기 때문에 새로운 창고가 지어지자 효율성이 향상됐다.

1901년에서 1921년 사이에는 200만 명의 영국인이 철도 건설에 참여하기 위해 캐나다로 이민을 왔으며, 캐나다 정부는 중국과 일본 이민자들이 오는 것을 막기 위해 특별 인두세를 도입하기도 했다. 1921년에 캐나다는 자국의 철도를 국유화했고 이민 절차 또한 거의 끝나갔다. 캐나다는 철도 덕분에 한층 성숙한 국가로 발돋움할 수 있었다.

식민지 주민용 기차

✦

수많은 특별 열차가 캐나다의 대륙 횡단 철도 위를 운행했다. 1891년에는 존 케네디 대통령의 장례 열차가, 1915년에는 캐나다 태평양 철도회사의 사장 코르넬리우스 반 혼의 장례 열차가 이 철도를 지났고, 조지 6세는 1939년에 '로얄 허드슨(Royal Hudson)' 증기 기관차를 타고 이 철도를 따라 여행하기도 했다. 반면 식민지 주민용 기차는 이러한 특별 열차들보다 훨씬 단순했다. 철도 회사는 기존의 1등석 차량을 해체해 바닥에 기름을 잘 바르고 널빤지로 좌석을 만들어, 바닥으로 접어내리면 침대가 되게 만들었다. 그리고 각 차량 끝마다 화장실을 설치해 객차 한 대당 수용 인원인 72명이 이용할 수 있도록 했으며, 난방과 취사가 가능한 난로도 작게나마 설치했다. 비록 기본적인 수준을 벗어나지 못한 기차였지만 그 안에서 사랑이 이루어지기도 했고, 평생에 걸쳐 지속될 우정이 싹트기도 했다.

마지막 서부 지역
초원을 따라 철도를 놓는 모습. 철도가 지어지자 많은 사람들이 서부로 이주하기 시작했고 철도 건설자들의 상당수가 새로운 국가에 정착했다.

1892 예루살렘–자파 철도

지역: 이스라엘
유형: 군사용, 승객용, 화물용
길이: 87킬로미터

세상에서 가장 활기 넘치는 곳에 건설된 자파–예루살렘 철도는 정치적 논쟁은 피해갔으나 자동차가 등장하자 결국 몰락하고 말았다. 하지만 그로부터 100년 후, 이 철도는 중동 지역에서 신 철도 시대의 상징물이 되었다.

- ✦ 사회성
- ✦ 상업성
- ✦ 정치성
- ✦ 공학성
- ✦ 군사성

순례길

세상에서 가장 오래된 도시 중 하나인 예루살렘은 기차가 이 세상에 모습을 드러낸 지 100년이 지나서야 비로소 철도의 시대에 발맞춰나가기 시작했다. 1892년이 되어서야 오래된 항구 도시인 자파까지 이어지는 최초의 철도가 건설되었고 중동 최초의 철도역이 지어졌다. 사실 예루살렘은 유대인, 이슬람교도, 기독교인 모두에게 중요한 곳으로 철도를 건설할 경우 이 도시로 순례를 오는 사람들로부터 큰 이득을 취할 수 있었다. 하지만 1998년, 철도역과 철도가 모두 폐쇄되면서 이 계획은 현실화되지 못했다.

영국의 자본가, 모지스 몬티피오리Moses Montefiore는 예루살렘에 철도를 놓아야 한다고 시종일관 주장한 인물이었다. 그는 1827년에 처음으로 예루살렘을 방문한 후 정통파적인 삶을 살기로 결심하고그때 이후로 그는 이슬람 율법식 도축을 생활화했다 예루살렘과 자파를 연결하는 철도를 건설하자고 영국 수상 파머스톤 경을 설득했다. 하지만 영국 조사팀의 측량 결과, 철도를 건설하는 데 킬로미터 당 약 4,000파운드 정도의 비용이 예상된다고 하자 당시 예루살렘을 통치하던 오스만 제국은 비협조적으로 나왔다.

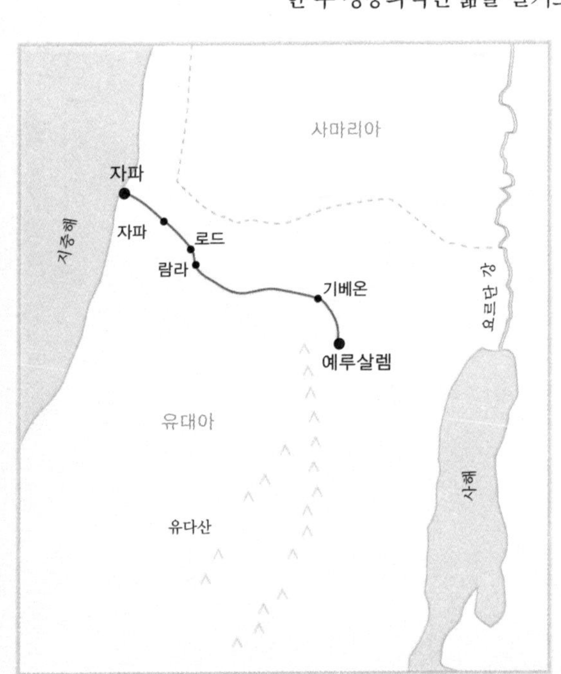

그러나 몬티피오리는 포기하지 않고 1857년

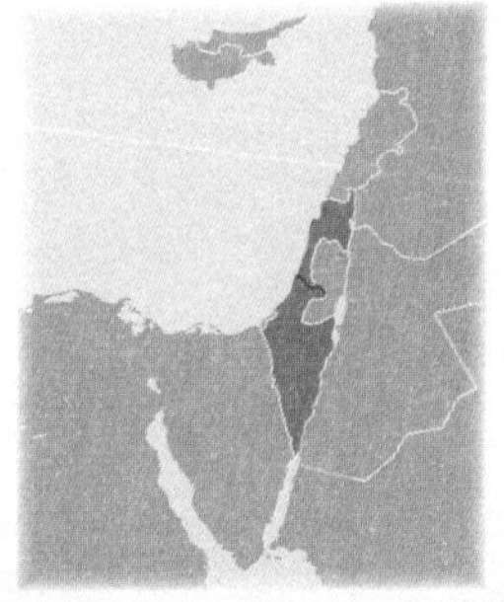

성지
영국 자본가 모지스 몬티피오리는 자파와 예루살렘을 잇는 철도를 열렬히 홍보했다

에 철도 기술자들로 하여금 그 구간을 다시 측량하도록 했다. 미국, 프랑스, 독일 기술자들도 비슷비슷한 계획안을 제안했지만 모두 지지를 얻지 못했다. 그러다 1885년 예루살렘 출신 랍비[48]의 아들, 조셉 네이본Joseph Navon이 오스만 제국의 통치자들을 설득해 마침내 철도 건설 승인을 받아냈다. 네이본은 그 길로 파리로 달려가 버나드 콜라스에게 100만 프랑을 받고 영업권을 팔았다. 이리하여 자파-예루살렘 철도는 마침내 순조로운 출발을 할 수 있었다. 철도 건설 작업이 시작되자 도움을 주는 국가들이 늘어났다. 스위스와 오스트리아 출신의 인부들, 약삭빠른 영국인 석탄 소매업자, 벨기에 출신의 철도 제작자 등이 합류했다. 미국 펜실베이니아의 볼드윈 작업장에서는 기관차를 제작했고 프랑스는 구스타프 에펠로 하여금 철교 5~6개 등을 제작하게 하는 등 거의 모든 것을 제공했다. 이윽고 프랑스의 삼색기와 미국의 성조기를 두른 최초의 기관차가 드디어 예루살렘에 입성했고, 이를 지켜보던 구경꾼 1만 명은 환호성을 질렀다. 1892년 9월, 철도는 성공리에 개통되었다. 하지만 이 기차는 속도 면에서 자파에서 예루살렘까지 말마차를 타고 여행하던 기존 여정무려 3시간이나 걸렸다과 전혀 다를 바가 없었다. 이런 이유로 기차의 개통과 더불어 화물 운송량이 증가하고 선로를 따라 마을이 생겨났지만 여행객 수는 많지 않았다. 한 여행객은 중간에 기차에서 내려 꽃을 딴 후 다시 기차를 타도 될 정도로 기차가 느리다고 말했다.

기차 전차대
증기 기관차는 예루살렘 역에서 자파로 향했다. 예루살렘에서 자파까지는 총 3시간이 걸렸다.

자파-예루살렘 철도는 정말 형편없다.

테오도로 헤르즐, 유대인 지도자

제1차 세계대전이 발발하자, 터키와 독일 동맹국은 해안가에 정박한 연합국의 함선이 자국을 폭격하는 것을 막기 위해 철도의 일부 구간을 해체했다. 그들은 후퇴하면서 다리를 전부 폭파시켰다. 그리고 이스라엘 철도회사는 아예 이 철도의 운행을 중지시켰다. 어쩌면 그 후로 고속 열차가 등장하지 않았거나 교통 체증이 심각해지지 않았더라면 자파-예루살렘 철도는 역사 속으로 영원히 사라졌을지도 모른다. 그러나 2001년, 철도를 이용하는 승객들의 수가 10년 만에 거의 세 배가 되자 이스라엘은 신 고속철도 건설 작업에 착수했고 덕분에 자파-예루살렘 철도도 수명이 연장될 수 있었다.

초고속 철도

✦

이스라엘을 비롯한 많은 국가들이 21세기에 새로운 초고속 열차를 계획했다. 하지만 현대의 철도 건설자들은 초창기 철도 건설자들과는 달리 환경적인 문제를 신경 써야 했다. 그들은 자파-예루살렘 철도의 신구간을 건설할 때 성서에 등장하는 장소인 이틀라 스트림(Yitla Stream)에 끼치는 영향을 최소화해야만 했다. 한편 중동 지역에서 정치적 긴장감이 높아지자 일부 논평가들은 이스라엘의 초고속 열차가 언젠가는 홍해와 지중해를 연결함으로써 수에즈 운하에 필적하는 규모로 성장할 거라 예측하기도 했다

1898 하이랜드 철도

지역: 스코틀랜드
유형: 승객용, 화물용
길이: 386킬로미터

+ 사회성
+ 상업성
+ 정치성
+ 공학성
+ 군사성

19세기 평론가들은 철도가 건설되면 시골 마을이 텅 비게 되고 기존의 도시 시장도 그 모습이 영영 변해버릴 거라고 경고했다. 그들의 주장은 옳았지만 그 변화는 결과적으로 마을에도 국가 전체적으로도 도움이 된 것으로 나타났다.

혼란과 고통

"철도는 사회에 비정상적인 자극을 주고, 사람 간의 관계를 파괴하고, 무역상의 온갖 규제를 뒤집어엎고, 대도시의 시장을 크게 변화시키고, 시골 마을로부터 모든 자원을 앗아가고, 온갖 종류의 혼란과 고통을 야기해 사람들의 목숨을 위태롭게 할 것이다." 이 글을 읽다 보면 1835년에 대중잡지《선데이 뉴스》의 편집자, 존 불John Bull이 철도를 비난하면서 위스키 디캔터를 쿵 하고 내려치는 소리가 생생하게 들리는 것 같다. 하지만 그는 자신이 가장 좋아하는 소고기와 위스키를 즐길 수 있는 것이 다름 아닌 철도 덕분이며 에든버러까지 43시간 걸리는 여행이 11

스코틀랜드의 자랑
스코틀랜드의 증류주 종사자들은 철도가 하이랜드까지 도달하자 자신들의 제품을 판매하기 위해 재빨리 새롭고 더 수익 높은 시장을 이용하기 시작했다.

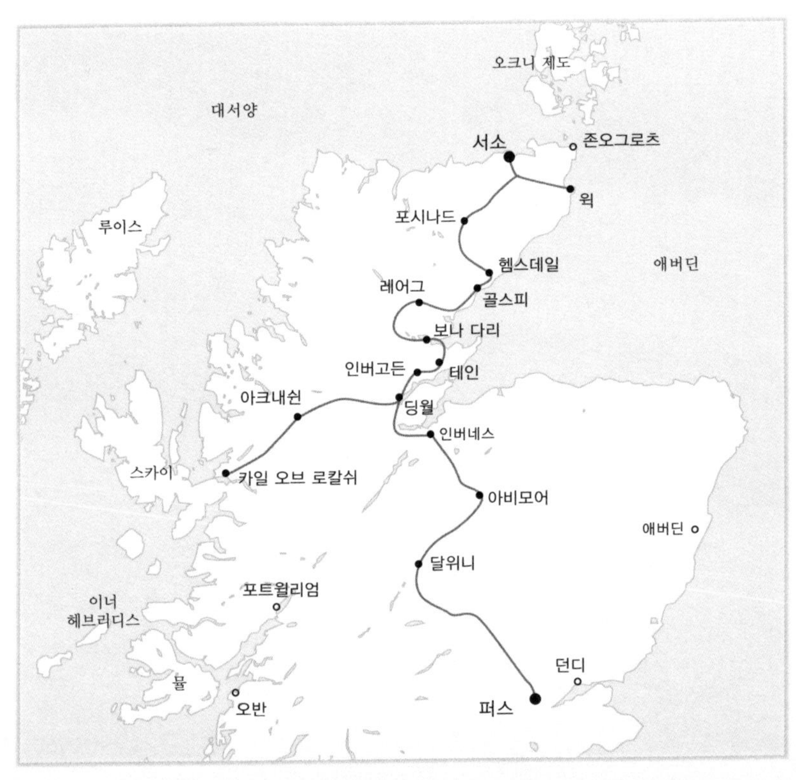

산악 지대
스코틀랜드에서 가장 긴 황야인 컬로든 위로 건설된 구름다리는 컬로든 전투가 벌어진 곳 바로 동쪽에 건설되었으며 인버네스 외곽에 위치한 네른 강을 지나갔다.

시간으로 단축된 것 또한 철도 덕분이라는 사실을 알지 못했다. 이 편집자는 철도의 위협에 대해 지적하면서도 당시 사회의 해악에 대해서는 언급하지 않았다. 당시 산업 혁명이 쇳가루 사이를 지나가는 자석과도 같이 시골 사람들을 도시로 끌어들였는데, 도시로 온 사람들 대부분은 식사를 제때 하지 못했고 거주 공간도 형편없었다. 불과 1913년까지만 해도 도심 지역에 파병된 병사들은 건강과 발육 상태가 좋지 못해 대부분이 표준 체중 이하였고 영양이 결핍된 상태였으며, 폐결핵과 구루병을 앓고 있었다. 19세기에 철도가 등장하지 않았더라면 그들의 건강은 더욱 악화되었을 것이다.

기차는 신선한 음식을 대도시로 운송하는 역할을 했다. 아마도 존 불은 교정쇄
49를 보느라 손가락에 잉크를 묻힌 채 일하는 인쇄업자와는 아주 다른 삶을 살았겠지만, 철도 덕분에 1800년대 중반에는 인쇄업자와 존 불 모두 자신들이 좋아하는 음식을 먹을 수 있었다. 철도가 등장하자 다시 시골 지역으로 자금이 몰리기 시작했고 각 주들이 수익성 높은 특산품을 생산하면서 시골의 모습이 크게 바뀌었다. 켄트는 '영국의 과수원'으로 명성을 날리게 되었고 브라질은 커피 재배로, 쿠바는 담배로, 아르헨티나는 소고기로 유명해졌다. 그 무렵 등장한 것이 주로 신선한 육류와 어류를 운송하던 하이랜드 철도였다. 먼저 인버네스 마을 사람들의 후원으로 1855년 11월, 인버네스-나이른 구간이 개통되었고 얼마 지나지 않아 남쪽으로는 퍼스까지스코틀랜드 전역의 주요 선로까지도 연결됐다, 북쪽으로는 딩월, 인버고든, 보나브리지, 골스피, 헴스데일, 윅, 써소까지, 그리고 스코틀랜드 서해안에 위치한 카일 오브 로칼쉬까지 연결되면서 1898년, 드디어 하이랜드 철도라는 이름으로 개통되었다그 후 40년 동안 선로들이 추가로 설치되어 이 철도는 총 386킬로미터에 달했다. 8월 12일50에는 특히 관광객이 붐볐는데 이날, 어쩌면 거만한 편집자 존 불은 스코틀랜드 습지에서 뇌조를 사냥하는 신사들 무리에 합류하고 있었는지도 모른다.

정신이 제대로 박힌 사람이라면 누가 철도를 따라 습기를 가로질러 이동하는 데 동의를 하겠는가?

존 불, 《선데이 뉴스》 편집자, 1835

한편 스코틀랜드의 증류주 생산자들은 처음부터 철도 건설을 환영했다. 1895년, 로스 카운티의 발베어 증류회사는 철도 근처로 공장을 이전했고 글렌피딕과 글렌모렌지 같은 유명한 증류 회사들은 철도 덕분에 시장을 확대함으로써 더욱 유명해졌다. 육류 무역 또한 철도 덕분에 크게 변화해 고산 지역에서 길러 도축된 가축들이 빠른 시일 내에 스코틀랜드의 수도, 에든버러까지 운송되었다. 겨자조차도 철도의 덕을 보았다. 1823년에 노퍽의 방앗간 주인, 예레미야 콜맨Jeremiah Colman은 으깬 겨자씨를 겨자 소스에 섞어 넣는 방법을 고안해 겨자 소스 사업을 시작하여 프랑스 디종Dijon의 유명한 겨자 소스 장인에게 도전장을 내밀었다. 그로부터 약 30년 후, 그는 공장을 노퍽 철도의 측선 근처로 이전했고, 이후 사업은 나날이 번창했다. 콜맨의 노란색 겨자 가루는 전 세계로 배송되었으며 뭄바이에서 시드니까지 대영 제국을 건설하던 이들의 입맛을 돋우는 데 한몫을 했다콜맨의 노력에 자극 받아 리처드와 조지 캐드버리 같은 사람들은 버밍험의 스터츨리 역 옆에 초콜릿 공장을 세웠으며, 헨리 테이트와 아브라함 라일은 런던의 실버타운에, 필라델피아 출신의 헨리 하인즈는 1923년, 휄즈덴에 공장을 차렸다.

콜맨의 겨자
예레미야 콜맨은 노퍽 철도 근처로 공장을 이전했다.

도시 시장

그러나 이스트 런던의 평균적인 가정은 육류나 위스키를 살 수 있을만한 형편이 아니었다. 심지어 직장이 있는 사람들조차 전당포를 자주 찾았다. 군인의 딸인 케이티는 1900년대 초반, 당시의 상황에 대해 이렇게 회상했다. "우리는 옷을 한가득 가져와서 0.5크라운[51]으로 바꿔갔다. 주말에 그 옷을 다시 찾아오려면 주중에 어떻게 해서든 0.5크라운을 벌어야만 했다." 그럼에도 불구하고 케이티처럼 불우한 처지에 있는 아이들의 건강은 점차 나아졌는데 이는 우유를 규칙적으로 마신 덕이었다. 그나마 우유는 자체적인 생산이 가능했던 것이다. 하지만 1860년대에 발생한 우열[52]과 우역[53]으로 런던의 소들이 떼죽음을 당하자 가난한 이들은 우유조차 마음껏 먹을 수 없게 되었다.

그러던 중 철도가 등장하면서 우유 배송 사업이 활기를 띠었고 가난한 이들에게도 우유가 배달되었다. 카마던셔, 펨브룩셔, 데번, 콘웰, 체셔 같이 우유 생산으로 유명한 지역은 우유 열차를 중심으로 사업을 정비하기 시작했다. 과거에 철도 산업에 종사했던 사람들마저도 이 사업에 참여하기 시작했는데, 예를 들어 웨일스 출신의 에드워드 매튜Edward Matthews는 철도 사고로 부상당했을 때 받은 보상금으로 젖소를 사서 손수레를 이용해 이웃 주민들에게 우유를 배달했다.

20세기가 시작될 무렵, 새로운 도시 시장은 하이랜드 철도를 최대한 활용하고 있었다. 빅토리아 시대 중반에는 가난한 사람들조차 기독교인들이 행하던 금요일 저녁 금주를 지키게 되어, 이들에게 청어 통조림을 운송하는 데 철도가 이용되었다. 1903년에는 어류를 빠르게 운송하기 위해 경량 철도인 '윅 앤 립스터Wick and Lybster'가 개통됐는데, 이를 이용해 운송되는 어류의 양이 너무 많아서 어유 때문에 선로가 미끌미끌해지는 바람에 기차가 정차하는 데 애를 먹기도 했다.

한편 맨체스터 셰필드-리버풀 철도 회사는 1880년대에 그림즈비 부두를 인수했고 이 부두를 통해 스코틀랜드에서 생산되는 어류의 25퍼센트를 운송했다. 그러나 철도 회사의 증기 어선 운영은 오래 지속될 수가 없었다. 고래잡이 어부들이

초고속 낙농 열차

✦

'런던 웰시 낙농(London's Welsh dairies)'은 철도 덕분에 설립될 수 있었다. 본래 이 기업은 우유를 통에 담아 판매하는 가족 사업으로 웨스트 웨일스의 낙농장에서 우유를 공급했는데 공급망은 보통 혈연을 통해 이루어졌다. 우선 농장에서 소젖을 짜서 대형 우유통에 담아 수레를 이용해 가장 가까운 그레이트 웨스턴 역으로 운반하면, 그곳에서부터는 기차가 런던과 웰시 낙농으로 우유를 배달하는 식이었다. 하지만 조지 바햄(George Barham) 같은 기업가들은 더 큰 욕심이 있었다. 그는 런던에 '익스프레스(express)' 낙농 회사를 설립했으며, 그레이트 웨스턴과 그레이트 서던 철도를 이용해 사우스 런던에 위치한 그의 병조림 공장으로 우유를 운송했다.

우유 열차
조지 바햄 같은 기업가들은 초고속 열차를 활용해 스코틀랜드 북부와 서부에서 생산되는 우유를 런던의 시장으로 운송했다.

홉 따러 가는 길
매년 가을, 홉을 따는 사람들을 태워 나르는 기차가 런던에서 운행되었다. 하루에 많게는 26대의 기차가, 한 대당 350명가량의 사람들을 태우고 호스몬덴으로 향했다.

고래를 너무 많이 죽이는 바람에 북해의 어류가 거의 사라질 지경에 이른 것이다. 하지만 어류가 사라지기 전에 피시 앤 칩스[54]가 스코틀랜드의 대표적인 음식으로 자리를 잡은 덕분에 일거리가 끊기는 불상사는 일어나지 않았다. 1860년대에도 피시 앤 칩스를 파는 가게들이 잉글랜드 북부지방에 있었지만, 사실 튀긴 물고기와 감자는 스코틀랜드의 해안가 마을 사람들에게 더 친근한 음식이었다. 그리하여 철도를 이용해 물고기와 감자를 운송하면서1920년까지 약 220만 톤의 물고기와 감자가 매드랜드와 링컨셔에서 운송됐다 전통적인 피시 앤 칩스가 생겨났다.

국유화된 맥주

부자나 가난한 이 모두가 즐길 수 있는 것은 포터 맥주porter였다. 강한 흑맥주인 포터 맥주는 맥주통을 옮기던 힘센 짐꾼들포터을 기려 이름 지어졌다고 한다. 그들은 포터 맥주를 오랜 기간 보존하기 위해 세게 흔들었고, 좋은 맛을 내기 위해 약한 맥주와 혼합하기도 했다. '엔타이어entire'라고도 알려진 이 맥주는 최초로 상업화된 맥주 중 하나로 철도를 이용해 먼 곳까지 운송되었다. 1800년대 후반에는 각 지역별로 맥주 공장이 존재했지만 대부분의 맥주가 국유화되었다. 따라서 한 곳에서 양조된 맥주는 철도를 이용해 전국의 직판점으로 보내졌다. 대부분의 맥주

맥주 무역
철도 시대에 맥주 무역은 호황이었다. 철도 덕분에 큰 맥주 공장들은 국내 및 국외 맥주 시장을 점령했으며, 작은 맥주 공장들을 인수할 수 있었다.

사라진 기관차
하이랜드 철도 위를 달리던 '벤 클래스' 증기 기관차가 딩월역에 세워진 화차 뒤에 서 있다.

가 생산된 곳은 버튼 온 트렌트Burton on Trent였다. 그곳에서는 배스Bass, 아서 기네스 앤 썬Authur Guinness & Son 같은 대형 맥주 공장 주위로 철로가 뱀처럼 뻗어나갔다. 이는 공장에서 제조되는 맥주를 주요 철도로 운송하기 위해 지어진 간선 철도였다. 철도는 맥주와 홉[55]을 운송했을 뿐만 아니라 홉 따는 사람들을 홉 밭으로 데려다 주기도 했다. 1800년대 말, 영국에는 켄트, 헤리퍼드셔, 우스터셔를 중심으로 7만 에이커가 넘는 홉 밭이 있었다. 매년 가을, 런던 동부, 웨일스의 석탄 광산과 버밍엄 등 가난한 도시 지역지에서는 홉을 따는 사람들을 태운 특별 기차가 홉 밭으로 향했다.

철도는 제1 · 2차 세계대전 동안 스코틀랜드에 주둔한 군대에 맥주를 제공하는 데에도 큰 역할을 했다. 제1차 세계대전 당시 영국 함대는 오크니 제도의 스캐퍼 플로에 주둔하고 있었는데, 이들에게 증강 병력, 무기, 군수 물품 등을 운송할 수 있었던 것은 철도 덕분이었다. 하지만 철도는 제1 · 2차 세계대전 동안 지나치게 많이 사용된 데다 관리를 소홀히 한 탓에 망가질 대로 망가져 지선의 상당수가 1963년에 이미 봉쇄됐다. 결국 정부는 비칭 경의 조언을 받아들여 하이랜드 철도를 영원히 없애버릴 계획을 세웠다. 1898년이 되자 철도는 원래의 기본적인 철도망으로 복구됐고, 우유, 육류, 위스키 등의 운송은 도로가 담당하게 됐다.

시골 기차역

✦

농부인 아서 벨라미는 자신의 농촌 생활이 철도를 따라 펼쳐졌다고 기록했다. "하루에 여객 철도 6대가 운행되었으며, 소, 양, 돼지, 밀짚, 사탕수수, 광물, 케이크, 슬래그 등 모든 것이 철도를 통해 운송됐다." 하지만 철도 회장인 리차드 비칭 경이 철도역 2,000개를 폐쇄하면서 폴리에 역과 로스-온-와이 헤리퍼드 철도가 1960년에 문을 닫게 되었다. 그로부터 55년 후, 승객의 수가 증가하고 그 지역에 자동차와 트럭이 넘쳐나자 많은 사람들이 비칭 철도가 사라진 것을 안타까워했다.

1902 발텔리나 철도

지역: 이탈리아
유형: 승객용
길이: 106킬로미터

- 사회성
- 상업성
- 정치성
- 공학성
- 군사성

200년 동안, 기차를 운행하는 데 이용된 수단은 인력, 마력, 풍력에 이어 증기에 이르기까지 실로 다양했다. 하지만 20세기가 되자 새로운 동력이 등장했는데, 바로 전기였다.

활기를 주다

1840년, 스코틀랜드의 기차 보관소에 몰래 잠입한 강도들이 노린 것은 현금이 담긴 상자가 아니었다. 그 강도들은 사실 철도 작업자들로, 그들이 찾고 있는 물건은 바로 '갈바니Galvani', 즉 로버트 데이비드슨이 제작한 전기 기관차였다. 그들은 '갈바니'를 발견하자마자 망치로 때려서 부숴버렸다. 데이비드슨은 이탈리아 과학자, 루이지 갈바니를 기리기 위해 자신이 만든 기관차에 그의 이름을 붙였다. 루이지 갈바니는 볼로냐에 태어난 물리학자로 자신을 가르치던 대학교수의 딸과 결혼했다. 덕분에 그는 볼로냐 대학에서 일할 수 있는 기회를 얻었고 1770년대에는 생체전기를 발견했으며, 전기 충격이 신경계에 큰 영향을 끼친다는 사실을 발견했다. 특히 전기 자극을 통해 죽은 개구리의 다리가 움찔거리는 그의 실험은 세간의 화제가 되었다.

로버트 데이비드슨Robert Davidson은 애버딘 출신의 발명가로, 배터리로 구동되는

롬바르디아
기관차가 향후 전기의 힘으로 운행될 거라는 사실은 명백했다. 칼만 컨도는 북부 이탈리아 철도 회사에서 일하며 이것이 현실화되는 데 힘썼다.

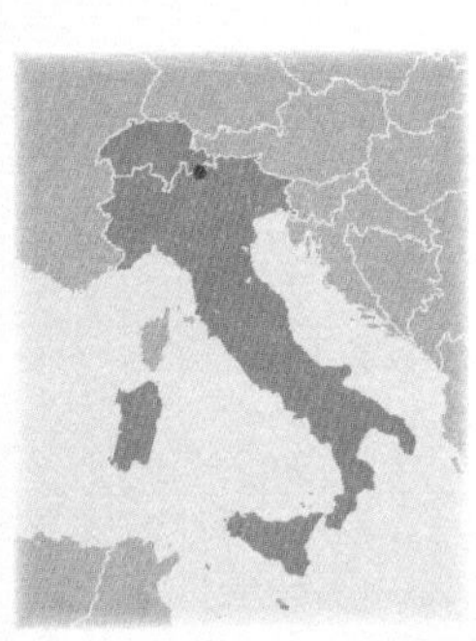

흥미로운 발명품
칼만 컨도의 전기 기관차는 볼품없는 외관에도 불구하고 철도의 역사를 바꾸는 데 큰 기여를 했다.

사륜 기관차 '갈바니'를 발명했다. 그는 에든버러-글래스고 철도에서 이 기차를 시험 운영했는데 기차의 속도는 시속 6.4킬로미터로 나쁘지 않았다. 신기술에 반대하는 이들은 이 전기 기관차의 등장에 우려를 표했지만 '갈바니'는 증기 기관차에 큰 위협이 되지는 않았다. 이 전기 기관차는 1879년, 베를린 전시회 관람객을 위해 레어테 역 옆에 공원에 지은 짧은 구간의 철도에서만 운행되었기 때문이었다. 레어테 역에서 하노버 역까지는 증기 기관차가 운행되었지만 일요일에 소풍을 나온 독일 가족들은 증기 기관차가 아닌 전기 기관차 덕분에 공원을 구석구석 잘 여행할 수 있었다. 이 기차를 제작한 베르너 폰 지멘스Werner von Siemens는 1840년대에 지멘스-할스케 사를 설립했으며 장거리 전신선을 개발해 철도 선로 옆에 부설한 것으로 명성이 자자했다. 그는 서리 지역의 고달밍이라는 마을에 세계 최초의 전기 가로등을 도입했으며, 전기 견인차가 성공을 거두자 1881년에는 베를린 최초의 전기 전차 궤도를 설치하기도 했다.

> 나의 어린 시절은 암흑시대였다. 당시에는 눈풀 양초, 수지, 벽난로 빛이 실내조명을 위한 주요수단이었기 때문이다.
>
> **조제프 스완**, 전기 필라멘트 램프를 특허 낸 발명가
>
> <일렉트리션>, 1893

그로부터 2년 후, 브라이턴의 기술자 마그누스 볼크Magnus Volk가 전기 기관차를 선보였으며, 오스트리아에서는 빈 근처의 뫼들링이라는 마을에 전기 전차와 철도를 도입했다. 스위스는 석탄이 부족했지만 수력 전기는 풍부했던 터라 전기 기관차의 발전 과정에 남다른 관심을 보였다. 이후 스위스는 만장일치로 철도를 국유화한후, 1904년에 시바흐와 베팅엔 사이에 '에바Eva'라는 이름의 꽤 복잡해 보이는 전기 기관차를 시험 삼아 운행했다. 그리하여 1913년에는 가장 화려한 전기 철도가 알프스를 관통해 운행되기 시작했고 1919년이 되자 전체 철도망을 전기화하기로 결정되었다. 하지만 모든

개척자
거대한 볼티모어-오하이오 전기 기관차가 1896년, 로열산 역에서 출발해 유명한 로열 블루 철도로 향하기 위해 대기하고 있다.

것이 전기화되는 바람에 발생하는 문제들도 있었다. 예를 들어 2005년에 발생한 정전으로 전체 전기 시스템이 일시적으로 중지되는 바람에 기차 1,500대와 승객 20만 명의 발이 묶인 사건이 있었다.

한편, 1890년대 미국에서 호워드 스트리트 터널이 연기와 증기로 가득 차는 바람에 볼티모어-오하이오 철도 운영에 차질이 생기자 이곳의 철도 관리자들은 전기 기관차를 주문할 수밖에 없었다. 이 기관차는 증기 기관차보다 9배나 무거웠고, 9배나 강력했다. 그 무렵 전기 기관차 제작에 열을 올리던 또 다른 회사가 있었으니, 바로 부다페스트에 본사를 둔 건즈 전기 회사였다. 건즈에서 일하던 칼만 컨도Kálmán Kandó는 전기 기관차의 효율성을 높이려면 모든 전기를 기차 스스로 생산하기보다는 공중망에서 끌어다 써야 한다는 사실을 파악한 초창기 기술자 중 하나였다. 마침내 그는 1902년, 스위스와 국경을 마주하고 있는 이탈리아 북부의 롬바르디아 지방에 위치한 발텔리나 계곡에서 세계 최초의 고압 전기 철도를 건설하기에 이른다.

당시 이탈리아는 19세기에 시작된 철도 경쟁에서 다른 유럽 국가들을 따라잡기 위해 고군분투하고 있었다. 그리고 1861년에 이탈리아 반도의 왕국들이 통합되고 나서야 기존 2,148킬로미터의 선로에 1,609킬로미터의 철도가 추가로 설치될 수 있었다. 이탈리아 국민들은 철도 덕분에 국가가 통합되었다고 생각하여 철도 회사들이 더 많은 철도를 건설할 수 있도록 후한 보조금을 지급했다. 덕분에 빠른 시일 내에 이탈리아 전역에 철도가 건설될 수 있었다. 1863년에는 나폴리에서 로마까지, 1864년에는 피렌체에서 밀라노까지, 1866년에는 로마에서 피렌체, 베로나에서 갈바니의 고향인 볼로냐까지, 1867년에는 오스트리아의 인스브루크까지 철도가 연결됐다. 하지만 도급업자들은 철도를 건설하기보다는 보조금을 받는데 더 급급했다. 이 문제를 시정하기 위해 이탈리아 정부는 철도 회사 3곳이 모든 철도 건설을 도맡아 진행하도록 했다. 바로 '오포 이탈리아 철도', '로

고산 지역을 달리는 열차
장크트모리츠에서 출발해 티라노로 향하는 전기 기차가 2011년, 베르리나 철도 위의 설원을 달리고 있다.

마 철도'중앙 철도망과 피렌체-로마-나폴리 철도를 담당했다, '칼라브리안-시칠리아 철도 회사'였다. 후에 '스트라데 페라테 메리디오날리' 회사가 추가되어 아드리아 해안가에 새로운 철도를 개통했으며, 1860년대에는 이탈리아 볼로냐와 레체를 잇는 철도가 개통되었다. 발텔리나 철도가 개통된 지 3년 후, 정부는 이탈리아의 철도 건설을 맡은 회사들을이 중 두 회사는 경제적 문제 때문에 이미 다른 회사로 교체되었다 국유화하기로 결정했고, 마침내 이탈리아 국철 회사가 이들을 인수했다.

그런데 이탈리아인들의 전기 기관차에 대한 사랑은 여기서 끝나지 않았다. 건즈 철도 회사와 지멘스-할스케 철도 회사 모두 계속해서 전기 기관차를 개발했던 것이다. 1903년, 지멘스-할스케사가 개발한 전기 기관차'전기 멀티플 유닛(EMU)'이라는 멋진 이름이 지어졌다는 독일의 마리엔펠트와 초센 사이에 놓인 철도를 따라 시속 211킬로미터로 운행했다. 한편 이탈리아 국철 회사는 1937년, 새로운 전기 기차 '일레트로트레노Elettrotreno'를 선보였다. '일레트로 트레노 200Elettrotreno 200'은 공기역학을 이용하는 귀뚜라미처럼 앞부분을 간소화한 형태로 제작되었고, 볼로냐와 밀라노 사이에 건설된 뽄떼누레-피아젠차 철도 위를 무려 시속 203킬로미터라는 기록적인 속도로 운행했다. 이 기차의 운전사가 이탈리아 독재자 베니토 무솔리니라는 설이 있었지만, 사실무근이었다. 무솔리니는 국가의 자랑거리인 이 기차를 뉴욕에서 열린 세계박람회에 출품했다. 덕분에 '일레트로 트레노'는 펜실베이니아의 거대한 실험용 기차인 '빅 엔진Big Engine'과 함께 대중의 관심을 한몸에 받았지만 여기서 행보가 그치고 말았다. 전쟁이 발발해 연합국의 폭격으로 수많은 기차들이 파괴됐던 것이다. 뿐만 아니라 전쟁 기간에 기차의 내부 설계를 맡았던 주세페 파가노Giuseppe Pagano 또한 목숨을 잃고 말았다. 그는 저항 운동을 하기 위해 무솔리니의 파시스트 정권을 떠났지만 붙잡혀서 고문을 받은 끝에 1945년, 독일 강제 수용소에서 숨을 거두었다. 전쟁이 끝난 후 한때 유럽에서 가장 빨랐던 이탈리아의 멋진 전기 기차는 1990년대까지 계속해서 운행되었다.

볼크 전기 철도

✦

영국의 브라이턴에 위치한 볼크 전기 철도(Volk's Electric Railway)는 전 세계에서 가장 오래된 전기 철도로 1883년 8월 3일에 개통했다. 브라이턴 회사의 전기 기술자, 마그누스 볼크(Magnus Volk)가 이 철도를 설계했는데, 그는 전기를 생산하는 기차역도 설계하여, 기차에 동력을 제공하도록 했다. 볼크가 설계한 철도는 상당한 인기를 끌었다(특히 이 철도가 마을의 아름다운 해안가까지 운행될 거라는 소문 때문에 더욱 그랬다). 이 철도가 개통된 지 5일 후에는 수력 전기의 힘으로 움직이는 전기 철도가 북아일랜드의 자이언츠 코즈웨이까지 운행되었다.

1904 케이프-카이로 철도

지역: 아프리카
유형: 승객용, 화물용
길이: 2,641킬로미터

세실 로즈가 '아프리카 트렁크 라인'을 건설하겠다는 꿈을 이룩했더라면 이는 아마 세상에서 가장 긴 철도가 되었을 것이다. 하지만 그의 야심 찬 계획은 실패로 끝나고 말았다.

+ 사회성
+ 상업성
+ 정치성
+ 공학성
+ 군사성

우월한 인종

빅토리아 시대에 가장 영향력 있는 사상가 중 하나인 존 러스킨은 철도를 좋아하지 않았다. 그는 "바보들은 언제나 거리와 시간을 단축하길 좋아한다. 하지만 현명한 사람들은 둘 다 연장시키고자 한다."고 말하기도 했다. 그래서 친구 윌리엄 워즈워스가 레이크 디스트릭트에 철도를 놓는 계획에 반대하자 그도 재빨리 이에 동의하고 나섰다. 하지만 그런 러스킨이 옥스퍼드 대학에서 한 연설은 의도치 않게 아프리카에서 가장 야망 있는 철도 건설자, 세실 로즈Cecil Rhodes에게 큰 감명을 주었다. 이 연설에서 러스킨은 제국의 의무에 대해 얘기했는데, 그가 대학생들에게 영국이 망하지 않으려면 "식민지를 가능한 한 빨리, 멀리서 찾아야 하며, 발이 닿는 곳이라면 그 어떤 불모지라도 식민지로 삼아야 하고, 식민지 주민들에게 영국의 힘을 키우는 것이 이 모든 식민지 정책의 첫 번째 목적이라는 것을 가르쳐야 한다."고 말한 대목이 로즈의 마음을 움직였던 것이다.

로즈의 조각상
1892년, 《펀치 매거진》은 세실 로즈가 케이프타운에서 카이로까지 전신선을 놓는 모습을 담았다. 이 전신선은 그가 제안한 2,641킬로미터에 달하는 철도를 지나갈 예정이었다.

세실 로즈는 1853년, 영국 성직자인 허트포드셔의 아들로 태어났다. 1870년에 그는 남아프리카공화국에 가서 형이 운영하던 목화 농장에서 일하다가 사업이 망하자 케이프 주 남쪽에 위치한 킴벌리라는 다이아몬드 산지로 갔다. 그리고 거기서 소규모의 소작지와 탄광을 몇 개 사들여 다이아몬드 지분을 늘려가다가, 마침내 드비어스 광산 회사를 설립했다. 한때 이 회사는 전 세계 다이아몬드 시장의 90퍼센트를 점령하기도 했다. 로즈는 러스킨의 연설에 감동을 받아 아프리카 대륙을 횡단하는 철도를 건설하겠다는 야심 찬 계획을 품었다. 그는 "만약 신이 있다면 내가 아프리카 땅에 영국의 흔적을 가능한 한 많이 남기기를 원할 것이다."라고 말하기까지 했다. 그는 북쪽의 케이프타운에서 출발해 남아프리

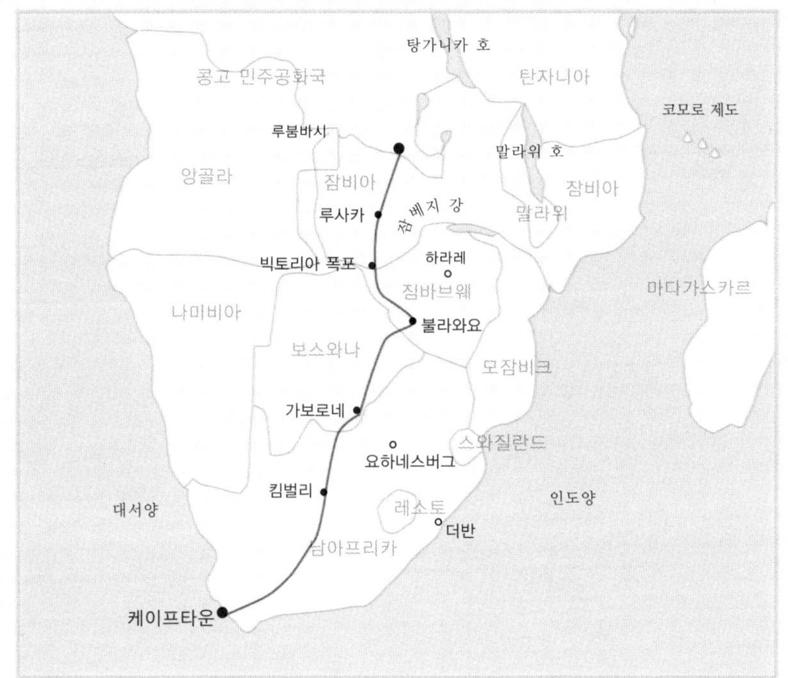

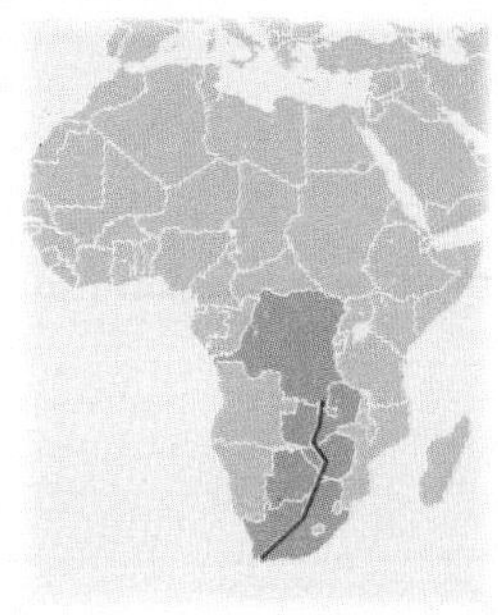

로즈의 철도
세실 로즈는 아프리카 대륙의 남에서 북까지 철도가 건설되기를 꿈꿨지만 그의 야망은 끝내 실현되지 못했다. 그가 제안한 철도의 남쪽 종점이 지도상에 빨간 선으로 표시돼 있다.

카, 보츠와나, 짐바브웨, 잠비아, 탄자니아, 우간다, 수단, 이집트를 통과한 후 아랍 세계의 중심지인 카이로까지 도착하는 총 9,173킬로미터의 직선 구간을 건설할 계획이었다. 하지만 당시에는 영국을 비롯해 독일, 포르투갈, 프랑스 등이 아프리카 대륙에 자신들만의 식민지를 세우는 데 여념이 없었으므로, 식민지를 차지하려는 다툼이 벌어지는 와중에 로즈의 철도 건설 계획은 실패로 돌아가고 만다.

아프리카 트렁크 라인

1905년, 세실 로즈가 구상한 케이프타운-카이로 철도가 빅토리아 폭포까지 연결되었다. 거세한 수소가 끄는 짐수레를 이용해 이 구간을 이동하는 데에는 무려 6개월이 걸렸지만 철도가 개설된 후로는 고작 며칠이면 이동이 가능했다. 로즈가 보기에 아프리카는 마지막으로 남은 가장 큰 식민지 대륙이었다. 광물 또한 풍부해서 철도를 건설할 경우 그곳의 광물을 유럽으로 쉽게 운송할 수 있었다. 또한 그곳에 거주하는 흑인들을 하인으로 고용할 수도 있었다. 로즈는 유언장에 이렇게 썼다. "나는 우리가 이 세상에서 가장 우월한 인종이며 우리가 거주하는 곳이 많아지면 많아질수록 이 세상은 인류에게 바람직한 곳이 될 거라고 생각한다."

그는 옥스퍼드 출신의 옛 친구, 찰스 메트캐프와 만나 케이프타운-카이로 철도 건설에 착수했다. 찰스 메트캐프Charles Metcalfe는 당시 남아프리카에서 일하며 킴벌리-프라이벅 구간을 측량하고 있었다. 한편 국영 기업인 케이프타운 정부 철도 회사는 1874년에 사기업이 건설한 철도 중에서 고작 92킬로미터짜리 철도만을 인수한 상태라 새로운 철도 건설 작업이 시급한 상태였다. 결국 이 회사는 1885년에 킴벌리의 다이아몬드 산지와 그곳에서 1,041킬로미터 떨어진 케이프타운을 연결하는 철도를 건설했고, 케이프 주에 2,000킬로미터에 달하는 철도를 추가로 건설하기도 했다. 로즈와 메트캐프는 이 철도를 프라이벅까지 연장시키는 것이 그들의 '아프리카 트렁크 라인케이프타운-카이로 철도라는 이름을 지은 것은 런던 신문《데일리 텔레그래프》의 편집자였다' 철도 건설의 시작이라고 보았다. 매트캐프는 로즈의 야심 찬 계획에 전적으로 동의했다. 그는 "결국 철도는 케이프타운에서 카이로까지 연결될 것이다. 그리고 이 철도는 아프리카 대륙의 중심부에 문명을 전해줄 것이다."고 말했다. 로즈가 1893년에 프라이벅까지 철도를 연결한 후에는 조지 폴링George Pauling이 등장해 이 철도를 마페킹까지 155킬로미터를 더 연장했다.

빅토리아 폭포

✦

케이프타운-카이로 철도가 빅토리아 폭포까지 연결되자 케이프타운 철도 회사는 호화로운 철도 여행을 홍보하기 시작했다. 이 회사는 여행객들에게 지루한 독일의 바덴을 떠나 잠베지 혹은 아프리카 익스프레스 철도를 타고 빅토리아 폭포로 여행을 떠나라고 설득했다. 잠베지는 벼랑 끝에 서 있는 마을로 그 아래에는 무지갯빛 안개가 자욱한 곳이었다. 여행객들은 밤이 되면 빅토리아 폭포 호텔의 발코니에서 야생 동물들의 포효소리를 들을 수 있었고, 낮에는 기린과 코끼리(기차가 가끔 이들을 치기도 했다)를 보면서 여행의 즐거움을 만끽할 수 있었다.

서서히 멈추다

폴링은 매트캐프와 로즈처럼 아프리카에 갑자기 등장한 남자였다. 건장한 체구에 샴페인과 푸짐한 식사를 즐겼던 그는 1877년, 스무 살이 되던 해에 형과 함께 아프리카에 와서 1881년에 이스턴 케이프 주에 있는 포트 알프레드에 105킬로미터에 달하는 철도를 건설했다. 또한 우스터와 뷰포웨스트 사이 61미터에 달하는 철도를 건설하는 작업을 맡는 등그는 영국과 프랑스 사이에 놓인 바다 아래 터널을 뚫어달라는 요청도 받았다 철도 관련 작업을 끊임없이 수행했다. 그 후 18년 동안, 폴링은 케이프타운-카이로 철도 중 보츠와나, 짐바브웨, 잠바이를 지나 콩고의 엘리자베스빌루붐바시까지 총 2,500킬로미터에 이르는 구간을 건설했다. 그러나 콩고의 엘리자베스빌을 끝으로 케이프타운-카이로 철도는 더 이상 나아가지 못했다. 결국 이곳이 철도의 종착역이 된 것이다.

한편 폴링은 마페킹에서 불라와요에 이

마차
마케핑에서 불라와요까지 철도가 개통되기 전까지, 사람들은 지더버그의 마차를 이용해 이 구간을 이동했다. 이 여정은 자그마치 닷새나 걸렸다.

르는 구간도 연결하고자 했다. 당시 이 구간을 이동하는 가장 빠른 방법은 도엘 지더버그가 개발한 마차를 이용하는 것이었다. 남아프리카인인 지더버그는 자신이 미국에서 제작한 마차를 마페킹 철도역의 끝에 갖다 놓았는데, 많게는 12명가량의 승객을 수용할 수 있었다. 승객들은 1.5킬로미터 당 9펜스에서 1실링이라는 비싼 요금을 냈지만 노새 몇 마리얼룩말이 마차를 끌도록 시험해보았으나 성공하지 못했다가 이끄는 이 마차는 총 여정이 닷새에서 엿새나 걸리는 데다 불편하기 짝이 없었다. 특히 볼라와요에 도착하는 데 걸리는 시간은 마차가 도중에 얼마나 자주 전복되는지와 저항 운동을 하는 마타벨레족들 간의 정치적 상황에 달려있었다. 마침 조지 폴링이 마차를 탔을 때는 불라와요에 도착하는 데 훨씬 더 오래 걸렸다. 마타벨레족의 요새를 지나 밤새도록 달렸는데도 총 아흐레나 걸린 것이다. 게다가 우역이 창궐해 수천 마리의 가축이 죽어 나가자 여행은 견딜 수 없는 지경에 이르렀다. 우역 때문에 지역 경제가 악화되었을 뿐만 아니라 사람과 물건을 마페킹에서 불라바요까지 운송하는 비용 또한 급증했다. 이러한 상황에서 백인 정착민들은 그 어느 때보다도 철도가 건설되기를 간절히 바라게 되었고 그들의 소원을 이뤄준 이가 바로 조지 폴링이었다.

로즈는 폴링이 그 구간을 가능한 한 빨리 완성시키기를 바랐

세실 로즈
《배니티 페어》에 실린 드비어스 다이아몬드 회사 창립자의 모습. 세실 로즈는 영국이 아프리카에 식민지를 건설하는 것을 적극적으로 지원했다.

힘겨운 작업

✦

폴링은 인도양 연안에 위치한 '모잠비크의 베리아와 포트 솔즈베리(훗날 짐바브웨의 수도인 하라레까지)'를 연결하는 가장 힘겨운 철도 건설 작업 중 하나에 착수했다. 로즈는 케이프타운과 인도양을 연결짓는 베리아 철도야말로 케이프-카이로 철도에서 가장 핵심적인 구간이 될 것이라고 보았다. 1892년에 개통된 이 철도는 좁은 궤간을 채택한 철도 중 세상에서 가장 긴 철도가 되었다. 하지만 파나마 철도나 웨스턴 가트 철도와 마찬가지로 건설 과정에서 상당히 애를 먹었는데 감소율**56**이 30퍼센트에서 60퍼센트에 달했으며 말라리아가 발생해 상당수의 인부가 사망하고 말았다.

는데, 1897년 11월에 마침내 마페킹에서 불라바요까지 철도로 이어지게 되었다. 철도가 건설되자 지더버그의 마차는 운행을 멈추었으며 케이프타운 정부는 케이프타운에서 불라와요의 넓은 대로노새가 끄는 짐수레의 행렬이 도로에 등장하자, 로즈가 설립한 브리티시 사우스 아프리카 회사가 이 노새 아홉 마리를 수용하기 위해 도로를 넓히는 작업을 했다까지 이어지는 철도를 홍보하기 시작했다. 이때부터 케이프타운에서 불라와요까지 기차로 이동하는 데는 고작 닷새 반밖에 걸리지 않았다.

키신저의 철도

한편 대륙의 남쪽에서는 영국의 키신저 경이 카이로에서 출발하는 철도를 활용해 찰스 고돈 장군의 죽음을 되갚기 위한 준비를 하는 중이었다. 고돈 장군과 수비대는 수단의 수도인 가르툼을 차지했지만, 1884년에 무함마드 아마드의 군대의 공격을 받아 목숨을 잃고 말았다. 그로부터 4년 후, 키신저 경은 옴두르만까지 927킬로미터에 달하는 철도를 건설했으며, 맥심 기관총을 들고 철도를 따라 이동해 아마드의 후계자인 압둘라-알-타시와 그의 군대를 살해했다. 그는 건설 작업에 착수하기 불과 몇 주 전에 세실 로즈를 만났고, 케이프-카이로 철도에 채택한 궤간과 같은 궤간을 적용하자는 로즈의 말에 설득당했다. 키신저의 기술자는 40도가 넘는 사하라 사막을 건너기 위해 세실 로즈의 기관차를 활용했다. 철도는 계속해서 남쪽으로 확장됐고 1,965킬로미터를 더 가, 코스티까지 이어졌다.

한편 폴링은 북쪽으로 빅토리아 폭포까지 철도를 연결하는 작업을 계속했지만 보어 전쟁이 발발하고 세실 로즈가 사망하자 작업은 더 이상 진전되지 않았다. 1905년, 빅토리아 폭포 위로 빅토리아 다리가 완공되자 이를 구경하기 위해 군중들이 몰려들었다. 이 다리가 붕괴될 거라는 소문이 나돈 직후라 더욱 그랬다. 영국 달링턴에 위

동일한 궤간
키신저 경은 세실 로즈의 말에 설득당해 카르툼까지 연결되는 수단의 군사 철도에 케이프타운-카이로 철도와 같은 궤간을 적용했다.

치한 클리블랜드라는 회사아프리카 철도의 또 다른 수혜자였다가 건설한 이 다리는 열과 금속 철재의 팽창 문제를 해결하기 위해 손을 본 뒤, 만우절에 개통을 시작했다.

폴링은 여기서 멈추지 않고 철도를 중앙아프리카까지 확장시켰다스코틀랜드 광산 기술자 로버트 윌리엄스가 초반에 자본을 댔다. 그는 카탕가에서 구리 매장층을 발견해서 상당한 돈을 벌었다. 1906년, 폴링은 루사카라는 마을을 발견해 케이프타운에서 3,218킬로미터떨어진 이 마을까지 철도를 연결했으며 또 혼자 힘으로 콩고의 부카마까지 철도를 놓았다. 그리고 여기에서 그의 작업은 끝났다.

위태로운 횡단
증기 기관차 한 대가 보츠와나와 짐바브웨 국경에 위치한 프란시스타운 근처의 사수 강을 건너고 있다.

아프리카 대륙에 지어진 케이프-카이로 철도는 두 종점이 결국 만나지는 못했지만로즈는 증기선과 페리가 작업을 완료해 줄 거라 생각해서 굳이 이 두 종점을 만나게 하려고 하지 않았는지도 모른다 눈부신 성과물인 것만은 틀림없었다. 게다가 로스가 예측한 대로 이 철도가 지어진 이후 수많은 철도가 뒤따라 건설됐다. 그중 대표적인 것이 마타디에서 킨샤사에 이르는 386킬로미터 구간과 앙골라를 가로지르는 벵겔라 철도다.

케이프-카이로 철도는 완공되지 않은 최초의 대륙 횡단 철도였다. 앞서 언급했듯이 각국 사이에 식민지를 두고 벌어진 싸움독일은 동아프리카를, 포르투갈은 앙골라와 모잠비크를, 프랑스는 북아프리카를 각각 식민지로 삼았다도 철도 건설이 실패로 끝나는 데 한몫했다. 영국은 제1차 세계대전에서 독일이 패전하면서 아프리카를 차지하게 되어 철도 건설을 완료하려고 했지만 이를 현실로 옮기려는 정치적 의지가 부족해 실패했다. 그 후 아프리카를 남북으로 연결하는 이 대륙 횡단 철도를 복구하자는 계획이 재차 제안되었으나 이 철도는 끝내 완공되지 못했다.

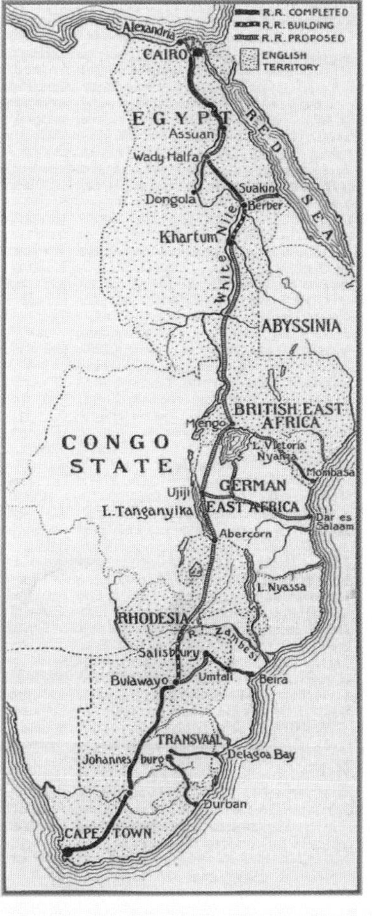

실현되지 못한 꿈
대륙횡단 철도를 건설해 아프리카를 남북으로 연결하겠다는 로즈의 계획은 1900년대 초, 결국 무산되었다.

1909 징장 철도

지역: 중국
유형: 승객용, 화물용
길이: 195킬로미터

21세기에 중국의 철도는 이 세상에서 가장 많은 승객과 화물 운송을 담당하고 있다. 하지만 1876년, 중국에 최초로 철도가 개통되었을 때는 이에 반대하는 시위가 발생하기도 했다.

✦ 사회성
✦ 상업성
✦ 정치성
✦ 공학성
✦ 군사성

중화전국 철도

2009년 1월, 중국의 새해인 춘절 기간에 폭설이 내려 10만 명의 이동객들이 광저우 역에 발이 묶이고 말았다. 군인들과 예비군이 나서서 선로의 눈을 치운 후에야 중국 남부 지방의 기차가 운행을 시작할 수 있었다. 춘절 기간에 이동하는 일은 예전에도 결코 쉽지 않았다. 일주일에 달하는 연휴 기간에 철도 운영 횟수가 20억 번이 넘을 정도이니, 대략 짐작이 갈 것이다. 방학을 맞이한 학생부터 가족들을 보기 위해 시골로 이동하는 사람들에 이르기까지 해마다 이 기간에는 수많은 사람들이 철도를 이용했다당시 중국 인구는 15억 명 이하였다. 추가로 기차와 버스를 운행하고, 광장에 임시 매표소를 설치해도 춘절 기간에 이동하는 여행객을 감당하기는 버거웠다.

그런데 2010년, 이 여행을 수월하게 만들 새로운 교통 수단이 등장했다. 바로 초고속 열차였다. 단, 승객들이 비싼 가격에 암표상으로부터라도 티켓을 구할 수

징장 철도
잔톈유(앞줄, 오른쪽에서 세 번째)는 예정된 일정보다 2년이나 앞당겨서 철도 건설을 완료했다. 그 덕분에 그는 '철도의 아버지'라는 호칭을 얻게 되었다.

있었다면 말이다. 세상에서 가장 빠른 이 열차는 우한에서 광저우까지 10시간 30분 걸리던 여행을 3시간으로 급격히 단축시켰으며, 총 980킬로미터에 이르는 구간을 평균 시속 320킬로미터로 이동해, 프랑스의 테제베212쪽 참조의 기록을 능가했다. 이 초고속 열차는 지멘스와 가와사키의 기술을 토대로 중국에서 자체적으로 만든 것으로 비록 우한에서 열차 충돌 사고가 발생해 문제가 되기도 했지만 어찌 됐든 중국의 큰 자랑거리임은 틀림없었다.

중국 초고속 철도의 공식적인 이야기는 중국 '철도의 아버지'인 잔톈유Zhan Tianyou에서부터 시작된다. 그는 1909년, 베이징에서 장자커우까지과거 명칭으로는 북경에서 칼간까지 중화전국 철도, 징장 철도를 건설한 기술자였다. 이는 대단한 성과로, 그는 만리장성 부근, 북경 남쪽의 산악지대를 지나기 위해 특별히 지그재그식 선로를 설치해야 했지만 예정된 일정보다 2년이나 빨리 철도를 완공했다. 잔톈유는 이 철도를 건설한 후 유명해졌고 덕분에 사후 청화원 역 근처에 묻혔으며 장자커우 역 외곽에 그를 기리기 위한 조각상이 세워지기도 했다. 잔톈유는 독특하게도 광동 출신의 사내아이가 아닌 당시 미국 10대 특유의 가치관을 지니고 있었다. 이는 청 왕조의 정부 관료들이 열두 살 때 그를 미국으로 유학 보냈기 때문이었다. 미국에서 공부하던 그는 결국 예일대에 입학 허가를 받아 그곳에서 철도 공학 학위를 땄는데, 그 후 급하게 다시 중국으로 돌아가게 되었다. 그는 미국에서 공부도 하고 학위도 수여받았음에도 불구하고 처음에 인부로 일을 시작했다. 그러다가 마침내 클로드 킨더Claud Kinder라는 철도 건설자와 만났는데, 킨더의 배경은 잔톈유보다도 더 기이했다.

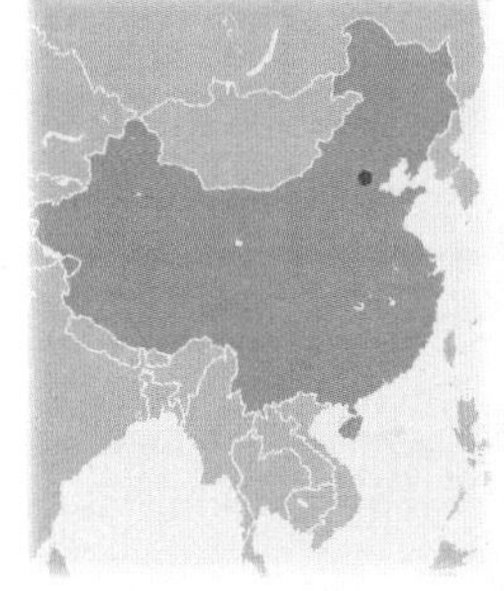

중국
과거 북경과 칼칸을 잇는 징장 철도는 베이징-바오터우 철도의 첫 번째 구간이었다. 바오터우까지는 1923년에 연결되었다.

가장 오래된 철도

킨더는 잉글랜드 출신의 일본제국 조폐국장의 아들이었다. 그는 러시아의 상트페테르부르크에서 철도 공학을 공부하고 1873년에 일본제국 철도의 책임자로 임명됐다. 그 후 자리에서 물러나도록 강요받자 그는 상하이로 향했다. 상하이는 훗날 중국에서 가장 많은 인구가 거주하게 될 도시로 중국 최초의 철도가 이곳

중국 왕조

✦

상하이에서 우송(Wusong)까지 연결된 중국 최초의 철도는 1876년에 개통되었지만 1년 만에 문을 닫았다. 이 철도는 지역 상인들이 상하이의 항구로 가는 길에 우송 사주57가 문제가 되자 이를 우회하기 위해 지은 것으로, 상인들은 이 사주를 무역을 방해하는 끔찍한 장애물로 여겼다. 하지만 보수적인 중국 관료들은 이를 외국의 침범을 막기 위해 자연이 내려준 장벽이라 생각하여 철도를 건설하겠다는 생각에 반대했다. 노력 끝에 철도는 완공되었고 1876년 6월에 개통되었다. 8킬로미터에 이르는 이 철도에는 하루 동안 승객들로 가득 찬 기차 여섯 대가 운행되었다. 하지만 사고가 발생하는 바람에 지역 주민들이 폭동을 일으켰고 정부관료들은 '중국왕조(CelestialEmpire)'라는 이름의 기관차가 마지막 운행을 한 후 결국 이 철도를 폐쇄했다.

에 지어졌다. 킨더가 상하이에 도착했을 때 그 지역 상인들은 기관차 '승리Victory'의 운행을 끝으로 철도가 사라진 것을 몹시 애석해하고 있었다. 철도가 그들에게 아주 편리한 수단이었기 때문이다. '승리'가 운행을 멈추자 철도는 낱낱이 분해되어 대만의 한 해안가에 녹이 슨 채로 버려졌다. 이에 킨더는 즉각 행동에 나섰다. 그는 광둥 지방의 상인인 탕싱추와 계약을 맺었고 탕싱추는 카이핑 근처 탕산에 위치한 중국의 한 광산 회사에 그를 취직시켜주었다. 킨더는 중국인들이 철도에 강한 거부감을 갖고 있다는 사실을 알았기 때문에 기관차 '로켓 오브 차이나Rocket of China 중국에서 지어진 최초의 기관차'를 비밀리에 제작했다. 그리고 완성된 기차를 1881년, 톈진에서 탕산의 탄광에 이르는 10킬로미터 구간에서 처음으로 운행했는데, 운행을 시작하자마자 흥행하여 그 후로도 날로 번창했다.

당시 중국 정부 관료들은 그 철도를 '전차 선로tramway'라 불렀는데, 이는 훗날 중국에서 두 번째로 중요한 철도가 되었을 뿐만 아니라 중간에 이름이 여러 번 바뀌고베이징-머그덴, 베이징-하얼빈 철도 등 다양하게 불렸다 여러 구간으로 확장되면서 현재까지 사용되는 가장 오래된 철도가 되었다.

계속 확장되다

킨더와 협력하여 철도를 건설한 것에 만족한 잔톈유는 서태후를 위한 개인적인 철도 건설 작업에 착수하게 된다. 서태후는 청 왕조를 거의 50년 동안이나 통치한 인물이었다. 그녀의 지원 하에 잔톈유는 베이징-장자커우 철도를 건설하기로 했다. 하지만 1908년, 서태후가 사망하고 신해혁명이 일어나 청 왕조가 1911년에 멸망하자 철도는 민족주의자들의 염원이 되었다. 혁명이 발발한 이후 중국의 철도망 건설 작업을 담당한 이는 철도에 무척 열광했던 혁명적인 지도자 쑨원이었다. 그 후 1949년, 마오쩌둥의 홍위병이 등장해 민족주의자들을

비밀 작업
클라우드 킨더는 기관차 '로켓 오브 차이나'를 비밀리에 제작해 카이핑 광산에서 석탄을 운송하는 데 이용했다.

세상에서 가장 높은 철도
충칭-티베트 철도는 세상에서 가장 높은 철도로 험난한 지형을 관통해 운행되었다.

물리쳤는데, 그때 중국에는 만주의 절반에 해당하는 고작 2만 7,359킬로미터의 철도만이 놓여있었다. 마오쩌둥은 쑨원만큼이나 철도 건설에 적극적이었지만 그 목적은 경제적이라기보다는 정치적이었다. 중국은 1949년 이후 급속도로 철도망을 넓혀갔다. 10년 만에 1만 9,000킬로미터에 달하는 새로운 철도가 건설되었고 6,437킬로미터에 이르는 구간이 현대식 철도로 개조되었다. 다리 716개와 터널 400개가 건설된 철도 건설 작업은 1979년에 완료되었다. 이때는 철도 화물의 수요가 1949년에 비해 16배나 증가한 상태였다.

> 철도는 중국인 스스로가 건설하고 관리할 때에만 중국에 이득이 될 것이다.
>
> **리훙장**, 1863

한편 1959년에 중국 최초의 디젤 기차인 '동풍Dongfeng'이 등장하자 증기 기관차는 운행을 멈춰야 하는 운명에 처했다. 하지만 중국은 세계에서 가장 마지막까지 증기 기관차 제작소를 운영했고, 주요 철도 중 적어도 한 곳에서 2005년까지 증기 기관차를 운행했다. 이 초고속 열차 이외에도 중국 철도의 역사를 장식한 것이 있었으니 바로 티베트로 향하는 철도였다. 1917년, 쑨원이 처음 제안한 이 철도는 길이가 1,956킬로미터에 달했다. 그 후 기술자들이 영구 동토층[58]을 건너는 방법을 개발하자 이 철도는 1984년에 시닝에서 거얼무까지 연결되었고 2006년에는 티베트의 라싸까지 연결되었다. 이 철도는 탕구라 고개를 지나면서 세상에서 가장 높은 철도가 되었다. 탕구라 역은 세상에서 가장 높은 철도역으로 기록되었을 뿐만 아니라 차량에 의사가 탑승하고 있고 각 객차에 승객을 위한 산소통이 구비되어 있는 철도로도 유명하다.

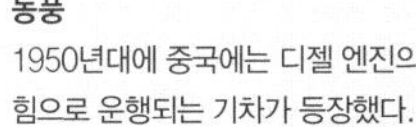

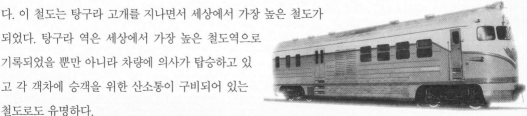

동풍
1950년대에 중국에는 디젤 엔진의 힘으로 운행되는 기차가 등장했다.

1913 그랜드 센트럴역

지역: 미국
유형: 승객용
길이: 53킬로미터

- 사회성
- 상업성
- 정치성
- 공학성
- 군사성

한 남자가 연기가 자욱한 노스 잉글리시 역에서 연인에게 작별 인사를 하고, 그 배경으로 세르게이 라흐마니노프의 피아노 협주곡 2번의 선율이 잔잔히 흐른다. 엘 카워드의 영화 〈밀회〉는 이 역의 분위기를 한층 고무시켜주었지만 그랜드 센트럴 역 자체의 장엄함에 필적할만한 것은 아무것도 없었다.

황야에 놓인 식탁

세상에는 가장 유서 깊은 철도역이라는 영광의 수식을 붙일 만한 역들이 많다. 1832년에 영국 레스터-스닝턴 철도의 첫 번째 승객이 묵었던 바든 힐의 애시비 로드 호텔, 1940년에 파리를 점령하려고 도착한 독일 군사들이 득실댔던 유럽에서 가장 번잡한 파리 북역, 제국과 현지인의 양식이 혼합된 뭄바이의 빅토리아 역, 베니토 무솔리니의 파시스트 정권을 기리기 위한 밀라노 역, 빅토리아 고딕 양식의 절정을 보여주는 런던의 세인트팽크라스 역. 이 모든 역들은 19세기 프랑스 평론가 테오필 고티에가 '신인류의 성지'라 부를 만큼 위대한 역들이었다.

한편 기차역은 흥겨운 재회의 장소인 동시에 가슴이 찢어지는 작별이 이루어지는 장소이기도 했다. 영국 시인 토머스 하디는 한 기차역에서 군인 부부가 이별

뉴욕
그랜드 센트럴역은 42번가와 48번가, 렉싱턴과 매디슨 가 사이에 자리했다. 이 역은 1871년에 개통했지만 얼마 후 재개발되었다.

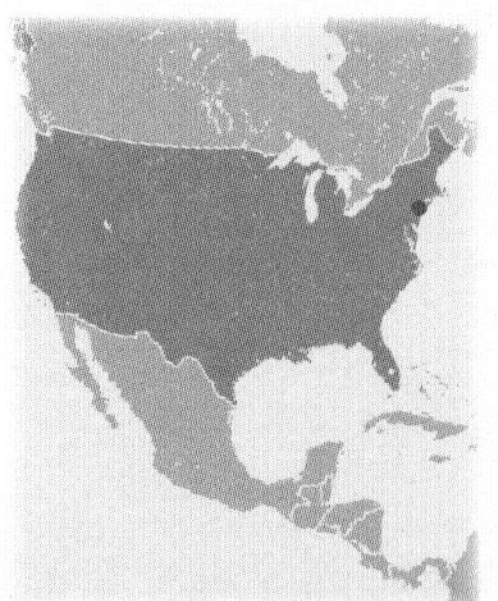

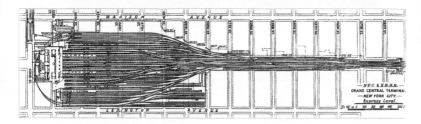

위대한 계획
그랜드 센트럴역으로 향하는 철도는 교외 열차와 급행 열차로 나뉘었다.

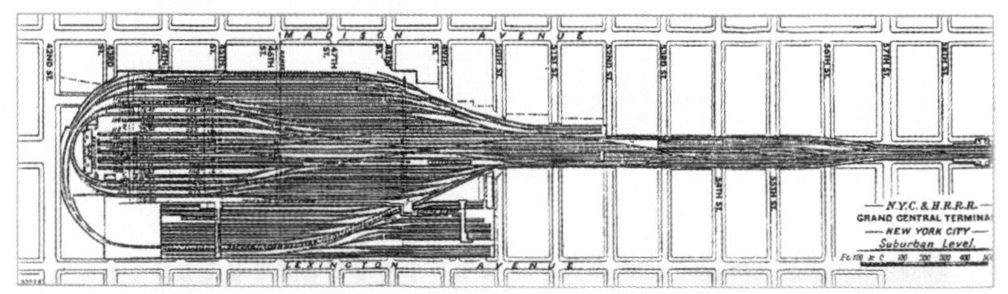

하는 장면을 본 후 〈대기실에서In a Waiting Room〉라는 시를 쓰기도 했다.

초췌한 모습의 군인과 아내는
가까스로 마음을 가라앉히고 있었지.
하지만 나는 알았네.
별일 아니라는 듯한 말투가
사실 힘겨운 이별을 의미하고 있음을.
그리고 그들 스스로도 그 사실을 잘 알고 있음을.

1945년, 데이비드 린 감독이 노엘 카워드의 작품을 원작으로 한 영화 〈밀회〉를 제작했다. 영화 속에서 두 연인이 기차가 출발할 시간이 다가와 가슴 아픈 이별을 해야 하는 장면이 등장하자 이를 지켜보던 영화 관객들은 무척 가슴 아파했다. 이 영화가 개봉된 후, 배경이 된 기차역을 찾는 방문객이 끊이지 않았다. 그들은 트레버 하워드가 실리어 존슨을 떠나는 순간을 재현하기 위해 런던, 미들랜드, 스코티시 철도의 칸포스 역을 찾았다. 이렇듯 영화가 인기를 끌자 철도역과 철도역 시계를 살리기 위한 공공 캠페인까지 벌어졌다.

> 시골에 기차보다 중요한 운송수단은 없을 것이다. 기차는 시골과 도시를 연결해줄 뿐만 아니라 아주 편리하며 다양한 먹을거리도 제공하기 때문이다.
>
> **미련 오고먼**, 《컨트리 홈 매거진》, 1908

칸포스 역은 미국 대륙 횡단 철도가 등장한 지 얼마 되지 않은 1846년에 개통했다. 당시 그곳을 방문한 기자는 통나무로 만든 오두막집 한 채를 발견했는데 그

기차역 철도

✦

철도 회사는 교회나 군대 등 그 어떤 공공 단체보다도 많은 수의 시계를 보유하고 있었다. 1923년, 영국의 주요 철도 회사들이 연대했을 당시, 각 회사가 소유한 시계를 다 합쳤더니 약 4만 2,000대가 넘었다. 게다가 1960년대에는 여기에 1만 5,000대가 추가되었으며, 종류도 다양해서 탑시계, 플랫폼 시계, 벽걸이형 시계, 스탠드형 시계, 프랑스 드럼 시계 등이 있었다. 그중에서 가장 유서 깊은 시계는 영국의 눈금 시계였으며, 유럽에서 가장 큰 시계는 스위스의 아라우 역에 설치된 시계였다(스위스는 한스 힐피커의 인상적인 철도 시계가 탄생한 곳이기도 하다). 하지만 세계에서 가장 유명한 시계는 누가 뭐래도 뉴욕, 그랜드 센트럴역의 중앙 광장에 놓인 사면으로 된 금관 시계였다.

곳에는 식탁과 의자가 진창에 놓여 있었고 그 옆으로 사람이나 우편물을 운송하기 위한 마차 몇 대가 서 있었다. 철도회사는 기차에 갇혀 배고프고 때로는 지겨워하는 사람들을 대상으로 장사를 할 수 있겠다고 판단해, 기차역에 식당과 간이 서점 등의 사업을 허가해 주었다. 그리하여 영국의 그레이트웨스턴 철도회사는 스윈던 역에 간이식당을 차려 이득을 취하고자 했는데, 어리석게도 임대차 계약 기간을 99년으로 하는 바람에 그 역을 지나가는 모든 기차가 간단한 식사를 위해 기차역에 멈춰서야 하는 사태가 벌어졌다. 결국 회사는 비싼 값을 치르고 계약을 해지해야만 했다. 한편《헤드 스토커와 포커*Head Stokers and Pokers*》의 저자인 프란시스 헤드는 스윈던 역에서 서빙을 담당하던 젊은 아가씨를 보고는 고개를 돌렸지만, 울버턴 역에서 급하게 열차에서 내리던 배고픈 승객 한 무리에게는 별 관심이 없었다. 그는 "기차에서 내릴 수 있게 된 승객들은 요기 거리를 찾아 서둘러 뛰어갔다. 그들이 매점으로 달려가는 속도는 배고픈 정도에 비례했다"고 했다. 이 사업은 수익이 쏠쏠했다. 여행객들은 1년에 밴버리 케이크와 건포도를 넣은 하트형 과자를 약 19만 개 먹어치웠으며 이에 곁들여 커피, 탄산음료, 차, 레모네이드, 진저비어, 진, 럼, 브랜디를 300병이나 마셨다.

번잡한 기차역

찰스 디킨스는 열차 사고를 직접 경험했던 터라 1856년에 피터버러 역에서 제공한 서비스에 별로 감흥이 없었다. 그는 "간이식당의 종업원이 차를 건넸는데, 그녀는 마치 내가 하이에나고 자신은 나를 무척 싫어하는 잔인한 조련사인 것처럼 행동했다."고 기록했다. 빅토리아 시대의 또 다른 작가인 앤서니 트롤럽은 소설《그는 자신이 옳다고 생각했다*He Knew He Was Right*》에서 영국의 샌드위치를 문제 삼았다. 그는 "신문 기사들은 영국이 이런저런 것들로 명예가 실추되고 있다고 말하지만 영국을 진정으로 수치스럽게 만드는 것은 철도역에서 파는 샌드위치이다. 이 샌드위치는 겉보기

인상적인 정면
1913년, 그랜드 센트럴역이 문을 열자 수십만 명의 구경꾼이 몰려들었다.

에는 괜찮아 보이지만 속은 빈약하고 허섭하기 짝이 없다."고 기록했다.

한편 미국인 에드워드 도시는 자신의 저서《영국과 미국의 철도 비교하기 *English and American Railroads Compared*》에서 철도와 철도역 모두를 다루면서 영국의 철도와 철도역 둘 다 부정적으로 보았다. 수하물을 예로 들면, 그는 "미국에서와는 달리 영국에서는 수하물 보관증이란 게 없었다. 그래서 짐은 누구 소유인지 표시도 되지 않은 상태로 그냥 짐차에 실렸다."고 썼다그는 "그래도 짐을 잃어버리는 사람은 거의 없다. 이는 영국인들의 정직성을 잘 보여준다."고 고백했다. 도시가 이 책을 쓴 것은 뉴욕의 그랜드 센트럴 역이 1871년, 무질서한 도시 풍경에 처음으로 그 모습을 드러낸 지 16년이 지난 후였다. 뉴욕에는 1831년에 뉴욕-할렘 철도가 등장했고 이 철도 운행에 사용될 말을 위한 마구간과 사무실이 4번가, 26번가, 17번가에 자리 잡았다P.T. 바넘이 후에 철도역을 건설해 이를 매디슨 스퀘어가든으로 변모시켰다. 1940년대가 되자 뉴욕-뉴헤븐 철도와 허드슨 철도가 등장해 혼잡함이 가중되었다. 공기 오염 또한 너무 심해져서 결국 뉴욕에서는 증기 기관차가 혼잡한 거리를 지나가는 것이 금지되기에 이르렀다. 요컨대 뉴욕에는 새로운 역이 필요했다.

새로운 역을 건설한 이는 바로 코넬리어스 밴더빌트Cornelius Vanderbilt 제독이었다. 그는 어린 시절 뉴욕의 페리에서 잡일을 해 큰돈을 벌고 부유한 선주가 된 사람이었다. 제독은 1864년에 허드슨 강 철도를 매입했고 그 후 뉴욕 센트럴 철도까지 매입해 스피튼 듀이빌과 모트 해븐을 연결했다덕분에 허드슨 강 기차는 이스트 사이드 역까지 도달할 수 있었다. 또한 42번가와 48번가, 렉싱턴, 매디슨 가 사이에 위치한 토지를 가능한 한 많이 매입한 다음, 1871년에 그랜드 센트럴 역을 개통했다. 이 역은 3개의 노선뉴욕 센트럴, 허드슨 강, 뉴욕-하렘 철도이 동시에 운영되어 아주 혼잡했을 뿐만 아

제독의 꿈
어린 시절 페리에서 잡일을 하던 코넬리어스 밴더빌트 제독은 새로운 그랜드 센트럴역을 건설했다.

그랜드 센트럴역
뉴욕의 그랜드 센트럴역은 거창한 이름에 걸맞게 세계에서 가장 혼잡한 역이 되었다.

니라 철도마다 각각의 매표소와 수하물 보관소가 있었다. 그랜드 센트럴역은 1898년, 파리의 에펠탑과 런던의 수정궁과 경쟁하기 위해 새 단장을 했는데 이 과정에서 유리와 강철로 만든 지붕을 씌우고 정면에는 미국의 힘인 장엄함과 장수를 상징하기 위해 주철로 만든 1.5톤짜리 독수리상을 얹었다. 하지만 이 공사의 마지막 작업은 결국 마무리되지 못했다. 기차 2대가 사고로 인해 3.2킬로미터에 달하는 어두컴컴한 파크 에비뉴 터널에서 심하게 망가지고 만 것이다. 이 사건 이후, 뉴욕 센트럴 철도는 전기로 운행되었고 그랜드 센트럴역 또한 이에 맞춰 재개발되었다. 그리하여 1913년 2월, 지금과 같은 모습의 그랜드 센트럴역이 문을 열었다. 도급업자를 선택할 때 연줄이 작용했다는 소문으로 물의를 일으키기는 했지만, 개통식은 무사히 열렸고 15만 명의 사람들이 참석했다. 그들은 역의 예술적인 입면과 별처럼 반짝이는 내부 홀을 보며 입을 다물지 못했다금빛 잎사귀와 전구로 밤하늘을 표현한 것은 프랑스의 예술가, 폴 헬렌의 작품이었다. 그는 미국이 아닌 프랑스의 밤하늘을 표현했다. 뉴욕의 개발업자들도 이 개통식에 참석했다. 그들은 토지와 건물 상공의 사용권인 '공중권'을 구매한 덕에 이제 콘크리트로 만든 건물을 하늘 높이 세울 수 있었다. 그리하여 54층 링컨 빌딩, 56층 차닌 빌딩, 77층 크라이슬러 빌딩 등이 건설되었다.

그랜드 센트럴 역에는 미술관과 미술 학교, 영화 극장, 철도 박물관 등이 지어졌고 1947년에는 환승 시설이 추가되어, 미국 전체 인구의 40퍼센트인 6,500만 명이 넘는 사람들이 이역을 이용하게 되었다. 훗날 이 역을 철거하려는 계획이 제안되자뉴욕 시의 펜실베이니아 역 또한 같은 처지에 놓였으나 시민들의 반대에도 불구하고 결국 1960년대에 철거되었다 재클린 케네디 오나시스 같은 유명 인사들이 이에 반대했고 결국 그랜드 센트럴역은 살아남을 수 있었다.

표를 보여 주세요

✦

인쇄업자들은 철도 덕분에 상당한 수익을 냈다. 영국의 북철도 회사는 자사만의 인쇄소를 운영했으나 대부분의 철도 회사들은 인쇄업자와 계약을 맺어 순차적으로 번호가 매겨진 기차표를 발행했다. 이들이 표를 발행하면 매표소에서 이 표에 날짜를 새겼다. 표를 구매한 사람이 여행을 끝내면 표는 수거되었고 철도 직원들은 이를 다시 분류했다. 분류 작업을 마친 표들은 유용한 마케팅 자료가 되었을 뿐 아니라 가짜 표를 색출하는 데에도 도움이 되었다.

플라잉 스코츠맨

'20세기Twentieth Century'부터 '브로드웨이 리미티트Broadway Limited'에 이르기까지 당대의 많은 유명한 기차들이 그랜드 센트럴역을 지났지만 세상에서 가장 유명한 기차인 '플라잉 스코츠맨Flying Scotsman'과 '말라드Mallard'는 영국의 요크셔에 위치한 동커스터Doncaster 철도역에서 처음 모습을 드러냈다. 동커스터 철도역은 그레이트 노던 철도 구간에 건설된 것으로, 이 철도에는 반슬리 탄광에서 런던까지 석유와 석탄을 운송하는 화물열차가 1시간에 1대꼴로 운행되고 있었다. 1849년에 개통한 동커스터 역은 1853년에 철도 작업장이 지어졌다. 그 무렵 요크셔의 인구는 3,000명이나 증가했으며 철도 회사는 학교를 짓고 돈을 기부 받아 교회를 건설하거나, 유명한 증기 기관차를 도입하기도 했다. 1870년대에는 '스터링 싱글즈Stirling Singles'라는 기차가 이 역에 등장했는데, 거대한 바퀴를 지닌 이 기관차는 여객 열차 26대를 시속 76킬로미터로 운송할 수 있었다. 1923년에는 그 유명한 '플라잉 스코츠맨'이 모습을 선보였고, 5년 후인 1928년에는 런던에서 에든버러까지 여덟 시간 동안 한 번도 정차하지 않고 운행했다. 이 기차는 미국과 오스트레일리아679킬로미터, 이 구간 역시 한 번도 정차하지 않고 운행됐는데 이는 증기 기관차로서는 최고의 기록이었다에서도 운행되었으나후, 잠시 운행이 중지되었다가 공공 보조금과 리처드 브랜슨Richard Branson이라는 기업가의 기부금으로 구제되었다.

스터링 싱글즈
거대한 바퀴를 장착한 이 기관차는 동커스터 역에 위치한 작업장에서 제작되었다.

강철 고속도로
세실 앨런이 그린 '플라잉 스코츠맨(왼쪽에서 세 번째)', '리즈 익스프레스', '스코치 익스프레스'와 함께 킹스크로스 역에 정차한 모습이다.

1916 시베리아 횡단 철도

지역: 러시아
유형: 승객용, 화물용
길이: 7,446킬로미터

러시아의 시베리아 횡단 철도는 전 세계에서 가장 긴 철도였다. 이 철도는 러시아 대륙의 각 지역을 연결했을 뿐만 아니라 전제 군주제 시대와 혁명 시대를 잇는 가교 역할을 했다.

- ✦ 사회성
- ✦ 상업성
- ✦ 정치성
- ✦ 공학성
- ✦ 군사성

파베르지 달걀

1917년 4월, 소방관 한 명이 상트페테르부르크로 향하는 미국산 증기 기관차 293, 4-6-0 Hk-1에 탑승했다. 그는 가발을 쓰고 가짜 신분증을 소지한 상태였다. '큰 바퀴 까나리'라는 별명이 붙은 이 기관차에 탑승한 사람은 바로 러시아 혁명의 주역 중 하나인 블라디미르 레닌이었다. 그는 핀란드에서 러시아로 몰래 잠입한 후, 위장을 벗어던졌다. 그가 도착하자 상트페테르부르크의 핀란드 역에는 금관악기들로 구성된 악단의 음악 소리가 퍼졌고 볼셰비키 당원들이 붉은색의 깃발을 흔들어대며 그를 환영했다. 같은 시간, 그와 같은 길을 걸던 레온 트로츠키는 붉은 군대가 일으킨 혁명을 지원하기 위해, 무장 열차를 보낼 준비를 마친 상태였다. 트로츠키는 훗날 자서전《나의 생애》에서 "최전방 지역을 군사 기지와 연결하는 기차 덕분에 시급한 문제들을 해결할 수 있었다."고 기록했다. 이 같은 상황에서 알 수 있듯이 당시 철도와 러시아 혁명은 떼려야 뗄 수 없는 관계였다.

러시아 혁명
시베리아 횡단 철도는 세상에서 가장 긴 철도로 그 건설 과정이 쉽지 않았다.

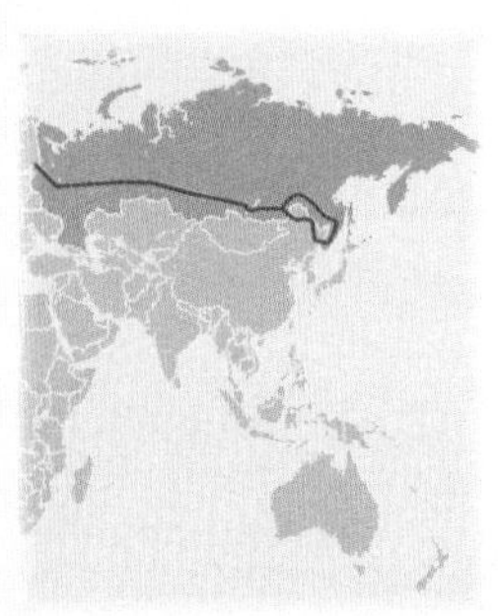

레닌의 철도
블라디미르 레닌은 시베리아 횡단 철도가 개통된 지 2년 후, 상트페테르부르크의 핀란드 역에 도착했다.

레닌이 탑승했던 기관차는 1957년에 니키타 흐루시초프에게 헌정되어 핀란드 역의 유리관 안에 보관되었고, 무장 열차의 포탑 위에서 있는 레닌의 모습을 표현한 그의 동상은 역 밖에 위치한 레닌 광장에 세워졌다.

그리고 러시아의 마지막 황제, 니콜라스 2세와 그의 가족들의 운명은 혁명에 성공한 레닌의 명령으로 결정되었다. 그는 1918년 7월, 황제를 비롯한 가족들과 그 하인들을 예카테린부르크시베리아 횡단 철도에서 중요한 철도역 중 하나였다에서 총살하거나 총검으로 찔러 죽이라고 명령했다. 모스크바와 러시아 동쪽 끝자락의 도시 블라디보스토크를 연결하는, 세상에서 가장 긴 철도가 개통된 지 2년이 지난 시점의 일이었다. 이 철도는 니콜라스 2세의 주관 하에 건설된 것으로, 그는 부친인 알렉산더 황제가 1891년에 철도 건설을 승인하자 직접 철도 건설 위원회의 의장직을 맡아, 같은 해 5월에 거행된 철도의 기공식에 참석한 적이 있었다. 당시 황제는 시야를 넓히기 위해 나섰던 세계 일주를 마치는 길에 이곳에 잠시 들른 것이었다.

1900년에 러시아의 보석세공인 피터 파베르지는 니콜라스 2세를 위해서 시베리아 횡단 철도를 기념하는 특별 달걀, '시베리아 횡단 열차'를 제작했다. 금과 은으로 만든 이 달걀을 열면 은으로 새겨진 시베리아 횡단 철도 노선도가 모습을 드러냈다. 여기서 끝이 아니었다. 파베르지는 시베리아 횡단 열차의 축소 모형태엽으로 돌아가도록 설계되었으며 총 다섯 량의 객차로 이루어져 있었다과 이 모형을 작동시킬 황금 열쇠까지 함께 제작했다. 니콜라스 2세는 그 섬세함과 화려함에 감탄을 금치 못했다.

황금 열차

✦

1920년대에 소련은 스웨덴 회사인 노합(Nohab)에 기관차를 주문했는데, 그 제작 비용을 금으로 결제했다. 이 엄청난 양의 금이 어디서 났는지는 아무도 몰랐지만 전해지는 바에 따르면 1919년, 러시아 혁명 기간에 금을 가득 실은 기차 1대가 시베리아 횡단 철도를 따라 러시아 제국의 금 보유고인 카잔(Kazan)에서 동쪽으로 이동했다고 한다. 체코 군대가 이 열차를 호위했지만 금의 일부는 도중에 사라졌고, 그때 이후로 역사학자들은 당시에 무슨 일이 일어났는지 알아내기 위해 지금까지 노력하고 있다. 가설에 따르면, 레닌의 볼셰비키 당에서 금의 일부를 가져갔지만 이를 싣고 가던 기차가 바이칼 호수에서 산사태에 휩쓸려 강에 빠졌다고 한다. 이러한 주장을 하던 사람들은 바이칼 호에서 기차의 잔해를 발견했다고 진술하기도 했다.

황제를 위한 선물
시베리아 횡단 철도의 완공을 앞두고 제작된 파베르지 달걀에는 기차를 형상화한 시계 모형이 담겨 있었다.

또한 황제는 시베리아 횡단 철도의 전경을 담은 사진들을 감상했다. 이 사진들은 1900년에 에펠탑, 루돌프 디젤이 개발한 새로운 엔진과 함께 파리 만국박람회에 전시되었다. 영국의 요크 철도 박물관에 전시된 일본의

노동 착취
군인들과 감옥의 죄수들이 시베리아 횡단 철도 건설을 위해 동원되었다.

고속철도 신칸센의 경우202쪽 참조, 관람객들이 마치 승객처럼 직접 기차에 올라 철도 여행의 풍경을 담은 사진을 감상할 수 있었는데, 이와 마찬가지로 파리 만국박람회의 구경꾼들도 침대차에 올라타 승무원이 주는 캐비어와 브로스치러시아와 폴란드에서 즐겨 먹는 육수에 채소를 큼직하게 썰어서 만든 수프를 먹으며 창문에 전시된 시베리아의 경치 사진을 감상할 수 있었다. 이 사진들은 1904년, 미주리주의 세인트루이스에서 열린 세계박람회에 또 한 번 전시되었다.

몹시 소란했던 혁명 기간에 내 사생활은 기차와 떼려야 뗄 수 없는 관계였다.

레온 트로츠키, 《나의 생애》

힘겨운 건설 작업

시베리아 횡단 철도 건설은 그 규모부터 상당했다. 철도가 지나는 구간이 런던에서 케이프타운에 이르는 거리에 맞먹었기 때문이었다. 철도의 서쪽 끝은 우랄 산맥에 위치한 첼랴빈스크로, 동쪽 끝과의 거리가 자그마치 7,242킬로미터에 달했다. 러시아의 시베리아는 미국으로 치면 미개한 서부 지방에 해당했다. 16세기에 러시아의 코사크 족이 시베리아에 거주하던 타타르 족을 공격했지만 그들은 자신들의 영토를 지켰고, 그 후 시베리아는 20세기 러시아 망명자들의 집합소가 되었다. 시베리아는 면적이 자그마치 800만 제곱킬로미터나 되어 미국과 유럽을 합친 것보다도 컸다. 철도는 오프 강, 예니세이 강, 레나 강과 세상에서 가장 깊은 호수인 바이칼 호를 건너야만 했는데, 이 호수를 건너기 위해 다리를 8개나 지어야 했다. 기술자들은 호수가 어는 겨울이면 얼어붙은 호수 위에 철로를 놓았고, 봄이 되면 호수가 녹기 전에 이를 철거했다. 호수가 완전히 녹고 나면, 영국산 페리 한 쌍이 기차를 호수 건너편으로 운송했는데, 훗날 바이칼 호의 절벽을 따라 철도가 놓이면서 페리는 운행을 멈췄다'앙

가라'라는 이름의 이 페리는 이르쿠츠크 역에 전시되었다.

안 그래도 충분히 힘겨웠던 철도 건설 작업은 중국, 일본과 영토 분쟁이 발생하면서 상황이 더욱 악화되었다. 철도의 한 구간이 만주를 통과하게 됐는데 그 지역에 이미 중국이 건설한 동청 철도가 놓여 있었던 것이다. 1898년과 1903년 사이에 남만주의 주인이었던 일본은 러일전쟁 후 이 영토를 러시아에 내주게 되었고, 러시아는 시베리아 횡단 철도를 건설하기 위해 항구 마을인 다롄과 근처에 위치한 뤼순에 막대한 자금을 투자했다. 그 후 1916년에 노동자, 재소자, 러시아 군대가 추가로 동원되어 바이칼 호 구간을 제외한 시베리아 횡단 철도의 건설이 마무리되었다. 이것으로 러시아의 철도망은 국가 전체의 절반을 가로지르게 되었는데 그 위를 달리던 기관차도 철도 길이만큼이나 거대했다. 한편 러시아 혁명 때문에 미국산 디카포드형 기관차 200대소문에 의하면, 1886년에 제작된 '볼드윈 디카포드'는 당시 가장 큰 기관차였다고 한다의 수입에 일시적으로 차질이 생기자 구소련은 상트페테르부르크에서 미국 기관차 디자인을 바탕으로 자체적으로 기관차를 제작했다. 그중 1934년에 제작된 리바이어던 기관차는 몸통이 하나인 데다가 너무 길고 거대해서 곡선 선로를 지나갈 때 그 선로를 반듯하게 만들어야 해서 폐기되기도 했다.

증기 기관차 함대는 결국 훗날 등장한 디젤 기차에 자리를 물려주었고, 디젤 기차는 1991년에 보리스 옐친이 집권하면서 소련이 붕괴될 때까지 운행됐다. 당시 시베리아 횡단 철도는 개통한 지 70년이 지난 상태였고, 세상에서 두 번째로 큰 이 러시아 철도를 이용하는 승객은 연간 350만 명이 넘었다.

바퀴 표기법

레닌은 사망 후 러시아산 기관차, U-127에 실려 묘지로 향했지만 생전에 상트페테르부르크의 핀란드 역에 도착했을 때는 4-6-0 Hk-1에 탑승했다. 하이픈으로 나뉜 숫자는 앞에서부터 차례로 기관차의 바퀴 수를 의미했으며, 이는 1900년에 뉴욕의 철도 전문가인 프레드 화이트(Fred Whyte)가 처음 사용한 방법이다. 기관차의 등급은 다양했으며 그중에는 '이오시프 스탈린 등급' 도 존재했다. 한 기관차는 전직 비밀 경찰서장인 펠릭스 제르진스키의 이름을 따서 명명되기도 했다.

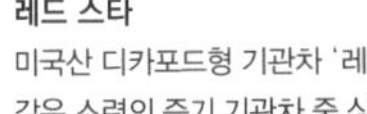

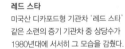

레드 스타
미국산 디카포드형 기관차 '레드 스타' 같은 소련의 증기 기관차 중 상당수가 1980년대에 서서히 그 모습을 감췄다.

1917 연합국 철도

지역: 프랑스, 벨기에
유형: 승객용, 화물용
길이: 638킬로미터

철도는 1914년에 시작된 제1차 세계대전 기간에 그 어느 때보다도 더 활발히 활용되었다. 역사상 가장 많은 피해자를 낳은 이 전쟁에서 먼저 공격을 시작한 것은 독일 · 이탈리아 · 오스트리아로 이루어진 동맹국이었지만 프랑스 농부에 의해 철도가 개발되고, 1917년에 시기적절하게 미국이 개입하면서 전세가 역전되기 시작했다.

- ✦ 사회성
- ✦ 상업성
- ✦ 정치성
- ✦ 공학성
- ✦ 군사성

서부 전선의 좁은 궤간

1914년 여름, 제1차 세계대전이 발발하기 하루 전, 영국 시인 에드워드 토머스는 글로스터셔로 향하는 기차에 탑승했다. 그는 기차 안에서 루퍼트 브룩, 엘리너 파전, 미국인인 로버트 프로스트 등 다이목Dymock 시인 친구들과 합류했다. 토머스는 당시 전쟁을 피해 미국으로 떠나자는 프로스트의 제안을 고려하고 있었다.

기차는 글로스터셔라는 작은 마을에 잠시 정차했다. 언제 폭발할지 모를 정적 속에서, 토머스는 새로운 시의 첫 구절을 쓰기 시작했다. "그래요, 나는 아들레스트롭을 기억해요Yes, I remember Adlestrop." 으로 시작하는 이 시는 영국 시골 마을에 대한 회상을 담았는데, 전쟁의 공포 속에서 과거의 모습을 더욱 그리워하게 된 대중들의 심금을 울렸다.

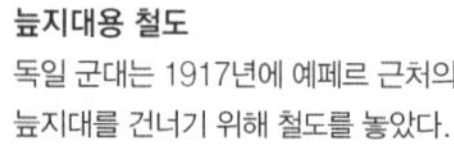

늪지대용 철도
독일 군대는 1917년에 예페르 근처의 늪지대를 건너기 위해 철도를 놓았다.

제1차 세계대전은 연합국영국, 프랑스, 러시아, 일본, 시베리아, 이탈리아, 포르투갈, 루마니아과 동맹국독일, 오스트리아-헝가리, 오스만 터키, 불가리아사이에 벌어진 싸움으로, 독일은 철도를 이용해 공격을 개시하기로 했다. 일찍이 몰트케 장군이 1870년에 프로이센-프랑스 전쟁에서 철도를 이용해 몇몇 전선에서 동시에 공격을 시작한 바 있었는데, 이제 그의 조카인 독일군 육군 참모총장이 철도를 이용해 군대를 벨기에를 통해 프랑스로 이동시킬 준비를 마쳤다. 그는 우선 프랑스를 무찌른 후 동쪽 전선으로 가서 러시아를 공격할 예정이었다.

이것이 바로 '슐리펜 계획'이었다.

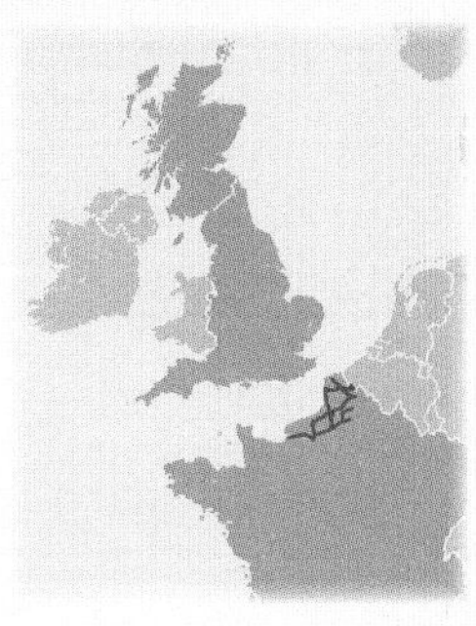

유럽 간 충돌
제1차 세계 대전 동안 철도 덕분에 상상할 수 조차 없는 거리까지 공급망이 확장되었으며, 1917년에는 최전방에서 사용될 탄약이 멀리 떨어진 글래스고에서 제작되기도 했었다.

이 계획을 창안한 슐리펜 장군의 이름을 딴 것으로, 독일의 우세한 철도망을 활용한 전술이었다. 하지만 동맹국은 프랑스 철도와 프랑스 군대, 영국 원정군의 투지를 과소평가했고, 결국 승승장구하던 독일은 1914년 9월에 마른 전투에서 저지당하고 말았다파리에서 징발된 프랑스 예비군 1만 명이 전장에 도착한 것도 연합국의 사기 증진에 한몫했다. 따라서 몰트케 장군은 카이저 빌헬름 2세에게 "전하, 패했습니다."고 말할 수 밖에 없었다.

양측은 구불구불한 선을 따라 북쪽과 남쪽에 걸쳐진 756킬로미터에 이르는 참호를 팠다. 독일의 에리히 루덴도르프 장군은 전후 회고록에 "전쟁을 얼마나 유지하느냐는 결국 물자 운송에 달려 있었고, 물자 운송은 결국 기차 · 마차 등에 달려 있었으며, 그중에서도 석탄을 얼마나 계속해서 운송할 수 있는지가 가장 중요했다. 우리는 짧은 전쟁을 준비했으나 이제는 장기전을 위해 모든 것을 재정비해야만 했다."라고 썼다.

군대가 참호를 팔 수 있었던 것은 무개화차와 기차, 말, 좁은 궤간 철도 덕분이었다. 증기력과 좁은 궤간이 등장하기 전에는 철도를 사용하는 이들이 광부와 채석공 뿐이었으며 이후 1875년에는 프랑스인 농부 폴 더코빌Paul Decauville이 비로 흠

선로를 놓다
1917년, 참호를 채울 목재를 한가득 실은 탱크가 철도를 따라 제1차 세계대전의 격전지인 캉브레로 향했다.

빽 젖은 밭에서 사탕무를 캐기 위해 기성품 레일을 제작하기도 했다. 그는 '더코빌 레일'이라는 이름으로 자신의 상품을 홍보했는데, 훗날 프랑스 군대는 이 레일을 구입해 마다가스카르와 모로코에서 군사 작전에 활용했다.

처음에 동맹국은 철도 이용에서 우세를 보였다. 이들은 유럽에서 전쟁이 발발할 것을 예상해, 독일의 오렌슈타인 & 코펠사가 제작한 경철도와 철도 차량을 대량 비축해 두었던 것이다아이러니하게도 오렌슈타인 가족들이 갖고 있던 회사 지분은 제2차 세계대전 기간에 나치 독일이 유대인들을 내쫓는 과정에서 몰수당했다. 이에 반해 영국군은 상대적으로 뒤처져 있었다. 영국의 장교들은 농장에서 쓰는 말과 무개화차를 사용하다가 서부 전선에서 참패를 당했음에도 불구하고 계속해서 이들을 사용할 것을 고집했다.

하지만 영국도 최전방에서 16킬로미터에 달하는 지점까지 주요 노선을 따라 경철로를 놓는 등 독일을 부지런히 따라잡기 시작했다. 그런데 이 구간은 원래 프랑스의 통제 하에 있었기 때문에 혼란이 발생했다. 영국의 보병부대는 잉글랜드에서 기차 두 대에 나눠 탑승했는데 이 기차는 시속 40킬로미터라는 적당한 속도로 그들을 항구로 이송했지만 프랑스에서 갈아탄 기차는 기껏 해봤자 시속 19킬로미터 밖에 되지 않았다. 그러던 중 연합국이 우세를 보이면서 다행히 물자 공급망이 향상되었다. 1917년에 영국의 철도 작업장에서 일하던 인부의 수는 7만이 넘었고, 그중 일부는 작업 도중 목숨을 잃었다. 하지만 목

마지막 메시지

✦

1917년, 폭발물로 가득 찬 S. S. 몽블랑 호가 노르웨이 함선, S. S. 이모와 충돌하면서 노바스코샤주의 핼리팩스 도시 전체가 파괴되었다. 인양된 S.S. 몽블랑 호가 폭발하는 바람에 약 2,000명이 숨지고 말았는데, 철도 작업자인 빈스 콜맨이 아니었더라면 희생자는 더 늘어날 뻔했다. 그는 폭발 소식을 듣자마자 하던 일을 멈추고 뉴브런즈윅 주에서 그 마을로 오고 있는 여객 열차에 사고 소식을 전하는 전보를 보냈다. 그는 "6번 부두에서 탄약을 실은 배가 불이 붙어 있으며 곧 폭발할 것이다. 이것이 마지막 메시지이다. 안녕." 다행히도 기차가 제때 멈추어 더 큰 피해를 막을 수 있었다.

숨을 잃은 것으로 치면 군대의 사상자가 훨씬 더 많았다. 무려 1,000만 명의 병사들이 전쟁터에서 죽었으며, 대부분이 포탄에 맞아 목숨을 잃었다. 어느 음악당에서 울려 퍼지던 애가의 가사처럼 "어젯밤에도, 그 전날 밤에도 폭탄이 터졌고, 더 터트릴 폭탄이 있는 한 오늘 밤에도 폭탄은 터질 예정이었다." 하지만 전쟁 초반에 연합국은 잘못된 포탄을 사용하는 실수를 저질렀다.

탄약 제조자

1915년 5월 아침, 《데일리 메일》은 "국가가 당신을 필요로 한다."는 채용 포스터에 자신의 얼굴을 당당히 내건 키신저 경이 고성능 폭탄 제조자들을 굶기고 있다는 내용의 기사를 실었다. 키신저 경이 잘못된 폭탄을 주문했다는 것이 요지였다. 하지만 키신저는 자신을 변명할 기회조차 얻지 못했다. 그는 1916년, 러시아와 외교 회담을 하기 위해 배를 타고 가던 중, 그가 탑승했던 H.M.S 햄프셔 호가 오크니 제도에서 독일이 설치한 지뢰를 건드려 폭발하는 바람에 물에 빠져 죽고 말았다. 그가 사망하자 웨일스 출신의 정치가이자 훗날 전쟁 중 수상이 된 데이비드 로이드 조지David Lloyd George가 군수 장관 자리에 대신 임명되었고, 제대로 된 폭탄을 제조하라는 업무를 맡았다. 그는 전국으로 뻗은 철도망을 최대한 활용했

위험한 작업
여성 탄약 제작자들은 고성능 폭약에 노출되는 바람에 피부와 머리가 노래져서 '카나리아 소녀'라는 별명이 붙었다. 이들은 공장에서 폭발 사고가 난 이후에도 계속해서 작업을 했다.

으며 여성 폭탄 제조자라는 그동안 한 번도 이용되지 않았던 자원을 활용했다.

로이드 조지는 여성 탄약 제조자들을 무한 신뢰했다. 그는 런던을 통과하는 여성참정권 운동 행렬에 재정적인 지원을 하기도 했는데, 이들은 "여성의 능력과 에너지를 활용하자."는 문구가 담긴 현수막을 들고 시위를 벌였다. 공장에는 구내식당, 화장실, 응급 처치실, 식량 등이 구비되어 있었고, 이는 전후 모든 산업의 본보기가 되었다. 공장에서 일하는 여성들은 로이즈 조지의 주장에 따라 상당한 급여를 받았으며 출퇴근 시에는 철도를 이용했다. 그중 1명이었던 이스트런던 출신의 캐롤라인 레니스는 자신들이 런던 브리지 역에서 뎃퍼드에 위치한 탄약 제조 공장까지 개방식 '아담 기차Adam trains'를 타고 어떻게 이동했는지를 기록했다. "우리는 그 기차가 분명 아담이 만들어졌을 때 같이 제작되었을 거라고 농담하곤 했다. 낡은 기차는 비가 올 때마다 흠뻑 젖기 일쑤였기 때문이다." 이 같은 그녀의 기록은 현재 런던 전쟁 박물관에 전시되어 있다.

기차가 총보다 중요했던 때가 있었다.

에리히 루덴도르프, 《전쟁이 발발하다*Coming of War*》, 1934

폭약 분말을 만지다 보니 마치 황달에 걸린 것처럼 그들의 피부와 머리에는 노란 반점이 생겼다. 일을 마친 후 기차를 타고 집으로 돌아갈 때, 그들의 머리는 연한 적갈색이었고 얼굴은 밝은 노란색으로 얼룩진 상태였다. 그들이 병사들로 가득 찬 기차에 탑승하면 기차역의 짐꾼들이 그들을 1등석 칸으로 몰래 데려다 주었다. 캐롤라인은 "그들은 우리가 무슨 일을 하는지 알고 있었기 때문에 우리에게 문을 열어 주면서 '어서 올라타요, 아가씨들'이라고 말했다. 같은 기차를 탄 군

여성 참정권 운동
펜실베이니아의 뉴캐슬에 위치한 베들레헴 제철회사에서 일하던 6명의 여성 탄약 제조자들은 우드로 윌슨 대통령에게 여성 참정권 법안을 지지해 달라고 요청했다.

인들은 우리를 별로 좋지 않게 보았지만 피곤함에 찌든 우리는 그나마 우리 편이었던 짐꾼의 어깨에 기대어 쉬었다."고 기록했다.

이 용감무쌍한 여성들은 죽음을 두려워하지 않았다. 기차에 탑승하고 있던 한 소년병이 그들에게 "폭탄을 만드는 위험한 일을 하다니, 길어봤자 분명 2년밖에 못 살 거야."라고 말하자 그녀들은 "국가를 위해 죽는 것 따위는 두렵지 않아."라고 응수했다. 실제로 상당수의 여성 노동자들이 목숨을 잃었다. 1918년, 노팅엄의 칠웰Chilwell에 위치한 제6탄약 공장에서 폭발이 일어나 130명이 넘는 여성 노동자가 사망했고, 이들 모두가 공동묘지에 묻혔다. 당시 목숨을 건진 여성 근로자들은 폭발 사고가 난 와중에도 다시 일터로 돌아가 연합국 군대를 위해 탄약을 제조해야 했다.

한편 미국은 1917년, 자국의 대륙횡단 함선 '루시타니아 호'가 독일 잠수함의 수뢰공격으로 침몰하자 참전을 결정했다. 마침내 전쟁에 뛰어든 미국이 볼티모어 작업소에서 제작한 철도 장비와 증기 기관차를 이용해 포병대를 서부 전선으로 운송하는 등 적극적으로 전쟁에 가담하자 독일은 결국 항복을 선언했다. 휴전이 이루어진 장소는 기차 안이었다. 제1차 세계대전은 연합국이 더 많은 자원을 보유했기 때문에 승리할 수 있었는데, 이는 모두 탄약 제작자들 덕분이었다그들의 헌신 덕분에 1928년, 21세 이상의 영국 여성들에게 투표권이 주어졌다.

휴전 조인식 객차

니겔맥커가 제작한 침대차 중 하나는 제1차 세계대전 기간에 판매가 중지되면서 연합국 사령관, 마샬 포츠의 사무실로 사용되었다. 그러던 중 독일이 항복을 선언하자, 이 침대차는 1918년 11월 11일, 휴전에 서명하기 위한 장소로 활용하기 위해 파리 외곽의 콩피에뉴 숲에 위치한 철도 대피선으로 옮겨졌다. 독일 지도자, 아돌프 히틀러는 이 서명을 상당히 모욕적이라 여겼으며 제2차 세계대전에서 프랑스가 독일에 항복하자 그때와 같은 장소에서 휴전 서명을 하자고 주장했다. 한편 독일 나치 친위대원들은 연합국이 전쟁에서 승리할 것이 확실해지자 이 휴전용 객차를 파괴하려 하기도 했다.

앞서 미국으로 떠날지 고민하던 시인 에드우드 토머스는 미국으로 도망가는 대신 소총부대에 입대하기로 결심했다. 그리고 결국 1917년에 아라스 전투에서 폭탄에 맞아 사망했다. 그의 친구인 시인 루퍼트 브룩 역시 1915년, 갈리폴리에서 사망했는데, 죽기 전 〈병사〉라는 시를 남겼다.

"내가 죽으면 나에 대해 이것만 생각해주오.
영원히 영국이 된, 외국 들녘의 어떤 구석진 곳이 있었다는 것을."

1917 칼굴리-포트 오거스타 철도

지역: 오스트레일리아
유형: 승객용, 화물용
길이: 1,693킬로미터

철도가 처음 등장했을 때는 주로 화물 운송을 담당했다. 하지만 오스트레일리아의 오지까지 운행되었던 '슬로우 믹스드' 기차는 각 가정에 필요한 모든 것들, 신선한 고기에서부터 채소, 그리고 가장 중요한 물에 이르기까지 온갖 물품을 운송했다.

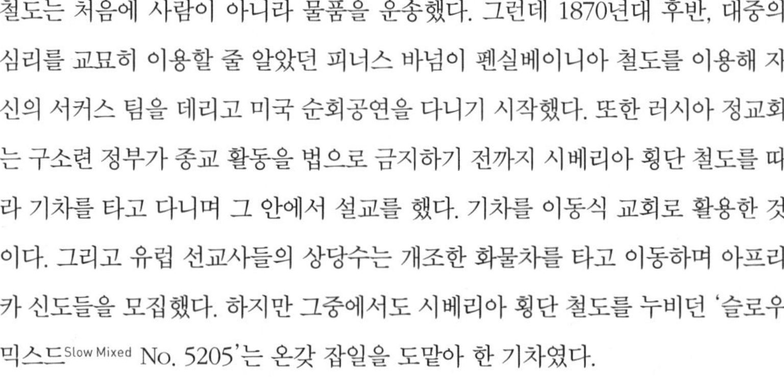

- ✦ 사회성
- ✦ 상업성
- ✦ 정치성
- ✦ 공학성
- ✦ 군사성

'슬로우 믹스드' 기차

철도는 처음에 사람이 아니라 물품을 운송했다. 그런데 1870년대 후반, 대중의 심리를 교묘히 이용할 줄 알았던 피너스 바넘이 펜실베이니아 철도를 이용해 자신의 서커스 팀을 데리고 미국 순회공연을 다니기 시작했다. 또한 러시아 정교회는 구소련 정부가 종교 활동을 법으로 금지하기 전까지 시베리아 횡단 철도를 따라 기차를 타고 다니며 그 안에서 설교를 했다. 기차를 이동식 교회로 활용한 것이다. 그리고 유럽 선교사들의 상당수는 개조한 화물차를 타고 이동하며 아프리카 신도들을 모집했다. 하지만 그중에서도 시베리아 횡단 철도를 누비던 '슬로우 믹스드Slow Mixed No. 5205'는 온갖 잡일을 도맡아 한 기차였다.

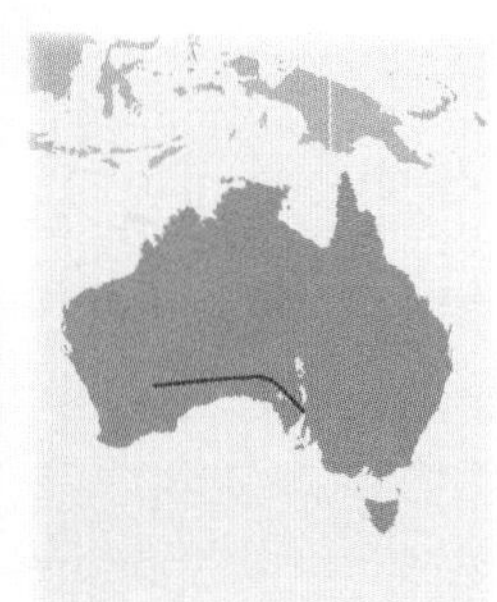

'차와 설탕'이라는 별명이 붙었던 이 기차는 웨스트 오스트레일리아의 칼굴리와 사우스 오스트레일리아의 포트 오거스타 사이를 거의 80년 동안이나 운행했다. 철도는 도살업자와 신선한 채소를 비롯하여 여러 음식을 운송했다. 당시에는 거의 필수품에 가까웠던 차와 설탕도 그중의 하나였다. 기차 안에는 여행객들의 건강을 돌보기 위한 진료소가 운영되었고, 1950년대가 되자 간이 극장도 설치되어 궤도 보수를 담당하던 345명의 노동자와 철도역 열한 곳에서 거주하던 그들의 가족들을 즐겁게 해주었다. 게다가 기차 안에는 물탱크가 있어서 노동자들과 그 가족들의 물 문제도 해결할 수 있었다. 오스트레일리아 대륙에는 물이 없었기 때문에 '슬로우 믹스드'

모두를 위한 철도
웨스턴 오스트레일리아를 뉴사우스 웨일스와 연결하고자 오스트레일리아 대륙 횡단 철도가 건설됐다.

는 시베리아를 건넜던 다른 기차들과 마찬가지로 기차 운행에 필요한 물을 직접 싣고 달려야 했던 것이다.

칼굴리-포트 오거스타 철도는 1897년, 오스트레일리아 대륙에서 금이 발견된 후 퍼스에서 칼굴리까지 연결되었다. 그 후 1901년에는 식민지 주였던 웨스턴 오스트레일리아, 노던 준주, 사우스 오스트레일리아, 퀸즐랜드, 뉴사우스 웨일스와 빅토리아가 오스트레일리아 연방으로 통합되면서 널러버 평원을 지나 포트 오거스타까지 철도를 연장하려는 계획이 추진됐다. 이 철도 건설에서 가장 큰 장애물은 널러버 평원'나무가 없다'는 뜻이었다. 널러버 평원은 세상에서 가장 큰 석회암으로 이루어진 원주민 주거지역이었다. 그들은 세상에서 가장 긴 일직선 선로478킬로미터를 그곳에 건설할 예정이었다. 이 철도는 건설되는 데 총 5년이 걸렸다.

인디언 퍼시픽
대륙 횡단 철도의 궤간이 조정되자, 퍼스에서 시드니까지 '인디언 퍼시픽' 기차가 운행되었다. 이 구간에는 세상에서 가장 긴 일직선 선로가 존재했다.

1938년부터는 퍼스에서부터 칼굴리까지 '웨스트랜드The Westland' 기차가 밤사이에 운행되었다. 이 기차는 물탱크를 난간에 부착해 낮은 온도를 유지했고, 기차 내에 설치된 난로를 지피기 위해 장작을 한가득 싣고 달렸다. 그러던 중 1969년에 선로의 궤간을 다시 조정하여 '인디언 퍼시픽Indian Pacific' 기차를 운행했다. 반짝이는 스테인리스 유리로 만들어진 이 여객 열차는 승객 144명을 수용할 수 있었으며, 이것을 탈 경우 퍼스에서 시드니로 곧장 이동할 수 있었다.

이로써 오스트레일리아 대륙 횡단 철도는 누구든 반드시 타 봐야 하는 명물 여객 철도 중 하나가 되었으며, 동시에 동부와 서부 사이에 화물을 나르는 철도 본연의 역할도 계속해서 수행했다.

이곳은 말로는 여러 번 들었지만, 실제로 본 것은 이번이 처음이었다.

오스트레일리아 대륙 횡단 철도 건설 작업자, 1954

'간' 철도

포트 오거스타와 다윈 사이의 앨리스스프링스를 거쳐 오스트레일리아를 남북으로 가로지르는 대륙 횡단 철도를 건설하는 데 무려 125년이 넘게 걸렸다. 우선 아프간 고속철도 혹은 줄여서 '간 철도'라 불리는 철도가 1891년에 포트 오거스타에서 사우스 오스트레일리아의 우드나다타까지 연결되었다. 하지만 그 후 20년 동안은 철도 건설 작업이 진행되지 않아 앨리스스프링스까지 도달하려면 낙타를 이용해야 했다. 게다가 1929년에 앨리스스프링스까지 철도가 연결된 후에도 2,979킬로미터 구간 전체를 연결하기까지 75년이 더 걸렸다.

1932 시드니 도시철도

지역: 오스트레일리아
유형: 승객용
길이: 4.9킬로미터

시드니의 지하철을 완성하기 위해 세상에서 경간이 가장 긴 다리, 시드니 하버 브리지가 건설되는 데는 수년이 걸렸다. 철도가 발달할수록 큰 다리들이 대륙 이곳저곳에 생겨나기 시작했는데, 간혹 이 다리들이 무너지는 사고가 발생하여 중대한 뉴스거리가 되기도 했다.

- ✦ 사회성
- ✦ 상업성
- ✦ 정치성
- ✦ **공학성**
- ✦ 군사성

철교

다리를 무서워하는 사람들을 제외하고 대부분은 사람들이 다리를 건너는 것을 좋아한다. 해안가를 위에서 내려다볼 수도 있고 다리 아래로 깎아질 듯한 절경을 구경할 수도 있기 때문이다. 뿐만 아니라 모든 위대한 다리들은 아름답다. 예를 들어 피렌체의 베키오 다리, 프랑스 아비뇽의 가르 다리둘 다 이탈리아인의 작품이다, 뉴욕의 멋진 브루클린 교, 포르투갈 리스본의 타구스 계곡에 위치한 아찔한 살라자르 교포르투갈의 독재자가 몰락한 후, '4월 25일 다리'라고 다시 이름 지어졌다 등이 있으며, 세상의 많은 훌륭한 건설 기술자들이 다리를 만들고 싶어한다. 그중의 1명인 장 루돌프 페로네Jean-Rodolphe Perronet는 최초의 공대와 토목학교를 설립한 것으로 유명하다. 그는 날렵한 곡선 기둥이 상당한 하중을 지탱할 거라는 자신의 이론을 현실화하기도

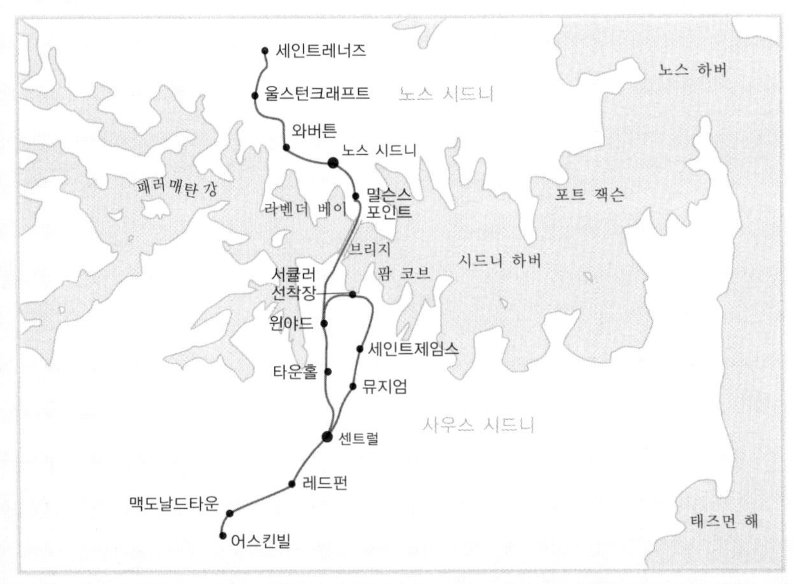

뉴사우스 웨일스
'옷걸이'라는 애칭이 붙은 오스트레일리아의 시드니 하버 브리지는 북부 해안가와 시드니의 중심 업무 지역을 연결하는 아주 중요한 철교였다.

주철
사무엘 스마일스는 "영국 슈롭셔의 콜브룩데일에 지어진, 주철로 만든 최초의 다리인 아이언 브리지는 문명사회의 핵심 부품이다"고 기록했다.

했는데, 이 이론에 따라 1771년에 나무와 벽돌로 파리의 센 강 위에 뇌이 교를 건설했다. 그리고 철도 시대가 시작될 무렵, 다리 전문가들은 철이라는 새로운 건축 재료를 손에 넣게 되었다. 주철을 이용해 건설한 세계 최초의 다리는 1770년대 후반, 영국 슈롭셔의 콜브룩데일에 지어진 아이언 브리지iron bridge였다. 사무엘 스마일스는 저서《발명과 산업*Invention and Industry*》에서 "이 기이한 금속은 모든 제작자의 영혼이자 문명사회를 위한 핵심 재료이다."라고 기록했다. 철의 가장 큰 장점은 높은 압축 강도였다. 미국 독립선언문에 서명한 토머스 페인Thomas Paine은 이 압축 강도를 이용해 연철과 주철로 다리를 건설할 생각을 했다. 펜실베이니아의 파이에트 카운티의 제임스 피니James Finney 판사 또한 1800년, 제이콥 크릭에 현수교를 건설할 당시 주철을 사용했고 자신의 아이디어를 특허 낸 적이 있었다.

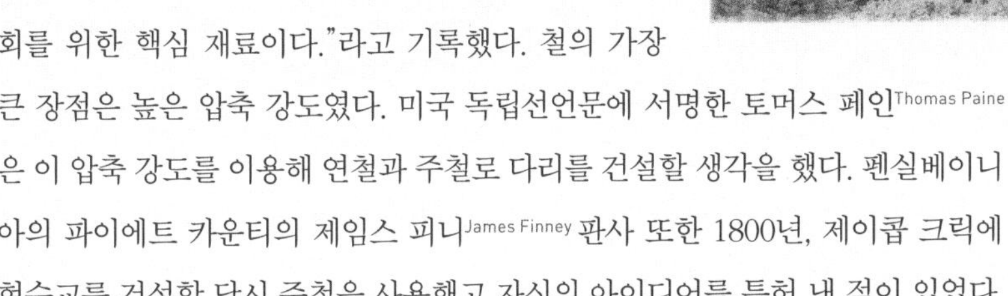

하지만 최초의 철교는 1725년, 코지번이라는 영국의 작은 계곡 위에 벽돌로 지어진 다리였다. 그 지역의 탄광 소유주였던 한 기업가로부터 계곡 사이에 다리를 놓아달라는 의뢰를 받은 랄프 우드Ralph Wood라는 석공이 도슨 다리Dawson's Bridge, 이 다리는 훗날 '탠필드 아치' 혹은 '코지 아치'라 불린다를 건설한 것이다. 1년 후 완공된 이 다리는 생각지도 못하게 세계에서 가장 긴 단순교**59**가 되었다1980년대에는 탠필드 철도에 증기 기관차가 운행되면서 이 다리는 세계에서 가장 오래된 철교가 되었다. 그러나 정작 랄프 우드는 자신이 제

코지 아치
스탠리에 지어진 최초의 철교는 더럼 카운티의 탄광까지 이어졌다. 이 철교를 건설한 석공은 자신의 작품이 마음에 들지 않아 다리의 개통식 날, 다리에서 투신 자살했다고 한다.

붕괴된 다리

✦

한니발-세인트조지프 철도를 위해 건설된 플래트 교(Platte Bridge)가 1861년 9월에 붕괴되면서, 그 위를 달리던 세인트조지프 기차가 강물에 빠지는 사고가 발생했다. 당시 승객 100명이 기차에 탑승하고 있었는데, 그중 17명이 사망했고 많은 승객이 부상을 입었다. 알고 보니 이 사고는 일부러 방해 공작을 하기 위해 다리의 하단에 불을 지른 남부군의 소행이었다. 또한 1977년에는 오스트레일리아에서 최악의 사고가 발생했는데, 통근열차가 탈선해 도로 교량의 지주를 들이박은 바람에 87명이 사망하고 200명 이상이 부상당했다. 이 사고의 원인은 부실한 철로 관리로 밝혀졌다.

작한 다리가 마음에 들지 않는다는 이유로 개통되던 날, 다리에서 뛰어내려 생을 마감했다.

1845년이 되자, 영국의 철교 건설은 잠시 소강상태를 보인다. 리버풀-맨체스터 철도가 건설된 이래로 다리의 수가 자그마치 2배나 증가했는데 대부분이 부실한 상태였던 것이다. 기차가 다리 위를 지나는 짧은 순간에 어마어마한 하중이 다리에 실렸으므로, 기차는 정말로 다리를 붕괴시킬 수 있었다. 실제로 사무엘 브라운이 스톡턴-달링턴 철도를 건설하기 위해 티스 강 위에 세운 현수교는 불과 몇 달밖에 버티지 못했다. 사실 초창기 미국 철교도 목재로 만든 거대한 구조물에 가까웠다. 링컨 대통령은 이를 보고 "삐쩍 마른 사람 또는 지푸라기 같다."고 했으며, 의심 많은 마크 트웨인은 "다리는 믿을 만한 것이 못 된다. 교각 공사를 해서 대체 뭘 얻을 수 있을지 모르겠다."고 말했다. 하지만 미국은 수완 좋은 19세기 국가답게 계속해서 다리를 건설해 나갔다. 가장 화려한 다리 중 하나는 존 로블링John Roebling이 건설한 나이아가라 폭포 철교로, 그는 이 다리를 2중 갑판으로 설계해 위층에는 기차가, 아래층에는 마차가 지나가도록 했다. 이 현수교는 1855년에 개통했는데 1897년이 되자 그 위를 지나가는 차량이 넘쳐나는 바람에 심하게 닳고 말았고, 결국 더 이상 사용할 수 없어지자 교체되기에 이르렀다. 로블링의 가장 대표적인 작품은 1883년, 뉴욕에 건설한 브루클린 교였다하지만 그는 생전 이 다리를 이용하는 영광을 누리지 못했다. 페리에서 사고가 나 다리가 잘리는 바람에 파상풍으로 죽고 말았던 것이다. 이 다리는 1900년대 초반까지 세상에서 가장 긴 현수교였다. 신기록을 세운 미국의 또 다른 교량 건설자로는 제임스 이즈James Eads가 있었다. 미주리 주의 세인트루이스 출신인 그는 미국 남북전쟁 동안 연합군을 위해 무장 함선, '아이런클래드ironclads'를 제작했다. 그는 미시시피 강에서 난파선을

나이아가라 폭포
1855년, 나이아가라 폭포 위에 지어진 다리는 세계 최초의 철도용 현수교였다. 사진은 캐나다에서 바라본 다리의 모습.

인양해 돈을 모은 후, 세인트루이스 최초의 철교를 건설하는 작업을 따내 그곳에 세상에서 가장 긴 아치형 다리를 건설한 사람이었다. 그는 기관차 14대로 하중 실험을 하는 등 훗날 다리에서 안전사고가 발생하지 않도록 만전을 기했다.

기병
시드니 하버 브리지는 1923년에 준공을 시작했는데 1932년에 있었던 개통식에 예상치도 못한 인물이 등장해 행사를 망치기도 했다.

시드니의 하버 브리지

그로부터 거의 60년 후에 지어진 시드니 하버 브리지의 경우, 교량 건설자들이 무려 90대 이상의 기관차로 하중 실험을 하는 등 더욱더 신중을 기했다. 이 다리는 '옷걸이'라는 깜찍한 별명을 얻었지만 사실 세상에서 가장 크고 가장 넓으며 가장 유명한 철제 아치형 철교였다.

시드니 하버 브리지는 1932년에 개통했다. 개통식에서는 이를 기념하는 리본 커팅식을 하기도 전에 정부의 정책에 반대하기 위해 말을 타고 불쑥 쳐들어온 기병이 휘두른 칼에 리본이 끊기는 사고가 발생하기도 했다. 하버 브리지는 북해안을 시드니의 중심업무 지역과 연결하고 시드니 도시 철도1926년 준공되기 시작해 30년 후 존 브래드필이 완공했다를 운행하기 위해 지어졌지만 사실 이 교각 위에는 철도보다는 자동차용 도로가 더 많이 지어졌으며 1961년이 되자 전차 선로 2개마저 철거되어 결국 무개화차와 자동차를 위한 선로로 교체되었다.

하버 브리지를 건설한 영국 기술자 중에는 랄프 프리맨Ralph Freeman이 있었다. 그는 1905년에 빅토리아 폭포 철도를 건설하기도 했다. 프리맨은 존 레니와 독학으로 공학을 공부한 토머스 텔포드 같은 교량 건설자들의 선례를 따랐는데, 이 두 남자 모두 철도가 등장할 당시 도로 교량을 건설한 사람들이었다. 레니는 증기 기관차 제작자인 볼턴, 와트와 함께 작업했고 텔포드는 1826년, 메나이 현수교를 건설했으며, 이 현수교는 우편마차가 메나이 협곡을 따라 노스 웨일스에서 아일랜드 페리까지 이동하는 데 이용되었다. 그보다 10년 전에는 이점바드 킹던 브루넬, 조셉 로크와 함께 1800년대 초반, 유명한 철교 건설자로 이름을 날린 로버트 스티븐슨이 철교를 건설했다. 스티븐슨은

브래드필드의 다리
다리를 건설하는 데 큰 역할을 한 존 브래드필드는 시드니의 남쪽과 북쪽을 연결하는 철도를 건설할 경우 시드니의 경제가 활성화될 거라 믿었다.

노스 웨일스에 가서 다소 혁신적인 디자인의 브리타니아 브리지Britannia Bridge를 설계했는데연철 튜브를 사용했다, 실물의 6분의 1 크기로 축소 모형을 제작해 86톤의 하중을 지탱할 수 있는지 시험함으로써 그를 비방하는 사람들의 동의를 얻어냈다. 1850년, 스티븐슨은 마지막 못을 박아 다리를 완성했고 그 후 120년 동안 그 위를 따라 기차가 운행됐다. 한편 1970년에는 이 다리에 화재가 발생해 재건 작업이 이루어지기도 했다.

한편 브루넬도 대단한 교량 건설자였다. 그가 건설한 그레이트 웨스턴 철도는 영국의 서쪽으로 완만하게 경사진 마을인 에이번과 서머싯까지 도달하고 데본과 콘월의 깊은 계곡까지 이어졌는데 브루넬은 이 웨스트 콘월 철도를 건설하기 위해 구름다리 8개를, 플리머스와 트루로를 연결하는 콘월 철도를 건설하기 위해 구름다리 34개를 세웠으며 타마 강 위로는 빅토리아 여왕의 남편, 앨버트 대공의 이름을 딴 앨버트 브리지Albert Bridge를 건설했다. 이 다리는 1859년 5월에 개통했으며, 다리가 개통된 지 4개월 만에 사망한 브루넬그는 뇌졸중을 앓고 있었다의 시신은 이 다리를 통해 그의 고향으로 옮겨졌다.

한편 타마Tamar 교처럼 건재한 다리들은 이미 무너진 다리들보다 수명이 길지는 몰라도 역사적 의의는 상대적으로 부족했다. 그중에서도 캐나다의 그랜드 트렁크 대륙 횡단 철도 건설을 위해 세인트로렌스 강 위에 건설된 퀘벡Quebec 교만큼 불운한 다리는 없었다. 1907년 8월, 549미터의 중앙 캔틸레버 부분이 건설될 때

브루넬의 다리
타마 강 위에 건설된 혁신적인 앨버트 브리지는 1859년에 개통했으며 다리가 개통된 지 얼마 안 되어 사망한 브루넬의 시신은 이 다리를 통해 그의 고향으로 옮겨졌다.

최초의 횡단
1932년, 최초의 여객 기차가 시드니 하버드 브리지를 건넜다. 이 다리를 건설한 이들은 이미 90대가 넘는 기관차로 안전 실험을 마친 상태였다.

현장에 있던 기술자 1명이 지지판의 일부에 균열이 조금 발생한 것을 발견했고, 이 소식은 다리를 설계했던 시어도어 쿠퍼Theodore Cooper에게 전해졌다. 그는 작업을 중지하라고 지시를 내렸지만 그의 명령은 작업팀에게 전달되지 않았고, 결국 인부 85명이 작업하던 도중에 다리가 갑자기 붕괴되고 말았다. 그중 목숨을 건진 사람은 11명뿐이었다. 1916년 11월, 퀘백 교는 또다시 사고가 났다. 다리의 가운데 구간에서 사고가 발생해 인부 11명이 사망하고 말았던 것이다. 그렇게 두 번의 사고가 발생한 끝에 1년 후, 드디어 다리가 완공되었다. 영국에서 가장 악명 높은 사고를 겪은 것은 스코틀랜드의 '테이 브리지Tay Bridge'였다. 그 다리를 건설한 토머스 바우치Thomas Bouch는 빅토리아 여왕이 1897년, 당시 세상에서 가장 긴 그 다리를 건넌 후에 '경'이라는 호칭을 얻기도 했다. 만약 빅토리아 여왕이 그해 12월 강풍이 불던 날 밤, 우편 열차를 타고 그 다리를 건넜더라면 영국의 운명은 완전히 달라졌을지도 모른다. 폭풍으로 다리의 중간 부분이 완전히 붕괴되고 열차 안에 타고 있던 승객 75명이 테이 강 아래로 떨어졌던 것이다. 목숨을 건진 사람은 아무도 없었지만 기차는 물에서 건져 복구한 후 운행을 다시 시작했다. 사고의 원인은 토머스 바우치그는 사고 이후 '경' 호칭을 박탈당했다의 사소한 계산 실수로 밝혀졌고 이 사고 이후에 다리 건설자들은 다리를 설계할 때, 더욱 신중을 기했다.

조셉 모니어

✦

콘크리트 철교 건설자들은 획기적인 건설 재료를 제공해 준 프랑스 정원사, 조셉 모니어(Joseph Monier)에게 감사를 표했다. 흙으로 만든 화분이 잘 부서지는 것이 불만스러웠던 모니어는 젖은 콘크리트의 가소성과 철의 보강 성질을 결합해 이 둘을 하나로 합친 제품을 만들어 특허를 냈다. 이 제품이 바로 철근 콘크리트였다. 그는 자신의 발명품을 1867년, 파리 전시회에 출품했고(벨기에산 가축차와 뉴저지의 그랜트 로코모티브 사에서 제작한 '아메리카'란 이름의 기관차와 함께 나란히 전시되었다) 이 철근 콘크리트를 이용해 차젤렛(Chazelet)에 다리를 건설했다.

1933 베를린-함부르크 철도

지역: 독일
유형: 화물용, 승객용
길이: 286킬로미터

증기 기관차는 100년 이상이나 철도 운행에 이용되었다. 하지만 루돌프 디젤의 발명품과 1930년대에 프리겐더 함부르크 기차가 등장하자 이들에게 그 자리를 내어주고 말았다.

- ✦ 사회성
- ✦ 상업성
- ✦ 정치성
- ✦ 공학성
- ✦ 군사성

전기·디젤 기차의 등장

1934년, 유니언 퍼시픽 철도회사는 철도 여행을 완전히 바꾸어놓을 기차를 선보였고, 결국 그해 2월, 93.5톤짜리 M-1000 기차가 시험 운행을 위해 유니언 퍼시픽 철도를 따라 운행했다. 이 기차의 앞부분은 흡사 악마의 코처럼 불쑥 튀어나와 있었고 뒷면은 곡선으로 되어 있었다. '시티 오브 살리나City of Salina'라는 이름이 붙은 이 기차는 캔자스시티, 미주리, 살리나, 캔자스 주를 따라 우편물과 승객 100명 이상을 운송할 예정이었다. 또한 에어컨이 설치되어 있어 쾌적한 상태를 유지했으며 최초로 전기와 디젤의 힘으로 운영되는 초고속 기차이기도 했다.

하지만 안타깝게도 이 디젤 기차는 준비가 미흡하여 미국 최초의 디젤 기차가 되는 영광을 경쟁자인 '파이어니어 제퍼Pioneer Zephyr'에게 내주고 말았다. 이 기차 역시 유니언 퍼시픽 철도회사가 선보인 것으로 와이오밍 주의 샤이엔에서 네브

독일 디젤 기차
1930년대에 디젤의 힘으로 움직이는 가장 빠른 여객 열차, '프리겐더 함부르크'가 베를린-함부르크 철도 위를 달리면서 이 철도는 유명해졌다.

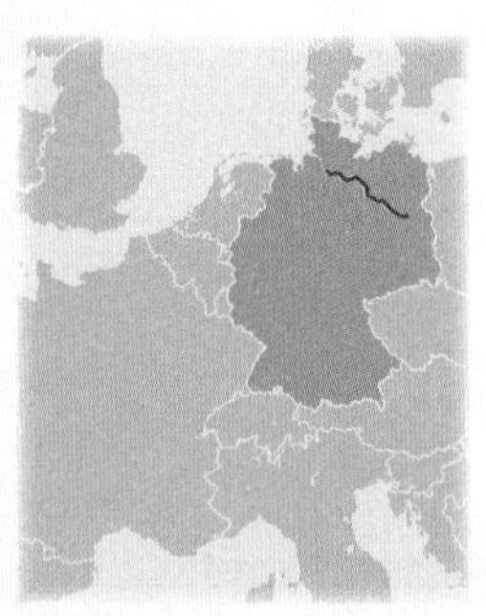

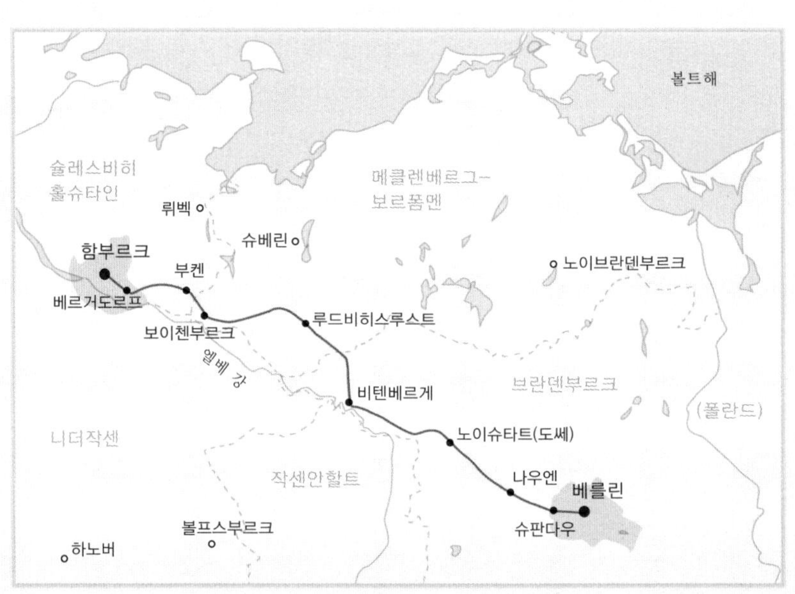

래스카 주의 오마하까지 817킬로미터를 평균 시속 135킬로미터로 운행했다. 그 후 등장한 '시티 오브 포틀랜드City of Portland'는 시카고에서 오레곤의 포틀랜드까지 3,652킬로미터를 운행했는데 총 이동시간은 과거 58시간에서 자그마치 18시간이 줄어든 40시간이었다. 이 기차가 등장한 이후 초고속 기차 여행에 대한 수요가 급증했고 이 시기는 미국인들이 자가용을 이용해 여행 다니기 시작한 시기와 일치했다. 그 후에는 '시티 오브 로스앤젤레스City of Los Angeles'와 '시티 오브 샌프란시스코City of San Francisco' 같이 11개 혹은 17개 차량으로 이루어진 유선형 열차가 운행되었다.

The Pioneer Zephyr–Daddy of 'em All
FIRST DIESEL STREAMLINE TRAIN IN AMERICA
1934–TENTH ANNIVERSARY–1944

기록적인 속도
스테인리스 스틸로 만든 '파이어니어 제퍼'는 덴버와 시카고 사이를 운행했다. 새벽에 출발한 기차는 저녁 무렵에 목적지에 도착했는데 시속 124킬로미터라는 기록적인 속도로 운행되었다.

M-1000보다 먼저 운행되었던 유선형 열차, '파이어니어 제퍼'는 캔자스시티와 네브래스카 주의 링컨 사이를 운행했다. 이 기차가 등장하기 전에 이 두 도시 사이를 가장 빠른 속도로 달렸던 기차는 증기 기관차인 '오토크랫Autocrat'이었다. 이 기차는 1930년대에 평균 시속 59킬로미터로 운행했는데, 당시 1,624킬로미터를 이동하는 데 28시간이 걸리던 것이 1934년 '파이어니어 제퍼'가 등장하면서 13시간으로 확 줄어들었다. 따라서 이 기차가 시카고에서 열린 '세기의 진보 전시회'로 향한 것은 아주 적절했다고 할 수 있었다.

'파이어니어 제퍼' 같은 전기 · 디젤 기차는 제작비용은 비쌌으나 운영비용은 상대적으로 저렴했던 터라석탄을 태워 운행하는 증기 기관차에 비해 자본비가 상쇄되었다. 승객들은 에어컨이 설치된 차량에서 쾌적한 여행을 할 수 있었을 뿐만 아니라 라디오를 들을 수도 있었고, 뒤로 젖혀지는 좌석에 전망 라운지와 뷔페까지 즐길 수 있었다. 좌석이 72개인우편물과 화물이 공간의 3분의 1을 차지했다 초기 차량은 160만 9,300킬로미터를 운행한 뒤 시카고의 과학 산업박물관에 전시되었다. 한편 차체가 알루미늄으로 만들어진 M-1000은 제2차 세계대전 기간에 비행기와 무기로 재활용되었다.

Bo-Bo와 Co-Co

✦

증기기관차를 바퀴 정렬에 따라
이름을 짓는 기존의 방식(167쪽 참조)은
전기 · 디젤 기차에는 적용되지 않았다.
대신 운전 축과 비운전 축의
개수를 표시하기 위해
알파벳이 사용되었다.
'A'는 운전 축 1개를, 'B'는 2개를,
'C'는 3개를, 'D'는 4개를 의미했다.
하지만 이 분류 방식은 축이
합쳐지면서 각각 별도로 운행되자
상당히 복잡해졌고
결국 알파벳 'O'가 추가되었다.
그래서 'Bo-Bo', 'Co-Co'
같은 형태의 기관차 이름이
등장하게 되었다.

날렵하고 빠른

유선형 기차는 1930년대에 미국과 유럽 전역을 운행했다. 이 기차는 기술적으로는 공기 역학의 효율성을 높이기 위해 도입되었지만 결국에는 속도와 힘을 상징하게 되었다. 1930년대에는 독일의 바우하우스와 아트데코 움직임의 영향을 상당히 많이 받아 기차의 상당수가 유선형으로 제작되었는데 그 예로는 '파이어니어 제퍼', '프리겐더 함부르크Fliegender Hamburger', 훗날 휴가 캠프지를 소유한 빌리 부틀린이 폐품 더미에서 건진 '영국의 해밀턴 공작부인Duchess of Hamilton' 등이 있었다. 그런데 유선형 열차는 사실 새로운 개념은 아니었다. 제임스 코트James Cott 역시 1895년에 "엔진의 정면은 배의 정면처럼 쐐기형이어야 한다. 그래야 기차가 힘을 덜 들이고도 앞으로 나아갈 수 있다"고 말한 적이 있었다.

디젤 엔진을 발명한 사람은 독일의 루돌프 디젤Rudof Diesel 박사였지만, 운명의 장난인지 오늘날 디젤 기차의 운전사는 1890년에 비슷한 엔진을 특허 낸 적이 있는 오스트레일리아 출신 기술자의 이름을 따서 부르고 있다. 게다가 정작 1892년에 이 기술을 특허 내 큰돈을 번 프랑스 기술자 루돌프 디젤은 1913년에 S. S. 드레스덴 보트 기차를 타고 앤트워프에서 하리치로 이동하던 중 홀연히 사라져버렸다.

한편 기술자들은 철도가 등장한 이래로 다양한 형태의 원동력을 실험했는데, 휘발유와 파라핀은 폭발성이 너무 심했고 아크로이드-스튜어트와 디젤 엔진은 저렴한 원유로도 운행이 가능했다. 하지만 안전성을 100퍼센트 보장할 수는 없는 것이 문제였다. 디젤 박사 역시 실험 도중 폭발이 일어나 겨우 목숨을 건진 일이 있었다. 게다가 디젤 엔진은 가열해야만 한다는 단점이 있었다. 1898년에 기술자들이 이 문제를 해결하는 과정에서는 최초의 대중 시위가 벌어지기도 했다.

그로부터 15년 후, 디젤 박사는 회의에 참석하기 위해 런던으로 향하고 있었다. 그는 야간 연락 열차에 몸을 싣고 모닝콜을 주문한 후 잠들었다가 다음 날 아침, 돌연 사라졌다. 그가 입었던 코트는 갑판 위에서 발견되었지만 그의 짐은 아무도 건드리지 않은 것으로 나타났다. 이후 네덜란드 보트 선원이 바다에서 그의 시신을 인양했고 그의 아들이

디젤 박사
세상에서 가장 성공적인 엔진을 개발한 루돌프 박사가 한밤중에 열차에서 사라진 이유는 아직까지 밝혀지지 않고 있다.

채소 기름은 머지않아 현재의 휘발유와 콜타르만큼이나 중요해질 것이다.

루돌프 디젤

개인 소지품을 확인해 그의 신원을 확인한 후 다시 깊은 바다 속에 빠뜨렸다. 그는 돈에 대한 걱정 때문에 자살을 택한 걸까? 아니면 살해당한 걸까? 온갖 추측이 난무했지만 그중에는 독일 에이전트그는 독일과 영국을 이간질할 중요한 정보를 알고 있었을지도 모른다와 석유 기업가채소 기름으로 기차를 운행하려던 그의 계획은 석유화학 산업에 안 좋은 영향을 끼쳤을 것이다가 그를 살해했을 거라는 설이 있었다. 이 사건은 미해결된 상태로 남았지만 디젤 엔진은 전 세계적으로 발전을 거듭했다.

프리겐더 함부르크
프리겐더 함부르크 기차는 제2차 세계대전이 발발하기 전까지 세상에서 가장 빠른 기차였다.

그리하여 캐나다 국영 철도회사는 1925년, 전기 · 디젤 열차 8대를 제작했고 그중 1대는 몬트리올에서 밴쿠버까지 운행했다. 이 기차는 67시간 동안 4,715킬로미터를 가는 동안 한 번도 문제를 일으키지 않았다.

그로부터 7년 후인 1933년에 독일에는 디젤 기차인 '프리겐더 함부르크'날아가는 햄버거'라는 뜻'가 등장했다. 이 기차의 속도는 경쟁자를 좌절시킬만 했다. 각기 크림색과 보라색으로 치장한 유선형의 기차 2대가 베를린과 함부르크 사이를 시속 161킬로미터로 운행했던 것이다. 덕분에 독일은 당시 세상에서 가장 빠른 여객 열차를 운행하게 되었다. 하지만 이 기차는 제2차 세계대전 동안 운행을 멈췄고 프랑스가 전쟁 보상금으로 이 기차를 몰수해 1940년대 말까지 운행했다.

함부르크에서 베를린까지 기차 여행의 속도는 그로부터 거의 65년 동안이나 향상되지 않았으며, 전기 · 디젤 열차가 증기 기관차를 조금씩 몰아내자 미국의 자동차 제조사인 제너럴 모터스는 전기 · 디젤 열차를 대량으로 생산하기 시작했다. 이 회사는 장난감 블록처럼 차량을 연결하기 위한 표준 유닛을 만들었는데, 가벼운 화물은 싱글 유닛을, 초중량 화물은 4개의 유닛을 적용했다. 디젤 엔진은 이렇게 미래의 동력으로 확고하게 자리 잡은 듯했다. 하지만 여기서 끝이 아니었다. 1985년, 독일의 도이치 반이 더 새롭고 더 빠른 철도 '이체ICE'를 운행하기 시작한 것이다.

미래의 모습
미국이 건설한 전기·디젤 열차는 독일 전역을 운행했고, 이로 인해 증기 기관차는 몰락하게 된다.

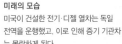

1939

프라하-런던 리버풀 스트리트 역

지역: 체코슬로바키아, 독일, 네덜란드, 영국
유형: 승객용
길이: 1,296킬로미터

- 사회성
- 상업성
- 정치성
- 공학성
- 군사성

인류는 취약한 사회 구성원들을 위험에서 보호하기 위해 다른 곳으로 운송하곤 했다. 비행기가 등장하기 전에는 배와 기차가 이들을 안전한 곳으로 운송하는 유일한 수단이었다.

기찻길 옆 아이들

서리Surrey 출신의 사회주의자, 이디스 네스빗Edith Nesbit이 1905년에 쓴《기찻길 옆 아이들*The Railway Children*》에는 바비, 피터, 필립이라는 주인공이 나온다. 그들은 자신들을 버리고 간 아빠가 다시 돌아올 거라는 헛된 바람으로 아빠를 기다린다. 이 책의 출간 후부터 제2차 세계대전이 끝나기 전까지 자그마치 700만 명의 '기찻길 옆 아이들'이 생겨났다.

사람들은 전쟁이 발발하면 전통적으로 아이들과 아이의 엄마를 안전한 곳으로 옮기곤 했는데, 20세기 유럽에서 생겨난 파시즘과 철도를 이용한 대중 운동의 조짐 때문에 이러한 작업이 더욱 시급해졌다. 맨 처음 안전한 피난처로 옮겨진 대상은 스페인 북부 지역의 아이들이었다. 이 아이들은 자신들의 거주지가 프란시스코 프랑코 장군훗날 스페인의 대통령이 된다 휘하의 파시스트 군대의 공격을 받자 안전한 곳으로 피난해야만 했다. 1937년, 나치 독일 공군의 콘돌 군단이 게르니카라는 마을에 실험용 폭탄을 투하한 것이다. 이것이 바로 '바스크 피난민'의 시작이었으며 파블로 피카소는 이 사건을 소재로 기념비적인 저항 그림 〈게르니카〉를 그리기도 했다. 아이들은5살밖에 안 된 아이들도 있었다 영국, 벨기에, 멕시코, 구소련 등지

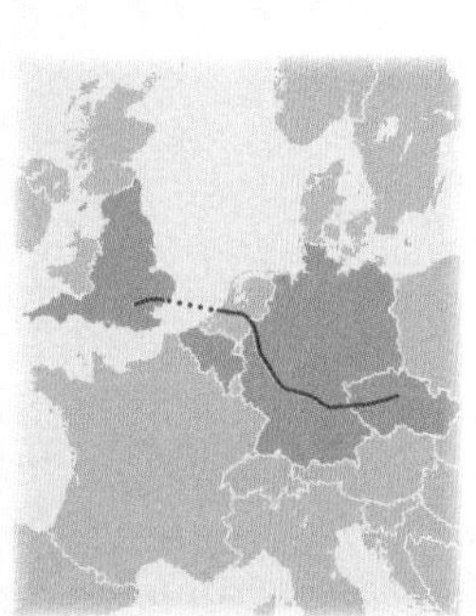

피난길
약 1만 명의 아이들이 나치를 피해 달아났지만 부모는 이들과 함께 갈 수 없었다.

생명줄
철도는 유대인들이 자녀를 전쟁에 말려들지 않게 하기 위해 사용했던 유용한 수단이었다.

로 보내졌다. 그중 구소련 가정에 보내진 아이들은 러시아 지도자 스탈린이나 프랑코 대통령의 명령 때문에 본국으로 돌아가지 못했다. 당시 4,000명 이상의 스페인 아이들이 하바나 증기선에 올라탔다. 옷깃에 '영국행'이라는 신분 표시를 부착한 이 아이들은 영국의 사우스 햄턴 주로 보내졌다. 그들은 근처의 노스 스톤햄에 잠시 머무른 후 영국의 각 가정으로 보내졌다한 영국 소녀는 "검은 머리에 검은 피부를 한 여자아이들 한 무리가 갑자기 학교에 나타났다. 그 아이들은 우리에게 이상한 자장가를 가르쳐주었다."고 회상했다.

1939년, 제2차 세계대전이 발발해 독일이 영국 도시에 폭격을 가하면서 사상 최대 규모의 피난 행렬이 이어졌다. 480만 명의 아이들이 기차를 타고 안전한 국가로 이송될 예정이었는데, 막상 때가 되자 그중 150만 명은 시골로 보내졌다. 나눠진 아이들의 숫자는 비슷했지만 그 운명은 결코 비슷하지 않았다. 시골로 보내진 아이들은 안전한 국가로 이송된 아이들과는 달리 환대받지 못한 경우가 많았던 것이다.

> 독일 치하의 유럽 전역에 살고 있는 유대인들을 어떻게 처치할 지 자네에게 위임하겠네.
>
> **헤르만 괴링**, 1941년 7월

프랑스가 참패하고 독일이 곧 영국을 공격할 것으로 보이자 피난민의 숫자는 또다시 급증했다. 독일의 폭격은 1940년대에 절정에 이르렀으며 도시를 떠난 사람들의 수 또한 최고치에 달했다. 마비스 오웬도 그중 하나였다. 당시 10살이었던 마비스 오웬은 양 갈래 머리를 하고 가장 아끼는 원피스를 입은 채 기차에 올라탔다. 그녀는 1941년에 폭격으로 폐허가 된 리버풀을 떠나 기차역으로 향했다. "엄마는 너무 슬퍼할까 봐 기차역에 함께 가지 못했어요. 대신 아빠랑 함께 갔는데 아빠는 우리를 기차에 태우고 흐느껴 울었어요. 저는 아마 엄마와 아빠를

마지막 여행

✦

'어린이 운송'이 시작된 지 70년이 지난 2009년, 역사적인 기차가 프라하 중앙역에서 출발해 런던의 리버풀 역으로 향했다. 니콜라스 윈턴이 주관했던 어린이 운송을 기리는 행사였다. 이 여정은 총 나흘이 걸렸고 슬로바키아 기관차인 그린 안톤(Green Anton)에서부터 2008년에 제작된 새로운 증기 기관차 토네이도(Tornado)에 이르기까지 총 6대의 기관차가 이용되었다. 체코슬로바키아 최초의 대통령, 토마시 가리구에 마사리크를 위한 화려한 세단형 기차도 그중 하나였다. 이 기차는 1951년, 연락 열차 '골든 애로우(Golden Arrow)'를 운행하기 위해 제작되었다.

다시는 못 볼 거라고 생각했어요." 기차는 중부 웨일스를 거쳐 지나갔고 혼란에 빠진 아이들은 랜드린도드웰스에서 내렸다. 마비스는 클라리오라는 마을의 작은 농장에 보내졌다. 그녀는 에반스 부부와 파라다이스라는 농장에 살게 되었는데, 전쟁이 끝난 후에도 리버풀로 결코 돌아가지 못했다. 이렇게 전쟁 기간에 다른 국가로 수송된 독일 아이들 중 대부분이 훗날 고향과 가족의 품으로 돌아가지 못했다.

1935년 1월에 베를린에서 태어난 루스첸 미카엘리스도 그중 하나였다. 엄마는 유대인이 아니었지만 아빠가 유대인이었던 그녀는 고작 3살의 나이였지만 사회가 유대인에게 불리하게 돌아가고 있다는 사실을 감지했다. 그녀는 "저는 뭔가 안 좋은 일이 일어나고 있다는 것을 알아챘어요. 엄마와 아빠가 두려워하는 게 보였거든요."라고 회상했다. 1939년 2월, 그녀는 엄마와 일곱 살 된 남동생과 함께 베를린의 초Zoo 역에서 기차에 올라탔다. 그녀는 끊임없이 기차를 타고 갔으며 어두워질 무렵에는 거대한 배가 정박해 있는 부두를 따라 걸었다. 그들은 배를 타고 해협을 건너 영국의 세관 카운터에 도착했다. 엄마는 루스첸이 가장 아끼는 인형, 크리스틴을 건네주었다. 세관원이 이를 살펴보려고 했으나 루스첸이 소리를 질러 소란을 피우는 바람에 그는 인형을 대충 살펴보고 그녀에게 다시 주었다. 인형 안에는 사실 엄마가 독일에서 몰래 빼내온 보석이 들어 있었다. "배가 영국의 부두에 도착한 후 우리는 런던까지 기차를 타고 또 한참 가야만 했어요. 그때쯤, 기차라면 신물이 난 상태였죠." 하지만 켄트의 메이드스톤에 위치한 양부모의 집까지 가려면 또다시 기차를 타야만 했다. 그 집에 도착하자 엄마는 아이들을 침대에 눕히고 잘 자라는 말을 한 후 사라졌다. 독일로 돌아간 것이었다. 작별 인사는 없었다. 루스첸은 이때의 일에 대해 이렇게 회고했다. "저는 엄마가 죽었을 거라고 생각했어요."

영웅에게 바치는 헌사
플로어 켄트가 조각한 니콜라스 윈턴 상. 윈턴은 1939년에 아이들을 독일에서 피난시킨 런던의 증권 중개인이었다.

선로에 멈춰 서다

1만 명의 유대인 아이들 중 하나였던 루스첸 미카엘리스의 신분증에는 '국적 없음'이라는 도장이 찍혀 있었다. 그녀는 이름을 영국식으로 '루스'로 바꾸기로 마음먹고 새로운 인생을 살려고 노력했지만 쉽지만은 않았다. 그녀는 양부모가 세 번이나 바뀌었고 호스텔에서 생활해야 할 때도 있었다. 14살이 되자 결국 그녀는 기차를 타고 다시 독일로 돌아왔다. 알고 보니 아버지는 전쟁 중에 상하이로 도망을 갔고, 어머니는 베를린에서 로젠스트라시유대인 남편의 수감에 반대하기 위해 위험한 시위를 벌이던 단체에 가입해 용케 숨어서 지내고 있었다. 그녀는 독일로 돌아오라는 아버지의 부탁을 거절하는 바람에 소환이 되기도 했지만 격동의 10대를 보낸 후 다시는 험난한 변화를 겪고 싶지 않았기에 결국 베를린에서 살기로 결심했다.

윈턴의 기차
2009년, 프라하 역에서 출발해 런던으로 향하는 특별 기차가 '어린이 수송' 100주년을 기념했다. 이제 성인이 된, 당시 기차에 타고 있던 아이들 중 일부가 이 기차에 탑승했다.

1939년에 루스가 탔던 기차는 유럽에서 벗어나는 데 성공했으나 모두가 운이 좋았던 것은 아니었다. 그해 9월 3일, 250명의 아이들이 프라하 역에서 영국으로 가는 기차에 올라탔다. 이 아이들은 런던의 증권 중개인 니콜라스 윈턴의 주관으로 영국으로 보내졌는데, 그는 전쟁이 발발하기 하루 전, 프라하에 갔다가 이 아이들을 돕기 위해 바츨라프 광장 호텔에 사무실을 차렸다. 그가 600명이 넘는 아이들을 성공적으로 피난시킨 후, 그들의 유대인 부모들은 전부 살해당했다. 하지만 마지막 그룹은 결국 목적지에 도착하지 못했다. 그 무렵 독일이 폴란드를 침공하며 기차를 멈춰 세워 아이들을 본국으로 되돌려보냈던 것이다. 아이들은 결국 나치 지배 아래 유대인으로서 운명을 맞이하게 되었다. '기찻길 옆 아이' 중 하나였던 루스는 자신의 회고록 《국적 없는 사람*Person of No Nationality*》에서 "살아남은 우리는 유럽 대륙에 살던 100만 명 이상의 아이들이 그곳을 빠져나오지 못해 살해당한 사실을 절대 잊지 않을 것이다. 나는 그들 중 한 명이 분명 유명한 음악가가 되거나 치명적인 병의 치료제를 개발했을 거라는 생각을 떨쳐버릴 수가 없다."고 했다.

1941

서던 철도

지역: 미국
유형: 승객용, 화물용
길이: 1,585킬로미터

+ 사회성
+ 상업성
+ 정치성
+ 공학성
+ 군사성

증기 기관차 소리는 음악가들에게 훌륭한 소재를 제공했다. 하지만 노래 한 곡 덕분에 미국의 철도역이 대중음악에 등장하게 될 거라 예측한 이는 아무도 없었다.

여자와 말

존 헨리John Henry는 강인한 남자였다. 전해 내려오는 이야기에 따르면, 그는 증기의 힘으로 움직이는 망치를 상대로 힘겨루기를 하다가 사망했다고 한다. 어쩌면 그는 철도용 터널에서 일하던 그저 그런 운전사였을지도 모른다. 아니면 웨스트버지니아 주의 탤컷 주민들이 믿는 것처럼 체서피크와 오하이오를 연결하는 철도 건설을 하던 중 빅벤드 터널에서 노예처럼 일했을지도 모른다. 무엇이 진실이든 존 헨리는 케시 존스처럼 민중의 영웅이 되었고 〈존 헨리의 발라드〉라는 노래는 지금도 오랫동안 전해 내려오고 있다.

철도 덕분에 심금을 울리는 많은 노래들이 만들어졌다. 초창기의 노래 중에는 볼티모어-오하이오 철도의 개통을 기념하기 위해 작곡된 위풍당당한 〈캐롤튼 행진곡Carrollton March〉이 있었다. 스위스 작곡가 아르튀르 오네게르 또한 증기 기관차

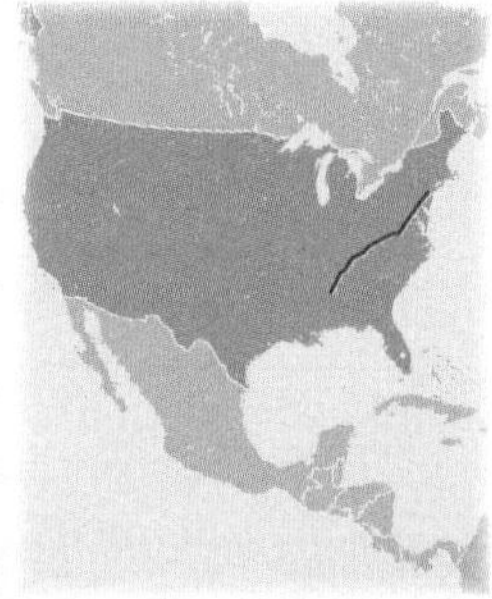

철도 음악
해리 와렌과 맥 고든이 작곡한 <차타누가 츄츄호> 덕분에 테네시 철도 마을은 음악에 등장하게 되었다.

서던 벨
음악가와 작곡가들은 캔자스시티에서 뉴올리언스까지 운행되던 '서던 벨(남부 출신의 미녀라는 뜻)' 같은 기차들로부터 영감을 받았다.

의 소리를 자신의 작품 〈기관차 퍼시픽 231Pacific 231〉에 담았다. 231은 4-6-2라고 표시하던 화이트 방식167쪽 참조과는 대조적으로 프랑스에서 기차의 바퀴 정렬을 표기하는 방식이었다. 오네게르는 예술가로서 삶의 대부분을 파리에서 보냈는데 "300톤이나 되는 기차가 시속 193킬로미터로 달리면서 내는 소리"를 자신의 음악에 담으려고 노력했으며 한 인터뷰에서 "나는 다른 남자들이 여자나 말을 좋아하는 것처럼 기관차를 좋아한다."고 말했다.

반면 유명한 가극 작곡가, 조아키노 안토니오 로시니는 왈츠 작곡가 요한 슈트라우스 1세처럼 철도 여행을 아주 싫어했으며, 기차보다 여성과 말을 더 좋아했다. 로시니는 〈꼬마 유람 열차The Little Excursion Train〉를 작곡했는데, 이 음악에 등장하는 열차가 결국 사고를 당한다는 내용이었다. 그러나 로시니와 슈트라우스 같은 작곡가는 소수에 불과했으며 대부분의 음악가들은 기차의 달가닥거리는 소리와 연기를 내뿜을 때 내는 소리를 좋아했다. 프랑스 작곡가 마리 조제프 캉틀루브는 기나긴 프랑스 기차 여행 중 아름다운 〈오베르뉴의 노래Chants d' Auvergne〉를 작곡했으며 브라질 작곡가 에이또르 빌라로보스는 기차 경적 소리와 증기 견인 소리를 모사해 〈카이피라의 작은 열차The Little Train of the Caipira〉를 작곡했다. 그는 오네게르가 그랬듯이 기차 여행의 속도에 크게 감명 받아 1930년에는 2분짜리 작품을 선보이기도 했다.

케시 존스

✦

기차 사고 역시 철도 음악 작곡가들에게는 유용한 소재였다. 기차 사고를 소재로 한 곡에는 〈97년의 잔해(Wreck of the Old '97)〉와 카슨 로비슨, 로버트 마세의 〈폭주 기관차(Runway Train)〉 이외에도 〈케시 존스의 발라드(Ballad of Casey Jones)〉라는 불후의 명곡이 있다. 켄터키 주의 케이스 출신인 존 루터 존스(John Luther Jones)는 1900년 4월, 멤피스에서 출발한 제4의 기차가 미시시피 주의 보건에 정차되어 있던 화물 열차와 충돌하는 것을 막기 위해 기차를 멈추게 하려다가 사망했다. 기차 아래 깔린 그를 발견했을 때 잘린 호루라기 끈이 그의 손에 쥐어져 있었다고 한다.

콘월의 리듬
사실 비비안 엘리스는 라디오 주제곡 <코로네이션 스콧>을 '스콧' 기차와 정반대로 향하던 '콘월의 리비에아' 기관차에서 영감을 받아 작곡했다.

〈기관차 퍼시픽 231〉 같은 작품은 북아메리카 최초의 국영 라디오 방송에서 자주 내보내는 곡이었다. 캐나다 국영 철도회사가 1923년에서 1932년 사이에 이 음악들을 방송했다. 음악 방송이 시작되면서 캐나다 방송 협회가 탄생했는데, 이 협회는 영국 방송 협회BBC를 모델로 삼았다. BBC는 철도에서 영감을 받은 최초이자 유일한 라디오 방송국이었다. BBC의 '폴 템플 수사반장' 시리즈의 애청자들은 향수를 불러일으키는 증기 기관차 여행 음악도 즐겨 듣게 되었다. 폴 템플의 주제곡은 비비안 엘리스가 작곡한 〈코로네이션 스콧Coronation Scot〉이었다. 이는 1930년대에 유선형의 진홍색과 금색의 초고속 열차가 런던에서 글래스고까지 불과 6시간 30분 만에 이동하게 된 것을 기념하는 음악이었다. 하지만 엘리스에게 작곡의 영감을 준 기차는 사실 '스콧Scot' 기관차가 아닌 '콘월의 리비에라Cornish Riviera' 기차였다. 그는 "서머싯에 위치한 내 작은 집에서 런던으로 향하던 중 기차의 리듬에서 영감을 받아 이 곡을 제작했다."고 했다.

엘리스의 〈코로네이션 스콧〉의 시작 부분에서 오케스트라는 낮게 으르렁거리는 기차의 호각소리를 낸다. 호각소리와 종소리가 철도 음악에서 아주 중요한 부분이기 때문이다. 미국의 증기 기관차 또한 펜실베이니아 철도에서 나는 밴시[60]의 울음소리에서부터 노퍽 웨스턴 철도에서 들리는 약간 쉰 듯한 사이렌 소리에 이르기까지 증기 기관차의 다양한 호각 소리를 표현했다. 여러 구간으로 나뉜 종에 호각을 넣으면 한꺼번에 여러 음을 내는데 이렇게 해서 탄생한 서든 철도의 3가지 차임벨소리의 애절한 울부짖음은 슬픈 이별과 한을 상기시키기에 충분했다. 〈록 아일랜드 라인The Rock Island Line〉시카고의 록 아일랜드와 퍼시픽 철도에 기반한 곡이다같은 철도 곡들은 중서부 지역에서 시작돼 사라질 뻔한 것을 1930년대 존 로맥스 같은 민속 음악 수집가가 다시 살려내기도 했다.

작곡가
레체스터 출신의 작곡가는 철도 기술자 조지 스티븐슨을 위해 최초의 증기 기관차용 트럼펫을 제작했다.

한편 증기 기관차의 호각소리가 덜 감성적이지만 실용적인 두 음으로 된 디젤 엔진의 호각소리에 자리를 내주게 되자, 음악가들은 베토벤의 〈교향곡 5번〉이나 지방적 색채가 강한 요크셔 지역의 민속 음악 〈일클리 황무지에 모자 없이On Ilkley Moor With No Hat〉의 시작 음을 변경할 수 있게 되기도 했다.

아프리카계 미국인 음악가들은 철도, 재즈, 블루스를 합쳐서 해리 래더맨의 〈철도 블루스1921〉부터 머디 워터스의 〈스틸 어 풀Still a Fool 1951〉에 이르기까지 완전히 새로운 연주곡을 탄생시키기도 했다. 그중에서도 글렌 밀러의 〈차타누가 츄츄 호

Chattanooga Choo Choo〉만큼 인기를 끈 곡은 없었다. 이 곡은 이탈리아인 해리 와렌그는 1946년, 주디 가랜드가 부른 〈애치슨, 토피카, 산타페 철도〉를 작곡하기도 했다과 바르샤바 출신의 맥 고든이 서던 철도의 버밍엄 특별 열차에 관해 쓴 곡이다. 특별 열차는 차타누가 마을을 거쳐 버밍엄에서 앨라배마, 뉴욕까지 운행됐는데, 1941년에 작곡된 〈차타누가 츄츄 호〉 덕분에 밀러와 차타누가철도 모형 협회 본사가 이 마을에 있다 모두 유명해졌다. 그러던 중 밀러는 1944년, 영국에서 파리로 비행기를 타고 이동하다가 비행기가 화재가 나서 추락하는 바람에 실종되고 만다. 전쟁이 끝난 후, 독일 재즈 음악가 빌리 부란은 자신만의 버전으로 그 유명한 〈코츠쉔브로다 고속철도 kotzschenbroda-express〉를 연주했는데, 이 음악은 석탄이 부족하고 좌석이 없을 경우 철도 여행은 고역이라는 내용을 담고 있다.

오, 짐꾼 아저씨, 어떡하죠?
버밍엄에 가려고 했는데
크루에 와 버렸네요.

보드빌61

전시에 등장한 음악으로는 〈다른 열차Different Trains〉가 있다. 유대인 작곡가 스티브 라이시가 현악 4중주곡으로 작곡해 녹음 작업까지 마쳤는데, 작곡 당시 그는 유대인 대학살에서 살아남은 사람들을 포함한 다양한 사람들을 인터뷰한 내용을 포함시키기도 했다. 미국 유대인이었던 라이시는 제2차 세계대전 동안 뉴욕에서 로스앤젤레스까지 기차를 타고 다녔는데, 자신이 유럽의 유대인이었더라면 여행이 상당히 다른 모습이었을 거라는 점에 착안해 이 음악을 작곡했다.

차타누가 츄츄
글렌 밀러의 히트곡을 탄생시킨 버밍엄 특별 열차, 차타누가 츄츄 호는 서던 철도를 따라 버밍엄에서 앨라배마, 뉴욕까지 운행했다.

1942 아우슈비츠 철도

지역: 폴란드
유형: 승객용, 화물용
길이: 1.7킬로미터

제2차 세계대전 동안 독일 제국 철도는 수백만 명의 아이, 여성, 남성을 집단 처형장으로 운송했다. 이는 대중교통 수단을 가장 잔인한 목표에 이용한 사례였다.

- ✦ 사회성
- ✦ 상업성
- ✦ 정치성
- ✦ 공학성
- ✦ 군사성

마지막 해결책

1941년 9월, 독일의 유대인들은 다른 승객들이 먼저 탄 후에야 3등석에 탑승했다. 그들은 아리아인들이 앉고 남은 자리에 겨우 앉을 수 있었다. 독일 제국이 역사적인 오명을 남긴 사건이 막 시작될 무렵의 일이었다. 당시 독일 제국 철도는 제1차 세계대전에서 입은 피해와 부채로부터 간신히 회복된 상태였다. 아돌프 히틀러가 집권하면서 유럽에서 가장 효율적인 철도 중 하나를 운행하게 된 덕분이었다.

1941년, 군사 지도자 하인리 힘러는 독일이 점령한 폴란드의 아우슈비츠라는 작은 마을에 집단 처형소를 건설하라고 명령했다. 아우슈비츠의 바로 서쪽에 위치한 이 처형소는 폴란드의 북쪽과 동쪽에서 남서쪽으로 이동하던 기차가 운행되던 이중 선로 위에 지어졌다. 그리하여 독일은 1942년, 기차를 이용해 유대인, 집시를 비롯한 자신들이 보기에 바람직하지 못한 인종을 운송하여, 대량 학살했다기차는 이미 수천 명의 사람들을 리가 숲과 민스크 숲으로 데려가 총살시키는 데 한몫했다. 대량 학살 방법사람들을 방 안에 가두어 독살 가스를 그 안

마지막 해결책
나치 독일의 마지막 해결책은 비아리아인들을 학살하는 것으로, 철도는 여기서 핵심적인 역할을 했다.

에 넣는 방법을 완전히 습득한 독일인들은 벨제크, 소비보르, 마이다네크, 트레블링카 등에 새로운 죽음의 수용소를 건설했다. 외진 곳이었지만 철도와 가깝다는 이유로 이 지역들이 선택되었다. 독일인들은 우선 아우슈비츠에 지어진 작은 집 두 채를 가스실로 개조했다. 그리고 남녀노소 할 것 없이 그들의 기준에서 바람직하지 못한 인종들을 아우슈비츠역에서 이 가스실로 옮겼다. 철도 직원들은 자신들은 기차에서 내리고, 기차에 탑승한 사람들만을 수용소로 보냈다. 이 직원들은 이 사람들에게 곧 무슨 일이 일어날지 알고 있었다. 알프레드 C. 미어제쥬스키의 《히틀러의 기차*Hitter's Train*》에 따르면, 카토비체의 참모 총장이자 아우슈비츠 역을 감시하던 월터 말은 1942년, 유대인을 학살하기 위한 건물을 지으라는 명령을 받았다고 한다. 독일 제국 철도의 폴 슈넬은 여객 열차를 학살용 열차로 사용하기도 했는데, 독일 혹은 독일이 점령한 유럽의 기차는 'Da'로, 과거 폴란드 영토의 기차는 'PKr'로 표시했다. 철도 관리자들은 실려온 이들을 '기타 화물'로 간주하고 운송비용을 산정했다. 그들은 20량으로 이루어진 3등석 열차에 한 차량당 50명을 태워 운송했다후에는 자그마치 5,000명의 사람들이 기차로 운송되었다. 이들을 운송하는 특별 요금은 3등석 단체400명 이상 요금의 절반 수준이었다. 종국에는 이 희생자들을 운송하기 위해 대형 화물 마차가 사용되기도 했으며, 철도는 죽은 이들의 물건도 함께 운송했다. 힘러는 1943년, 825대의 화물 차량 리스트를 보고 받았는데 이 차량들은 아우슈비츠와 러빈에서 출발해 독일로 돌아가는 열차들로 그 안에는 옷, 침대보, 해진 천 등이 가득했다. 한 차량에는 3,000킬로미터나 되는 여성의 머리칼이 담겨 있었다.

기타 화물
철도 직원들은 유대인을 비롯한 사람들을 가스실로 나르는 운송 서비스에 요금을 부과했다.

1943년 2월부터 3월 말까지 66대의 기차가 총 9만 6,450명의 사람들을 아우슈비츠 수용소로 운반했으며, 1944년 7월에는 147대의 기차가 45만 명의 유대인을 운송했다. 크로아티아, 그리스, 벨기에, 이탈리아, 프랑스, 네덜란드 등 전 세계 각지에서 수용소행 기차가 출발했다. 전쟁이 끝난 후, 일부 사람들은 독일 제국 철도가 그저 나치 정권의 희생물이라고 주장하기도 하지만 이 철도가 정부의 반 유대인 정책에 협조해 이득을 취한 것은 사실이었다. 결국 1945년 1월 27일에 소련군이 아우슈비츠를 해방시켰고, 그날은 유대인 대학살 기념일이 되었다.

라 마르세예즈

1943년, 아우슈비츠로 향하는 기차 안에는 프랑스 국가, 〈라 마르세예즈〉가 울려 퍼졌다. 파리에서 출발한 이 기차는 유대인이 아닌 사람을 태우고 프랑스의 수도에서 출발한 유일한 기차였다. 그 안에는 저항 운동에 가담한 여성 전투 부대원들이 타고 있었다. 프랑스 경찰의 협조로 230명의 여성들이 아우슈비츠 수용소로 보내졌는데, 그 안에는 샤를로트 델보도 있었다. 그녀는 살아남은 49명 중 하나로 당시의 경험을 토대로 《아우슈비츠와 그 후(Auschwitz and After)》라는 책을 쓰기도 했다.

1943 버마-시암 철도

지역: 버마, 타이
유형: 군사용
길이: 423킬로미터

- 사회성
- 상업성
- 정치성
- 공학성
- **군사성**

버마-시암 철도는 제2차 세계대전 기간에 동남아시아 국가들을 공격하던 일본 군대에 물자를 공급하기 위해 지어졌다. 이 죽음의 철도는 수 천 명의 연합군, 버마인, 말레이인의 목숨을 앗아갔다.

죽음의 철도

데이빗 린 감독의 1957년 영화, 〈콰이강의 다리The Bridge of the River Kwai〉에는 일본이 전쟁 포로를 이용해 철도용 다리를 건설하는 장면이 나온다. 이 영화는 일본 군대가 1942년에서 1943년 사이에 버마-시암미얀마-타이 철도를 건설한 것을 기반으로 만들어졌는데, 일명 '죽음의 철도'라 불린 이 철도를 건설하는 동안 수많은 사람이 목숨을 잃었다고 한다. 1940년대 초, 동남아시아 지역 대부분을 빛과 같은 속도로 점령한 일본군은 군수 물자 공급망을 확장해야 할 필요성을 느꼈다. 이에 군사 계획자들은 버마를 통과해 반퐁에서 방콕의 서부까지 연결되는 철도를 건설하기로 결심했다. 그들은 이 철도를 정글과 삼탑로를 지나 탄뷰자얏을 거쳐 버마의 수도인 랑군까지 이을 계획이었으며, 전쟁 포로들을 철도 건설에 이용할 예정이었다. 일본 군대는 1942년 2월에 싱가포르를 점령해 포로를 확보했고 영국, 호주, 네덜란드, 뉴질랜드, 미국, 캐나다의 군대와 민간인 또한 포로로 잡은 상태였다.

한편 영국도 인도에 철도를 건설하려고 했지만 비용이 너무 많이 드는데다 시암의 지도자인 출라롱콘1956년에 개봉한 영화 〈왕과 나〉에 등장하는 인물이다과 평화를 유지하기를 원했기 때문에 결국 이를 포기한 바 있었다. 당시 영국은 철도를 건설하는 데 5년 정도가 걸릴 거라고 예상했지만 일본은 불과 15개월 만에 철도 건설을 완료했다. 이 철도는 6만 명의 전쟁 포로와 자그마치 18만 명의 지역 주민의 힘으로 지어졌다. 그리고 철도 건설 도중, 약 10만 명의 아

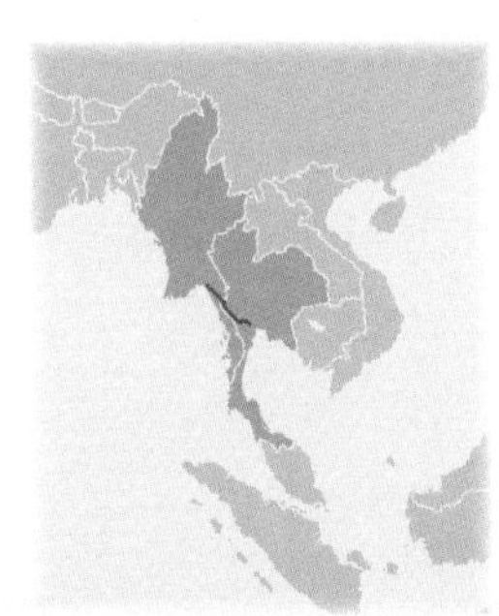

동남아시아
일본은 버마에서 싸우는 자국 군대에 물자를 공급하기 위해 철도를 건설했다. 하지만 상황은 그들의 계획대로 진행되지 않았고 결국 일본은 전쟁에 패하고 말았다.

시아인과 연합국 포로들이 사망한 것으로 나타났다. 하지만 실제로 그 숫자는 훨씬 더 많았을지도 모른다.

드디어 1943년 10월, 일본이 인도의 동북 국경 지역인 코히마와 임팔을 공격하기 6개월 전에 철도가 완공되었다. 철도가 완료되자 일본은 인도 국경 지역 마을을 대대적으로 공격할 계획을 세웠다. 인도 공격의 첫 단계였다. 하지만 이는 일본의 대참패로 끝이 났다. 죽음의 철도가 그들에게 제때 군수 물자를 운송하지 못하는 바람에 자그마치 1만 3,500명의 일본 병사가 적군이 지른 불이 아닌, 굶주림으로 인해 목숨을 잃었던 것이다. 일본은 C-65 증기 기관차가 하루에 3,000톤의 음식과 무기를 인도 북쪽에 주둔하고 있던 자국 군사들에게 운송해 줄 거라 기대했다. 하지만 상황은 예상 밖으로 흘러갔다. 이 철도가 지나가는 구간에서 산사태가 발생하거나 전쟁 포로들이 자신들이 건설한 철도를 파괴한 일도 있었다. 게다가 비행기를 이용한 연합국이 하늘에서 공격을 시도하기도 했다. 따라서 철도는 하루에 고작 500톤의 물자만 가까스로 운송할 수 있었다. 물론 1945년 8월, 일본군이 항복하기 바로 직전에 버마-시암 철도에 관한 기록을 전부 파기해 버렸기 때문에 당시의 정황을 확실히 알 수는 없다. 연합군과 살아남은 전쟁 포로들이 그저 몇 주 만에 철길을 따라 코끼리를 타고 이동하며 가능한 한 많은 사람들의 시신을 수거했다는 얘기만 전해 내려올 뿐이다. 전쟁이 끝난 직후, 이 철도가 버마 자유의 전사들에게 군수 물자를 공급하는 수단으로 사용될 것을 염려한 영국은 이 철도를 버마 국경에서 끊어버렸다. 타이를 통과하던 남쪽 구간 역시 파괴되었으나 훗날 방콕에서 220킬로미터 떨어진 남쪽까지 다시 지어지기도 했다.

〈콰이강의 다리〉라는 영화의 원작은 프랑스 작가, 피에르 볼레가 쓴 소설로 사실 이는 허구였다. 하지만 이 소설이 출간된 후, 타이 국영 철도는 방콕에서 137킬로미터 떨어진 깐짜나부리에 실제로 '콰이강' 철도용 다리를 건설했고, 이 기념물은 죽음의 철도를 건설하다 죽어간 이들의 친지들이 찾는 순례지가 되었다.

버마 철도
콰이강 위에 지어진 다리는 매클롱 강 위에 지어진 다리를 기반으로 설계되었다.

1944 네덜란드 철도

지역: 네덜란드
유형: 승객용, 화물용
길이: 3,518킬로미터

초창기에 철도 소유주는 직원들을 가부장적이고 권위주의적인 태도로 대했다. 이로 인해 노동자들은 파업을 하고 조합을 결성하게 되었는데, 그 결과 미국의 노동절과 영국의 노동당이 탄생했다. 하지만 당시 독일의 지배를 받으며 전쟁 속에서 고통 받던 얼룩진 네덜란드에서는 철도 파업 때문에 국민들이 '배고픈 겨울'을 겪어야만 했다.

- 사회성
- 상업성
- 정치성
- 공학성
- 군사성

네덜란드의 철도 저항 운동

1944년, 네덜란드에서 작은 거리 공연을 지켜보던 관중들은 속으로만 박수갈채를 보냈다. 공연을 하는 이들이 주목을 받아서 좋을 것이 하나도 없었기 때문이었다. 저항 운동 회원인 그들은 당시 네덜란드를 점령했던 독일군에게 총살당할 위험을 무릅쓰고 공연을 했다. 그중에는 훗날 할리우드 스타가 된 오드리 헵번도 있었다. 그녀는 배가 무척 고픈 상태에서 춤을 추었다. 사실 그녀 같은 당시 아이들에게 굶주림은 일상사였다. '배고픈 겨울'이 닥쳤기 때문이다. 엄마들은 튤립 구근을 갈아서 빵을 만드는 등 어떻게 해서든 먹을 것을 마련하기 위해 애썼다.

'배고픈 겨울'은 철도 파업 때문에 발생했다. 대부분의 철도 파업은 노동자들이 근무 환경을 개선하려는 목적으로 일어났지만, 네덜란드의 경우는 그렇지 않았다. 1944년에 독일이 네덜란드를 더욱 강하게 통제하자 파업이 발생한 것이다. 그로부터 3년 전, 독일은 구소련을 공격하고 미국에 전쟁을 선포했으나 북아프리카와 스탈린그라드[62]에서 참패한 상태였다. 이에 네덜란드 내에서 연합국이 곧 독일의 손아귀에서 벗어나게 해 줄 거라는 희망이 퍼져나가기 시작

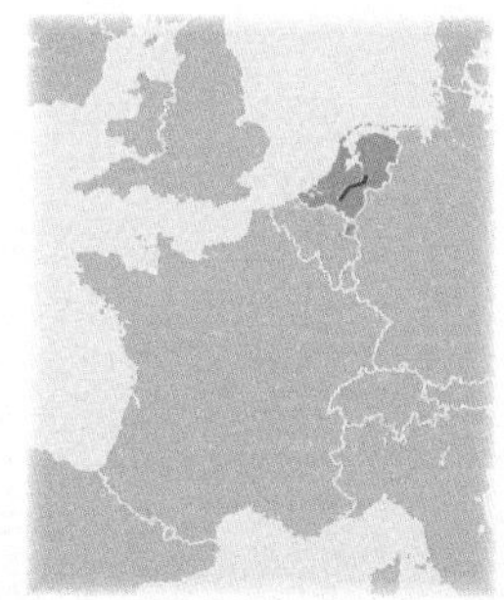

네덜란드
네덜란드의 철도 직원들이 파업에 들어가자, 네덜란드를 점령하고 있던 독일은 그들의 식량 보급망을 차단했고 때마침 혹독한 겨울까지 닥쳐 네덜란드인들은 '배고픈 겨울'을 견뎌야만 했다.

철도 파업
펜실베이니아 철도 노동자들이 1877년 일으킨 파업은 미국 최초의 전국적 파업으로 이어졌다. 피츠버그의 유니언 철도역은 파업 당시 불타 없어졌다.

했다. 그러자 독일은 네덜란드인들을 더 강하게 통제하기 시작했다. 14세 이상의 어린이에게도 신분증을 발급했고, 노동조합을 독일 국가 사회주의자의 통제 하에 두었다. 하지만 독일의 감시가 심해질수록 네덜란드인들의 저항도 거세졌다. 그 무렵 10만 7,000명의 네덜란드 유대인들이 기차를 통해 죽음의 수용소로 보내졌으며그중 80퍼센트가 살해당했다 1943년이 되자 독일은 파업을 결성한 네덜란드인들을 총살형에 처했다. 그러던 중 1944년에 드디어 연합국 군대가 프랑스의 노르망디 해안에 정착했고, 그 해 9월에는 브뤼셀에 도달했으며 네덜란드를 해방시키기 위한 '마켓 가든 작전'에 착수했다. 런던에 망명해 있던 네덜란드 정부는 비밀 라디오 방송과 첩보원을 활용해 철도 직원들에게 계속해서 파업할 것을 요청했다. 하지만 마켓 가든 작전은 아른험의 라인 강에서 실패로 끝나고 말았다. 독일이 자국의 기차를 이용해 군대를 운송하면서 네덜란드로 음식과 연료가 운송되는 것을 막았기 때문이었다. 하지만 이러한 위험 속에서도 거의 3만 명가량의 철도 노동자들이 지하로 잠입해 활동하는 등 파업 운동을 멈추지 않았다.

전국적 파업

철도 직원들은 1879년대에 자체적으로 길드와 비슷한 조직을 결성했다. 그중 펜실베이니아의 노동자들이 결정한 단체는 1877년에 이미 훌륭히 조직되어 있었으므로 미국 최초의 전국적 파업으로 이어지기까지 했다. 그 시작은 다음과 같았다. 미국 은행 중 하나인 제이쿡 은행이 철도에 과도하게 투자하는 바람에 파산하게 됐고 뒤이어 300개가 넘는 미국 철도 회사가 도산했다. 볼티모어-오하이오 철도 또한 휘청되기는 마찬가지여서 1년 안에 두 번이나 임금을 내렸는데, 이에 분개한 마틴즈버그, 웨스트버지니아, 컴벌랜드, 메릴랜드의 철도 직원들이 파업을 벌인 것이다. 이들을 저지하기 위해 투입된 미국의 주 방위군이 컴벌랜드 도심지에 공격을 시작하자 파업은 입소문을 타고 번져 광산 노동자들까지도 동참하고 나섰다. 그리하여 펜실베이니아에서 시작된 노사 분규는 전국적인 파업으로 번졌다. 결국 리더포드 헤이스 대통령이 반란을 잠재우기 위해 연방군을 투입하기에 이르렀다.

철도 소유자들, 특히 풀먼제국의 경우 노동자들과의 사이에서 벌어진 문제에 현명하게 대처하지 못했다. 조지 풀먼은 화려한 기차를 제작하는 데는 타고났지만 노동자들과의 관계를 잘 유지하는 능력은 부족했다. 사회주의자 유진 뎁스는 파업 참가자들을 자신이 결성한 노동조합에 가입시키며 풀먼에게 중재에 나서달라고 요청했다. 하지만 풀먼은 이를 거절했고, 이에 분개한 30개 주의 25만 명의 노동자들이 근무를 거부하고 나섰다. 철도 운행은 또다시 중지되었고 이

마켓 가든 작전

✦

1944년 겨울, 유럽 대륙에서의 싸움을 종식시키려는 연합국의 노력은 독일의 강한 저항에 부딪혔다. 마켓 가든 작전은 독일이 아른헴의 라인 강 위의 주요 다리를 점령하면서 실패로 돌아갔던 것이다. 네덜란드 철도 노동자들이 파업을 일으킨 결과는 무시무시했다. 독일은 그들에게 음식과 연료를 운송하던 기차의 운행을 중지시켜 버렸던 것이다. 결국 매서운 겨울이 닥치면서 운하를 통한 바지선 운영이 불가능해지자 네덜란드인들은 음식과 연료가 바닥나기 시작했다.

라인 강을 건너는 다리
마켓 가든 작전의 주요 목표 중 하나는 라인 강 위에 놓인 네이메헌 철도용 다리를 점령하는 것이었다.

를 해결하고자 또다시 군대가 투입되었다. 이로 인해 결국 파업 참가자들은 자신들의 일자리로 돌아왔으나, 뎁스는 6개월 형을 선고받았다그는 감옥에서 칼 마르크스의 저서를 읽으며 시간을 보냈다. 그 후 그로버 클리블랜드 대통령은 노동자들을 달래기 위해 매년 9월 첫째 주 월요일을 노동절로 지정해 휴일로 삼았다.

음식 공급 중단
훗날 할리우드 스타가 된 오드리 헵번은 어린 시절 '배고픈 겨울'을 견뎌야 했던 아이 중 하나였다.

철도 노동조합

유럽의 철도 직원들과 그의 가족들은 매년 5월 1일을 전통적인 노동절로 여기는데, 1900년대 초반의 철도 공동 조합 회원들 또한 나름의 이유로 이날을 기렸다. 이날은 그들이 테프 밸리 철도 회사를 상대로 얻은 승리를 기념하는 날이었다. 사건의 내막은 다음과 같다. 테프 밸리 철도 회사는 웨일스의 머서티드빌에서 카디프까지 기차를 운행했는데, 1901년에 철도 조합원들과 철도 회사 사이에 의견 마찰이 생겼다. 결국 열흘에 걸쳐 파업이 이어졌고 노동자들은 비탈길 선로에 기계의 윤활유로 쓰이는 기름을 부어 기차 바퀴가 마찰을 받지 못하도록 했다. 그러자 기차는 선로에서 벗어나 근처 덤불에 박혀 분해되고 말았다. 회사는 철도 조합을 고소했고 결국 3만 2,000파운드라는 당시로서는 어마어마한 금액을 피해보상금으로 받아냈다. 철도 조합이 법정에서 참패하자 이에 겁먹은 노동자들은 감히 또 다른 파업을 벌일 수가 없게 되었다. 하지만 이 판결을 못마땅하게 여긴 노동자들은 국회에 참여하겠다는 결심을 하게 된다철도 직원들은 국회를 후원하기도 했는데, 1899년에 동커스터의 철도인 토머스 스틸스가 최초로 국회의원을 후원했다. 결과적으로 테프 밸리 철도 사건은 철도 노동자 29명을 국회에 참여하도록 만들었고 이들은 노동당을 결성했다. 이 노동당원들은 당시 판결 결과에 대해 계속해서 의문을 제기했고 결국 판결을 뒤집는 데 성공했다.

단결만이 살 길이다.
모든 사람은 형제다.

19세기 철도 공동 조합의 현수막

수년 동안 철도 조합은 계속해서 불공정한 관행에 맞서 싸웠다. 하지만 1944년, 네덜란드 철도 직원들은 파업으로 인해 그저 월급을 못 받게 된 것만이 아니었다. 그들은 체포되는 것을 피하기 위해 지하로 잠식하면서 저항 운동의 일환으로 철도망을 파괴했는데, 이에 독일은 자국의 기차를 가져와 운행을 시작하면서 네덜란드인들, 특히 서부 네덜란드에 음식이 전달되는 보급망을 차단했다. 그리하여 1945년 5월, 연합국이 서부 네덜란드인들을 해방시켜주기 전까지 2만 명 이상의 네덜란드인들이 굶주림으로 사망하고 말았다.

1964

도카이도 철도

지역: 일본
유형: 승객용
길이: 515킬로미터

20세기 말, 순백의 유선형 기차가 눈으로 뒤덮인 후지 산을 지나는 사진이 등장하기 시작했다. 신칸센은 디젤 엔진의 등장 이후 대중 교통수단의 가장 획기적인 발전을 보여주는 기차였다.

- 사회성
- 상업성
- 정치성
- **공학성**
- 군사성

혁신적인 기술

1964년, 도쿄 올림픽이 개최된 직후, 도쿄역에 새로운 기차가 등장했다. '총알'이라는 별명이 붙은 이 기차는 날렵한 유선형 모양으로 철제 차륜 중에서 가장 빨랐다. 이 기차의 진짜 이름은 새로운 간선이라는 뜻의 신칸센이었다. 신칸센은 시속 160킬로미터로 승객 6,000명을 운송했다. 일본은 제2차 세계대전이 끝난 후 지친 상태였는데, 그 후 일본의 경제가 극적으로 살아나면서 신칸센이 등장한 것이다.

일본의 뛰어난 공학 기술은 익히 유명했다. 1905년에 러일전쟁이 끝난 후, 일본은 포트 아서다롄이라는 항구 도시 근처에 위치한 뤼순항와 하얼빈 남쪽의 창춘을 연결하는 838킬로미터에 달하는 남만주 철도를 손에 넣었다. 일본의 기술자들은 후퇴하던 러시아 군대가 파괴한 철도를 재빠르게 복구했을 뿐만 아니라 무크덴과 안둥[63] 사이에 추가로 230킬로미터에 달하는 선로를 놓았다. 그리고 다롄에 자유항을 건설한 후, 미국산 기차를 수입해 철도를 따라 운행했다. 기술자들은 마약 문제도 해결했으며아편은 지역 노동자들에게 안 좋은 영향을 끼치고 있었다 그 지역에 정착한 일본인들에게 다롄 근처에 위치한 샤카코 철도 작업장에서 일하라고 설득했다. 일본은 1934년이 되자 다롄과 창춘 사이에 놓인 철도를 따라 당시 세계에서 가장 현대적인 기차 중 하나인 '아시아Asia'를 운행했다. 이 기차는 698킬로미터에 이르는 구간을 시속 140킬로미터로 이동했다. 이후 철도 노동자 2,000명이 3시간 만에 동청 철도의 240킬로미터 구간을 재측량했

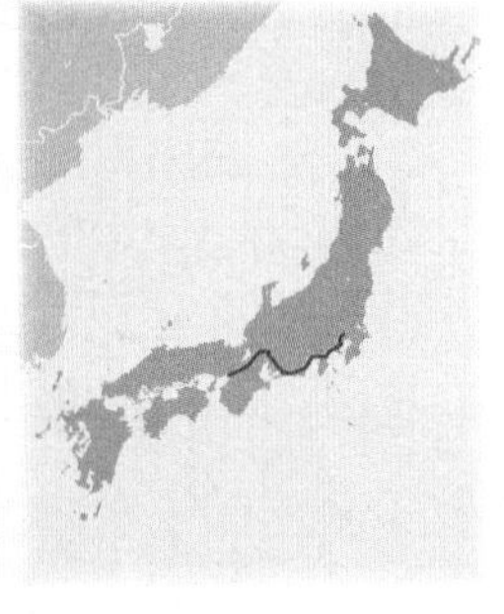

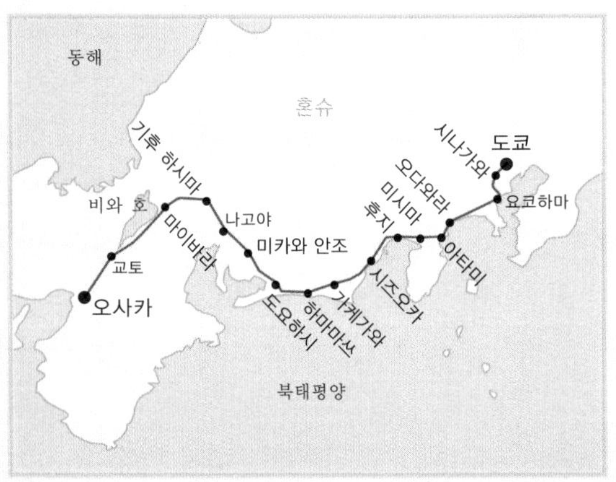

선견지명이 있던 일본
도쿄 올림픽에 맞춰 개통된 신칸센은 철도 여행의 모습을 크게 바꾸어 놓았다. 이 기차는 속도가 아주 빨라 '총알'이라는 별명이 붙기도 했다.

떠오르는 태양
일본은 제2차 세계대전에서 패한 지 13년이 지난 후, 세계에서 가장 빠른 기차 중 하나를 만들기 시작했다.

고, '아시아'는 다롄에서 하얼빈까지 882킬로미터를 13시간 30분 만에 이동할 수 있게 되었다. 이는 여행객이 파리에서 기차를 탈 경우 다롄에 도착하는 데 불과 11일밖에 걸리지 않음을 의미했다. 일본은 남만주 철도를 어지러울 정도로 빠른 속도로 확장시켜 나갔지만 제2차 세계대전에서 패함으로써 이 또한 끝나고 말았다.

그로부터 13년 후, 일본의 야심 찬 계획은 신칸센을 통해 실현되었다. 이 새로운 철도는 도쿄와 오사카 사이를 잇는, 인구 밀도가 가장 높은 지역인 도카이도를 지나갔다. 일본 산업의 4분의 3이 이곳에 밀집되어 있었기 때문에 이 철도는 일본 화물과 승객의 거의 3분의 1 가량을 운송한 것이나 다름없었다. 신칸센은 등장하자마자 큰 인기를 끌었다. 하지만 기차의 속도 때문에 초반에 문제가 발생하기도 했다. 터널을 통과할 때 기차의 빠른 속도로 인해 공기 압력이 갑자기 변하는 바람에 승객들은 고막이 찢어졌고, 기차 내 화장실의 내용물이 밖으로 다 쏟아졌던 것이다. 결국 압축 공기 장치를 도입해 기차가 터널을 지나갈 때 자동적으로 문과 프레임 사이에 공간이 전혀 없도록 만들어 이 문제를 해결했다. 일본은 1975년이 되자 도쿄에서 하카다까지 철도를 연결하는 등 계속해서 철도 구간을 늘려갔다이 철도를 건설하기 위해 간몬 해협 아래 지어진 18.6킬로미터에 달하는 심플론 터널 다음으로 세계에서 가장 긴 터널을 지어야만 했다. 그리하여 신칸센은 1975년 5월, 하루 만에 승객 100만 명을 운송하는 기염을 토했다.

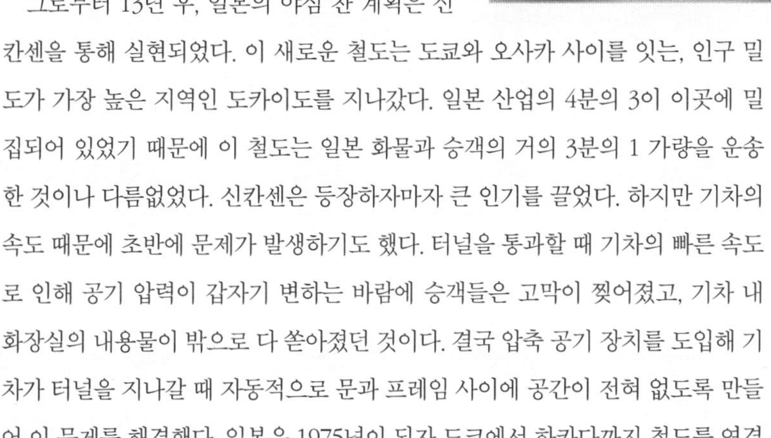

하지만 문제도 있었다. 1973년의 석유 파동으로 인플레이션이 심각한 수준에 이르렀고 기차는 트럭, 비행기와 치열한 경쟁을 벌여야 했을 뿐만 아니라 소음 문제 또한 해결해야 했다. 이 소음은 사실 철도 자체에서 발생했다기보다는 정기적인 유지 보수 작업 때문에 발생했다. 하지만 신칸센 철도는 온갖 난관에도 불구하고 계속해서 확장되었고, 많은 신기록을 세웠다. 150년 전, 최초의 철도가 그랬듯 이 철도 또한 정체된 사회에 새로운 바람을 불어넣어 주었다.

나는 이 기계들이 훗날 일반적으로 사용될 거라고는 믿을 수 없다.

웰링턴 공작, 1830

남만주 철도

✦

1945년, 러시아가 남만주를 침략하면서 전리품으로 철도를 빼앗아갔다. 그 후 중국 독립주의자들과 마오쩌둥이 이끄는 공산주의자가 남만주를 두고 싸움을 벌이다가, 결국 이 지역은 인민 공화국의 손에 들어가게 되었다. 한편 남만주 철도 직원들은 철도 기술의 중요성을 인식해 다롄에 중국의 디젤 기관차 작업소가 설치되도록 돕기도 했다.

1972 샌프란시스코 고속 통근 열차

지역: 미국
유형: 승객용
길이: 115킬로미터

미국 자동차 회사들의 강력한 로비로 기차가 운행을 멈춘 지 25년 후, 샌프란시스코 고속 통근 철도가 등장했다. 하지만 당시 많은 사람들이 이 열차가 과연 성공할 수 있을지에 대해 의문을 품었다.

- ✦ 사회성
- ✦ 상업성
- ✦ 정치성
- ✦ 공학성
- ✦ 군사성

성공의 상징

호기심 많은 캘리포니아 사람들은 1960년대 말부터 새로운 운송 수단을 이용하게 되었다. 바로 샌프란시스코의 오클랜드 지하철이었다. 57개의 거대한 차량으로 이루어진 이 지하철은 새로운 철로를 설치하기 위해 운행을 중지하기 전, 시민들에게 잠깐 개방되었다. 사람들은 이 지하철이 샌프란시스코 고속 통근 열차 시스템의 성공을 상징한다고 여겼다. 샌프란시스코 고속 통근 열차는 1940년대에 문제가 많았던 '킹 카King Car'를 대체하기 위해 제안되었다. 하지만 이 기차는 하루가 다르게 치솟는 인플레이션과 나날이 변하는 대중들의 요구, 솟구치는 비용 등

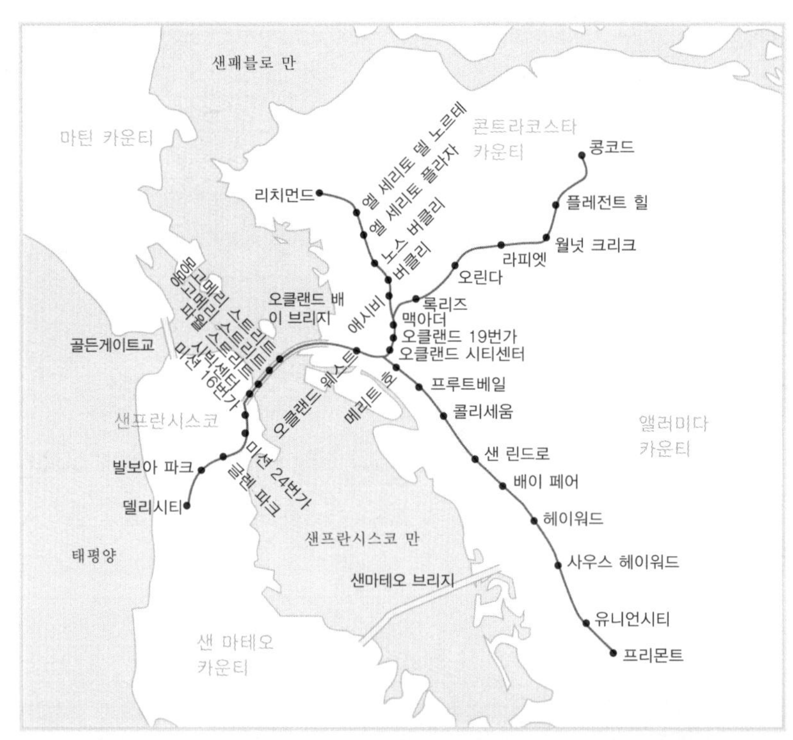

캘리포니아 드림
많은 도시들이 고유의 고속 열차를 건설했는데, 샌프란시스코는 이를 두 번이나 시도했다.

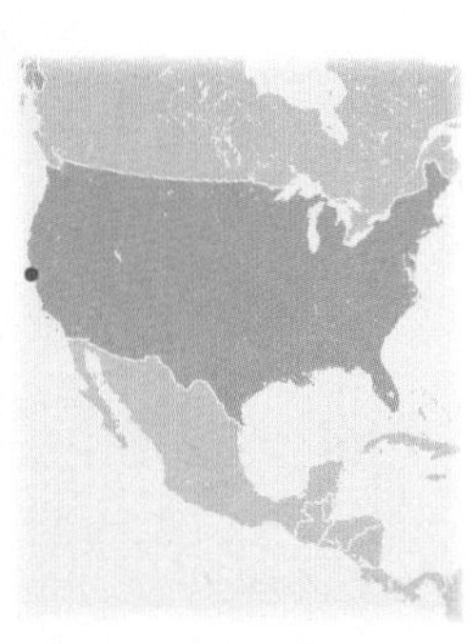

지하철
1965년, 샌프란시스코 만 아래로 5.8킬로미터에 달하는 터널 건설 작업이 시작되었다. 이 공사는 총 4년이 걸렸다.

의 문제를 감당해야만 했다. 미국 지역민의 손으로 시작한 가장 큰 규모였던 이 프로젝트 앞에는 힘겨운 길이 놓여 있었던 것이다.

먼저 캘리포니아 카운티 다섯 곳에 캘리포니아 만을 따라 115킬로미터에 달하는 초고속 철도용 선로와 기차역 33개가 건설될 계획이었다. 그러나 샌마테오와 마린 카운티가 발을 빼내는 바람에 앨러미다, 콘트라코스타, 샌프란시스코 카운티 3곳이 이 계획과 관련된 법정 문제를 해결해야만 하는 상황에 놓였다. 잇따른 소송으로 예산이 축나게 되었고 이 밖에도 기술적인 문제가 끊이지 않았다. 하지만 이 모든 난관에도 불구하고 1972년 9월, 마침내 샌프란시스코 고속 통근 열차 직원들은 나팔바지와 양복에 타이를 맨 차림으로 첫 승객을 맞이했다.

앞으로 나아가다

20세기 말에 들어오자 사람들은 샌프란시스코 고속 열차 같은 초고속 지하철을 안전하고 효율적이며 친환경적인 방식으로 운영하는 가장 바람직한 교통 수단이라 여겼다. 물론 일찍이 1860년대에 런던 지하철이 이러한 트렌드를 선도한 바 있었지만, 이후 자동차가 야기한 도시의 혼잡 문제를 해결하기 위해 이전과는 다른 새로운 모습의 지하철이 등장하기 시작했다. 1950년대 이후, 자동차 소유자들은 스타일, 지위, 무엇보다도 자유를 얻었다. 그들은 자동차 덕분에 가족들을 차에 태우고 해안가 옆 작은 마을로 떠날 수 있었다. 자녀들은 부모의 차를 몰래 끌고 나와 고속도로를 달려보기도 하고, 주부들은 시장바구니를 한가득 채운 상태로 버스를 타고 이동하는 번거로움에서 해방될 수 있었다. 남녀노소 할 것 없이 자동차를 소유하는 시대가 왔고, 덕분에 사람들은 언제든지 자신이 가고 싶은 곳에 찾아갈 수 있었다.

마그레브

✦

영국의 소설가 조지 오웰은 《1984》라는 소설에 자신이 생각한 미래의 모습을 담았다.하지만 현실에서는 1984년이 되자 버밍엄에 세계 최초의 자기부상 열차가 등장했다. 이 기차는 콘크리트 철로 위로 1.25센티미터 부상한 상태로 버밍엄 기차역과 공항 사이를 운행했다. 이 무인 기차를 처음 타고 당황한 승객들은 운전기사를 찾아보려 했으나 이는 소용 없는 일이었다. 1995년이 되자 이 자기부상 열차는 운행을 멈췄고, 다른 자기부상 열차가 중국과 일본에서 운영되기 시작했다.

하지만 사람들이 자동차 덕분에 자유를 만끽하고 도로를 통해 이동되는 화물의 양이 증가하면서 사회적 비용이 치솟기 시작했다. 아스팔트 도로는 차량으로 꽉 막혔고 해로운 스모그가 샌프란시스코 같은 도시를 가득 메우기 시작했으며 교통 사고율 또한 급증했다. 물론 기차 사고로 인한 피해도 끔찍했다. 1951년, 펜실베이니아 여객 열차인 '브로커The Broker'가 뉴저지에서 탈선하면서 그 안에 타고 있던 승객 85명이 사망했으며, 1958년 9월에는 뉴욕 통근 열차가 난간을 들이박으며 뉴어크만의 바닷가로 돌진해 승객 48명이 익사했다. 하지만 자동차 사고로 사망하는 이는 매일 100명으로 이보다 더 심각한 수준이었다.

교통사고는 그 후로도 끊이지 않았다. 그로부터 50년 후, 세계보건기구는 전 세계적으로 약 3,500명의 사람들이 도로 교통사고로 사망하고 있다고 발표했다. 이전까지 각국은 이러한 상황에 체념하고 있었고, 교통 사고율이 너무 높은 수준에 이르러서야 비로소 자동차를 대체할 대중교통 수단에 투자해야겠다는 정치적 의지를 보이기 시작했다. 그리하여 1987년에는 싱가포르에 지하철이 도입되었고 2011년에 이 지하철은 102개 역을 오가며 하루에 거의 250만 명의 승객을 운송했다. 1995년에 개통한 중국 상하이 지하철은 나날이 번창하여 이제는 세계에서 가장 긴 지하철이 되었으며, 매년 거의 80억 명의 승객을 운송하고 있는 일본

자기부상 열차
중국 푸동 공항에서 마그레브 열차가 운행되고 있다. 마그레브 열차는 자기부상 열차를 의미한다.

도쿄, 대한민국 서울, 러시아 모스크바 철도는 전 세계에서 가장 혼잡한 지하철로 자리매김했다.

모노레일

대부분의 고속 열차 시스템에는 기차가 이용되었지만 개발자들은 초고속 무빙워크, 자기 부상 열차, 모노레일 등 다른 대안들 역시 끊임없이 연구했다. 영국 기술자인 헨리 파머Henry Palmer가 1920년대에 모노레일을 처음 제안했는데, 그는 당시 단선 모노레일을 개발해 마차를 운행했다.

단선
모노레일을 개발한 헨리 파머는 자신이 개발한 장치의 단순한 원리를 직접 설명해 보였다. 그가 개발한 모노레일은 아일랜드의 발리부니안에 설치되었다.

아일랜드에서는 1888년, 발리부니안 지역에 파머가 개발한 모노레일이 운행되었고 그로부터 15년 후, 아일랜드 개발자인 로이스 브레넌Louise Brennan이 새로운 모노레일 기차를 개발해 이를 특허냈다. 독일인인 어거스트 셰를August Scherl이 1909년, 베를린 동물원에서 모노레일을 시연할 계획을 발표하자 브레넌은 이에 질세라 자신이 발명한 기계를 서둘러 독일로 가져가 선보이기도 했다. 독일에서 모노레일은 오랫동안 성공리에 운영되었다. 1901년에는 부퍼탈 모노레일이 오버바르멘과 포빙켈 사이에 운영되었으며, 이 열차는 그로부터 25년이 지난 후에도 매년 2,500명의 승객들을 실어날랐다.

20세기에도 계속해서 새로운 모노레일이 개발되었다. 1950년대에는 초현대적인 모습의 스카이웨이 모노레일이 텍사스 델라스의 휴스턴 애로우헤드 파크에 등장했고, 캘리포니아의 디즈니랜드를 방문한 관광객들은 특별 모노레일 기차를 타고 테마 파크를 구경했다월트 디즈니는 미래에는 모노레일이 대세가 될 거라고 확신했다. 시애틀 관광객들은 모노레일을 타고 '센츄리 21 엑스포Century 21 Expo'를 구경했으며, 1980년대에 시드니에는 도시를 관통하는 3.6킬로미터에 달하는 모노레일이 개통되었다.

그보다 100년 전에는, 리버풀과 맨체스터 사이의 53킬로미터와 런던과 브라이턴 사이의 71킬로미터를 연결하는 초고속 여객 모노레일을 건설하자는 계획이 제안되

> 나는 고속도로가 있는 곳이 좋은 도시라고 생각하지 않는다. 내가 생각하는 좋은 도시는 아이들이 자전거를 타고 어디든 안전하게 갈 수 있는 곳이다.
>
> **엔리케 페날로사**, 보고타의 전 시장

기도 했다. 하지만 이는 철도 회사들의 반대로 현실화되지 못했다. 항만 소유자들이 철도 건설에 반대했던 것처럼 철도 회사들 또한 자신의 이득을 위해 모노레일 건설에 반대하고 나섰던 것이다. 하지만 1900년대 중반, 모노레일을 포함한 모든 고속 열차 건설을 방해한 것은 다름 아닌 자동차 회사의 로비였다. 샌프란시스코 고속 통근 열차의 전신인 키 시스템을 두고 벌인 논쟁 기간에 이 자동차 회사들의 온갖 권모술수가 드러났다.

재건

✦

영국 최초의 무인 철도 시스템은 1987년에 개통한 도크랜즈 라이트 철도였다. 이 철도는 이스트 런던의 옛 항구를 재건하는 데 있어 꼭 필요하다고 여겨진 것이어서, 철도 위를 운행할 다양한 운송수단이 함께 고려되었다. 그중에는 버스와 모노레일도 있었다. 철도 시스템의 기획자들은 결국 라이트 철도를 선택했고 개통된 후 20년 동안 이 철도는 매년 승객 7,000만 명을 운송했으며 34킬로미터를 따라 총 40개 역에 정차했다.

키 시스템

키 시스템은 노선도가 스켈리톤 키[64]를 닮았다 하여, 이러한 이름이 지어졌다. 이 시스템은 기차, 페리, 자동차 등을 이용해 이스트 베이 지역의 사람들을 오클랜드를 비롯한 전국 각지에서부터 캘리포니아로 운송했는데, 1903년에 시작된 이 시스템은 의외의 곳에서 자금 지원을 받았다. 붕사세제로 사용되는 용해성 물질로 큰돈을 벌어들인 프란시스 스미스Farncis Smith라는 기업가가 키 시스템을 개인적인 운송 수단으로 활용했던 것이다. 네바다 사막에서 붕사를 채굴한 스미스는 노새가 끄는 짐수레를 이용해 이를 260킬로미터 떨어진 센트럴 퍼시픽 철도의 끝머리까지 운반했다. 거기서부터는 철도를 이용해 붕사를 옮길 계획이었다. 하지만 그는 이후에도 여전히 '노새를 이용한 붕사 운반'에 집착했고, 결국 키 시스템의 인기는 이내 사그라졌다.

그 무렵 배이 브리지를 건설하여 샌프란시스코와 오클랜드를 연결하려는 계획이 진행되었다. 다리의 상부 갑판에는 자동차가 다녔고, 키 시스템을 따라 운행되던 기차는 하부 갑판을 이용하도록 했다. 이 다리는 인근에 지어진 유명한 골든게이트 브리지보다 6개월 전인 1936년에 개통했다.

그로부터 10년 후, 내셔널 씨티 라인이 키 시스템을 소유하면서 문제가 발생하기 시작했다. 1948년에 키 시스템의 새로운 주인은 기존에 사용되던 철도 노선을 폐기하고 모두 버스 차선으로 교체해버렸다. 이 회사는 사람들의 항의에 자동차의 인기가 증가해서 어쩔 수 없는 선택이었다고 설명했다. 게다가 버스로 교체하면서 요금까지 인상되었다. 하지만 훗날 법정 공방 결과, 내셔널 씨티 라인이 자동차 업계로부터 로비를 받은 사실이 드러났다.

만 위로
키 시스템을 이용하는 철도, 자동차, 전차 등을 운반하기 위해 1936년에 오클랜드 베이 브리지가 개통되었다. 논란의 여지가 있기는 했지만 전차는 1948년에 운행이 중단되었다.

결국 제너럴 모터스, 파이어스톤 타이어, 캘리포니아의 스탠다드 오일과 필립스 석유가 전국의 온갖 운송 시스템의 운행을 중지시키기 위해 로비를 한 혐의로 고소당했다. 이 사건 이후 키 시스템 또한 1958년에 결국 운행을 중지했다. 이용객 수가 10년 만에 절반으로 줄어들었기 때문이었다.

키 시스템은 비록 살아남지 못했지만 샌프란시스코 고속 통근 열차는 성공했다. 출퇴근 이용객들이 가끔 불평을 하기는 하지만 21세기에도 이 열차는 40년째 계속해서 운행되고 있다. 총 44개 역을 거치는 열차는 2012년에는 주중 이용객이 40만 명을 넘어섰다. 하지만 이 지역의 공기는 날이 갈수록 나빠져 미국 폐협회가 지정한 스모그가 가득한 상위 25개 지역 중 하나가 되었다.

미래로 여행
샌프란시스코 고속 통근 열차는 뉴욕 지하철만큼 크지는 않았지만 미국에서 가장 혼잡한 지하철 중 하나가 되었다.

1976 탈리린 철도

지역: 웨일스
유형: 승객용
길이: 12킬로미터

1900년대 말, 기차는 자동차의 등장과 함께 몰락하기 시작했다. 하지만 웨일스에 작은 기차를 1대를 운행하기 위해 자원자들이 나서면서 기차를 구출하기 위한 노력이 효과를 발휘하기 시작했다.

- ✦ 사회성
- ✦ 상업성
- ✦ 정치성
- ✦ 공학성
- ✦ 군사성

슬레이트 기차

멈블스로 향하던 꼬마 기차(14쪽 참조)가 등장한 지 16년 후인 1976년, 또 다른 기차가 미드웨일스 지역에서 운행을 시작했다. 바로 탈리린 철도였다. 탈리린 철도는 원래 1866년에 개통된 철도였다. 이 철도의 목적은 지붕을 잇는 슬레이트를 운송하는 것이었다. 미국 남북 전쟁으로 맨체스터의 공장 운영자에게 공급될 미국산 목화 운송에 차질이 생기자, 공장 주인들이 십시일반으로 자본을 모아 광목을 대신할 만한 재료에 투자하기 시작한 것이다.

유럽의 서부 지역, 즉 스페인의 갈리시아, 프랑스의 브르타뉴, 스코틀랜드와 북웨일스의 콘월, 컴브리아 등에서는 수백만 년 전에 이암mud stone이 슬레이트slate로 바뀐 지형이었였다. 이 슬레이트는 건축업자에게 보배와도 같은 재료였다. 강하고 방수도 될 뿐만 아니라 서리에도 강하기 때문에 주택을 지을 때, 인방[65], 문틀, 계단, 벽 등에 다양하게 사용될 수 있었다. 심지어 탈리린 근처 지역에 울타리를 치는 데에도 사용되었다. 하지만 무엇보다도 슬레이트는 지붕 재료로 안성맞춤이었다. 따라서 빅토리아 시대 건축이 호황일 때 슬레이트의 수요는 급증했다.

탈리린 근처의 슬레이트 채석장에서 300명이 넘는 직원들이 황후, 공작부인, 백작부인 슬레이트(슬레이트의 크기는 여성 귀족의 이름을 따서 지어졌다)를 분류했고, 분류된 슬레이트는 배로 운반하기 위해 타이윈의 해안가로 운반됐다. 그러던 중 슬레이트를

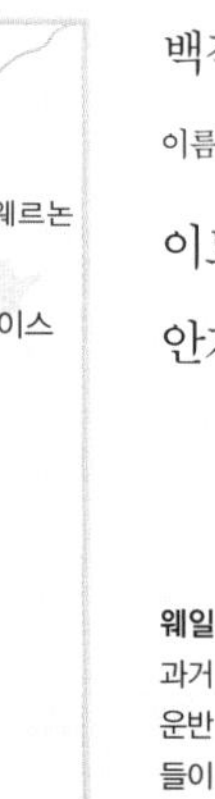

웨일스
과거 미드 웨일스에 지어졌던 슬레이트 운반 철도는 1970년대가 되자 자원봉사자들이 이끈, 가장 초창기 세계 유산 철도 구출 작업의 대상이 되었다.

보다 빨리 운송하고 승객도 실어 나르기 위해 탈리린 철도를 건설하자는 제안이 나왔다.

하지만 철도 조사관인 헨리 타일러는 여객 철도를 건설하겠다는 계획에 걱정부터 앞섰다. 그는 기차와 다리 사이의 간격이 위험할 정도로 좁다는 사실을 염려했다. 이에 철도 회사는 기차의 문과 창문을 모두 기차의 한 쪽에 접합하여 문제를 해결했고, 결국 헨리 타일러는 마지못해 철도 건설을 허가했다. 그리하여 건설 작업이 시작되었고 철도는 성공리에 개통되었다. 하지만 1890년 말, 이 철도 위를 운행할 새로운 증기 기관차와 철도 차량이 도입되었음에도 불구하고 슬레이트 채석장의 수입이 날로 하락하는 바람에 결국 1951년, 채석장은 문을 닫고 말았다. 그러자 철도 역시 운행이 중지되었다.

지지자들
철도 지지자들 덕분에 탈리린 철도는 성공적으로 재건될 수 있었다.

하지만 1976년, 언론은 애버게이놀린에서 난트 그워놀까지 이어지는 최초의 세계 유산 철도인 탈리린 철도의 재개통을 알리는 기사를 호들갑스럽게 실었다. 기념식 리본은 웨일스의 방송가이자 언론인인 윈퍼드 보건 토머스가 잘랐다. 그는 이 철도의 재개통에 힘쓴 진짜 영웅은 동료 작가이자 언론인인 톰 롤트라며 감사를 표했다. 1950년대에 텔포드, 브루넬, 스티븐슨 같은 유명한 철도인들의 전기를 썼던 톰 롤트는 버밍엄에 회의를 소집하여 웨일스 철도를 재건하기 위한 계획을 추진했다. 그로부터 10년 후, 시기적절하게 다리가 놓였고 국방 의용군이 추가로 철도를 건설하면서 탈리린 철도는 재운행될 수 있었다. 세계 유산 철도를 복구하려는 움직임의 시작이었다.

윌버트 오드리

✦

토머스 탱크 엔진을 개발한
윌버트 오드리(Wilbert Awdry)는 철도에
관해 열정적인 사람이었다. 오드리는
1951년에 탈리린 철도 재개통 계획이
실린 신문 기사를 보고
자신도 이에 동참하기로 결심한다.
《철도 시리즈》의 저자이기도 한 그는 탈
리린 철도 이야기를
자신의 이야기로 녹여냈다.
1997년, 그가 사망한 후 그가
철도 이야기를 썼던 서재는
탈리린 박물관으로 쓰였으며,
박물관 안에는 그가 쓴 수많은
철도 이야기에 등장한 철도,
파쿠하(Ffarquhar)의 모형이 전시되었다.

타려던 기차를 놓친 후에야
새로 발견한 기차를 탈 수 있다.

G.K. 체스터턴

1981 파리-리옹 철도

지역: 프랑스
유형: 승객용
길이: 425킬로미터

- ✦ 사회성
- ✦ 상업성
- ✦ 정치성
- ✦ 공학성
- ✦ 군사성

파리-리옹 철도는 빈센트 반 고흐, 폴 고갱, 어니스트 헤밍웨이, F. 스콧 피츠제럴드 등 수많은 유명 인사를 싣고 프랑스 남부로 향했다. 하지만 1980년대 역사를 장식한 것은 이 유명한 승객들이 아니라 철도 위를 운행하던 기차였다.

기록적인 속도에 다가가다

초기 영화 제작자인 뤼미에르 형제가 1890년대에 〈열차의 도착The Arrival of a Train at La Ciotat Station〉이라는 영화를 선보였을 때, 관객들은 공포에 질려 달아났다. 이 형제가 촬영 기계를 기차 선로에 바짝 댄 채 영화를 찍은 바람에 관객들은 기차가 정말 극장을 향해 달려오는 듯한 착각을 느꼈기 때문이다.

뤼미에르 형제는 1890년대 초반, 파리, 런던, 뉴욕, 몬트리올 등에 사는 관객들에게 자신들이 만든 영화를 보여주기 위해 리옹 역에서 출발하는 기차에 탑승했다. 1880년대에 25시간이 걸리던 여정에 비하면 짧아졌음에도 불구하고 여전히 파리까지의 기차 여행은 너무 길고 지루했다. 1960년대에조차 여행객들은 전기로 운행되는 '미스트랄Mistral'을 타지 않는 한1967년에 '미스트랄'은 시속 200킬로미터 기록을 깼다 512킬로미터에 이르는 굽은 선로를 따라 4시간 이상 기차 여행을 해야 했다.

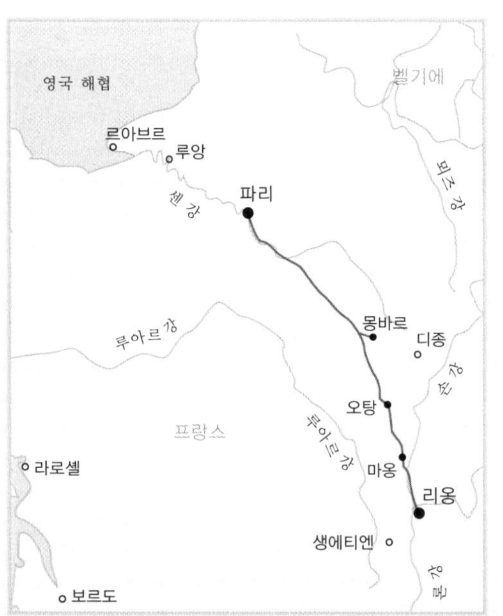

그러던 중 일본에서 신칸센이 등장하자 프랑스는 드디어 자국만의 초고속 열차를 선보이겠다는 계획을 발표했다. 정부는 한 국영 철도 회사가 내건 슬로건, "진보는 모든 사람이 공유하지 않는 한 아무것도 아니다."는 말 대로 국민 모두를 위한 초고속 열차를 제작하겠다고 약속했다. 결국 다른 모든 초고속 열차를 뛰어넘는

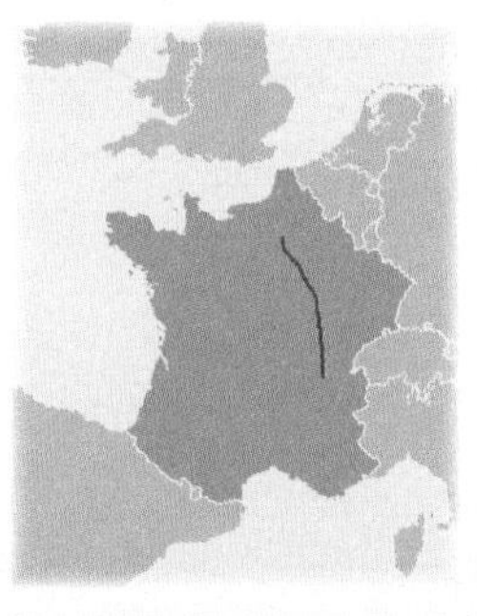

프랑스의 혁신적인 발명품
테제베(초고속 열차)는 2007년, 이름에 걸맞는 기록적인 속도를 선보였다.

신기록 수립자
프랑수아 미테랑 대통령이 1981년, 테제베에 탑승하고 있다. 이 초고속 열차는 세계에서 가장 빠른 기차 중 하나가 되었다.

초고속 열차가 제작되었고 뤼미에르 형제가 이용하던 옛 파리-리옹 구간을 운행했다. 이 열차의 제작을 담당한 철도 회사는 비용을 절감하기 위해 기존의 철도를 새로운 초고속 철도용 철로와 결합시키는 방법을 선택했으며, 1년에 약 100만 명의 사람들이 이 철도를 이용할 것으로 예상했다실제로 개통되자 이보다 훨씬 많은 승객들이 철도를 이용했다. 하지만 건설비용이 너무 높아지자 결국 정부가 개입하여 대량 생산용 테제베TGV 기차인 '패트릭Patrick'과 '소피Sophie', 가스 터빈 개발에 자금을 지원했다.

한편 1973년에, 서부는 중동 문제로 골머리를 앓고 있었다. 석유 생산국 사이에 분쟁이 일어나면서 이들이 석유 수출 금수 조치를 취했던 것이다. 영국 정부는 석유 비축량이 점점 고갈되자 자동차 운전자들에게 석유 쿠폰을 발행하는 등 사람들을 혼란스럽게 만들었다. 하지만 운전자들은 이에 아랑곳하지 않고 계속해서 차를 끌고 다녔고 이들의 수요에 맞춰 도시 외곽을 따라 계속해서 도로와 대형 할인점, 집들이 지어졌다. 자동차 제작자들은 연료가 얼마나 천천히 고갈되는지보다는 차가 시속 96킬로미터로 얼마나 빨리 가속되는지에 중점을 두었다. 하지만 테제베를 계획한 사람들은 미래를 더 멀리 내다보았고 석유에 의존하지 않는 방법을 찾아냈다. 그들은 가스 터빈에서 눈을 돌려 원자력 발전소에서 생산되는 전기의 힘으로 움직이는 기차를 개발하기로 했다.

우리는 방금 또 다른 역을 지나갔다. 마치 날고 있는 것 같다.

파리로 가는 여행 중에 **찰스 디킨스**, 《하우스홀드 워즈*Household Words*》, 1851

세계에서 가장 빠른 기차

1981년, 시험 운영용 테제베는 시속 380킬로미터를 돌파했다. 그리고 그해 말에 대량 생산용으로 제작되던 '패트릭'과 '소피'가 폐기된 후, 새로운 테제베가 등장해 파리에서 리옹까지 시속 270킬로미터로 운행했다. 여행 시간은 이전에 비해 거의 절반이 단축되었다. 세계에서 가장 빠른 기차가 등장한 것이다.

철도인들은 170년 동안 서로 경쟁해왔다. 1829년, 리버풀-맨체스터 구간의 철도 관리자들은 어떤 증기 기관차를 운행할지 결정하기 위해 리버풀 외곽에 위치한 레인힐에서 기관차끼리 시합을 붙였다그들은 기차를 끌기 위해 정치엔진 사용을 고려했다. '사이클로페드Cycloped', '노블티Novelty', '퍼시비어런스Perseverance', '상 파레일Sans Pareil', 스티븐슨의 '로켓Rocket' 등이 경주에 참여했는데, '노블티'가 시속 45킬로미터라는 예상 밖의 기록을 세우기는 했지만 결국 일등은 '로켓'이 차지했다. '로켓'은 13톤의 화물을 싣고 시속 48킬로미터로 운행했다.

증기 기관차는 1880년대에 수익성 높은 런던-포츠머스, 포츠머스-스코틀랜드 구간을 두고 시합을 했다. 남부의 철도 회사들은 인부들을 고용해 자신들의 기관차가 파괴되는 것을 막았지만 이러한 노력에도 불구하고 한 회사는 경쟁사의 기관차를 훔쳐 달아나기까지 했다. 런던-스코틀랜드 구간을 차지하기 위한 철도 회사들의 경쟁 속에서 피해를 본 것은 승객들이었다. 애버딘의 남쪽에 위치한 키나버에 먼저 도착하기 위해서 기관차들이 열차 운행 시간표도 무시하고 달렸던 것이다. 철도 신호원은 종종 누가 승자인지 판명해달라는 요청을 받았는데 이들은 뇌물을 받은 것으로 유명했다고 한다. 그로부터 10년 후, 남잉글랜드에서도 비슷

에토레 부가티
레이싱 차량 제작자인 부가티가 설계한 '로얄' 기관차는 휘발유를 동력으로 전쟁 기간에 파리에서 리옹 구간을 따라 운행됐다. 하지만 테제베가 등장하면서 이 모든 기록을 깨뜨렸다.

한 풍경이 벌어졌다. 철도 회사들 사이에서 런던-파리-브뤼셀 구간을 운영할 가장 빠른 기차를 공급하기 위한 경쟁이 벌어졌던 것이다.

하지만 대담한 성격의 미국 카우보이 월터 스콧Walter Scott에게는 다른 기차를 이기는 것보다 기록을 세우는 것이 더 중요했다. 1905년에 그는 애치슨, 토피카, 산타페 철도회사의 로스앤젤레스 지점에 현금 5,500달러를 주고 시카고의 디어본 역까지 기차를 운행해달라고 했다. 자그마치 3,627킬로미터에 이르는 구간이었다. 결국 그는 직원 16명과 기관차 16대'아틀란틱' 9대, '프레리' 4대, '퍼시픽' 3대를 이용해 그 구간을 44시간 54분이라는 기록적인 시간 안에 이동하는 데 성공했고 덩달아 애치슨, 토피카, 산타페 철도회사 또한 유명해졌다.

1930년대에 독일과 이탈리아인들이 자국만의 기록을 세우느라 여념이 없을 때, 화물을 운송하기 위해 제작된 세계에서 가장 큰 증기 기관차, '아메리칸 빅 보이American Big Boys' 또한 시속 129킬로미터라는 빠른 속도로 운행되고 있었다. 하지만 세상에서 가장 빠른 증기 기관차는 영국인 니겔 그레슬리가 제작한 기관차 '말라드Mallard'였다.

숨 가쁘게 진행되던 철도 경쟁은 제2차 세계대전이 발발하면서 잠시 중단되었고 이제는 기록을 세우기보다는 기존의 철도를 잘 유지하는 일이 더욱 중요해졌다. 프랑스는 2만 킬로미터에 이르는 구간을 자체 폐기했고 영국도 비칭 철도 폐기 이후 불필요한 철도를 없애는 등 재정비 사업에 나섰다.

한편 깨끗한 디젤 기관차와 전기 기관차가 등장하자 철도는 구식에다 불편하고 비싼 운송수단으로 전락하고 말았다. 그러던 중 테제베가 등장했고 그 후로도 수많은 초고속 열차가 등장했다.

빠른 기관차

✦

1938년, 유선형의 '말라드' 기차는 영국의 이스트 코스트 구간의 사우스 뱅크를 따라 운행되면서 신기록을 세웠다. 2년 전, 독일 제국 증기 기관차가 세운 시속 200.4킬로미터 기록을 깨뜨렸던 것이다. '말라드'를 제작한 것은 니겔 그레슬리였다. 영국 공립학교 출신으로 기관차를 사랑했던 그는 전쟁 기간에 가장 훌륭한 기관차 설계자로 손꼽혔다. 하지만 그가 설계한 기관차는 독일의 '쉬넨체펠린(Schienenzeppelin)'에 비하면 아무것도 아니었다. 이 기차는 프로펠러를 동력으로 했으며 BMW 엔진이 장착되어 있었는데, 1931년 당시 무려 시속 230킬로미터라는 속도로 운행되었다.

2007 영불해협 터널 철도

지역: 영국
유형: 승객용, 화물용
길이: 108킬로미터

영불해협 터널 철도는 다른 철도에 비해 100년이나 지난 후에 등장했으므로 늦은 감이 없지 않았다. 하지만 이 열차는 일단 운영되기 시작하자 초고속 철도 시대의 새로운 장을 여는 큰 공을 세웠다.

- ✦ 사회성
- ✦ 상업성
- ✦ 정치성
- ✦ 공학성
- ✦ 군사성

바다로부터 자유로운

최초의 여객 열차가 웨일스 해안가를 따라 운행되기 시작한 지 200년 후, 승객 한 무리가 런던의 세인트판크라스 역에 정차한 유선형 기차에서 내렸다. 그들이 내린 기차는 유럽으로 향하는 새로운 초고속 열차, '하이 스피드 1High Speed 1'이었다. 이 기차의 운행사인 유로스타는 이 열차가 기차 여행의 모습을 크게 바꾸어 놓을 거라고 약속했다.

고딕 양식으로 지어진 세인트판크라스 역은 런던 거리에 우아함을 부여하기 위해 1870년대에 지어졌다. 하지만 이 아름다운 입면 뒤편에는 상업적인 기능이 숨어 있었다. 이 역은 모든 이스트 미들랜드 기차의 집합소였던 것이다. 그중에는 버튼온트렌트의 맥주 기차도 있었다. 세인트판크라스 역을 건설한 벽돌공들은 화물 보관소를 지을 때 맥주 한 통인 배럴을 기준으로 측정을 하기도 했다. 하지만 이 맥주 배럴은 1873년, 빅토리아 여왕이 미들랜드 그랜드에 호텔을 짓기 위해 이곳을 방문하면서 자취를 감추었다. 그로부터 100년 후, 고조모의 뒤를 이어 엘리자베스 2세가 새로 단장한 세인트판크라스 역뉴욕의 그랜드 센트럴 역처럼, 세인트판크라스 역도 건물 파괴용 철구를 가까스로 피했지만 부분적인 파손이 있었던 것이다을 방문했다. 브뤼셀로 향하는 첫 초고속 열차에 탑승하기 위해서였다. 여왕을 태운 '하이 스피드 1'은 영국 해협을 지나 1시간 51분 만에 목적지에 도착했다.

영불해협
프랑스의 알렉산더 라발리와 영국의 에드워드 왓킨스가 1881년에 터널 공사를 시작했으며 1994년이 되어서야 현재와 같은 모습을 갖추기 시작했다.

런던발
2007년, 화물 기차가 영불해협 터널철도를 지나가고 있다. '하이 스피드 1'은 1889년 이후 런던으로 향하는 최초의 열차였다.

영국과 프랑스를 연결하는 이 철도는 영국의 대처 수상과 프랑스의 미테랑 대통령이 합의를 본 후, 1994년에 개통했다. 파리의 J. M. A. 라콤 박사는 1875년, 영불해협을 건너기 위해 잠수함을 이용할 것을 제안했지만 카셀의 패밀리 매거진은 "마침내 우리는 바다에서부터 자유로워졌으며 육지를 통해 대륙으로 건너갈 수 있게 되었다. 터널이 완공되면 그 위에 이중 선로가 지어질 것이다"고 기사를 썼다.

영불해협 아래에 지어질 터널은 오랫동안 협상 중이지만 머지않아 는 완공될 것이다.

카셀의 《패밀리 매거진》, 1875

한편 영불해협 터널 철도가 여전히 논의 중일 무렵 독일 연방 철도가 1985년, '이체ICE'를 선보였다. 이체는 도시 간 초고속 철도로 1988년, 시속 406.9킬로미터로 운행되어 세계 신기록을 수립했다. 하지만 이 기차의 주요 목표는 독일과 그 주변 국가스위스, 벨기에, 네덜란드, 덴마크에 효율적인 초고속 열차 시스템을 설립하는 것이었다. 테제베, 신칸센과는 달리 이체는 기존의 철도망과 통합되어 운영되었다. '61번 좌석의 남자'라는 웹사이트를 운영하는 마크 스미스Mark Smith는 이체를 '유럽에서 가장 편안하고 문명화된 초고속 열차'로 평가했다. 그는 여행객들에게 비행기를 대신할 수 있는 교통 수단 정보를 제공하면서 지구 온난화를 줄이는 데 기여하기 위해 웹사이트 운영을 시작했는데, 이름이 왜 하필 61번 좌석이냐는 질문에 '하이 스피드 1'에서 가장 편안한 좌석이 바로 61번이기 때문이라고 대답했다.

빠른 운송수단
독일이 개발한 이체의 목적은 유럽의 주요 도시에 초고속 열차를 운행하는 것이었다.

그 밖의 읽을 거리

Ackroyd, Peter, *London Under*, Chatto & Windus, London, 2011

Allen, Geoffrey F., *Railways Past, Present and Future*, Orbis, London, 1982

Barnett, Ruth, *Person of No Nationality*, David Paul, London, 2010

Brown, David J., *Bridges: Three Thousand Years of Defying Nature*, Mitchell Beazley, London, 2005

Burton, Anthony, *The Orient Express; The History of the Orient Express from 1883 to 1950*, David & Charles, Newton Abbott, 2001

Chant, Christopher, *The World's Greatest Railways*, Hermes House, London, 2011

Dorsey, Edward, *English and American Railroads Compared*, John Wiley, New York, 1887

Faith, Nicholas, *Locomotion: The Railway Revolution*, BCA, London, 1993

Garratt, Colin, *The World Encyclopaedia of Locomotives*, Lorenz, London, 1997

Garratt, Colin, *The History of Trains*, Hamlyn, London, 1998

Hollingsworth, Brian, and Cook, Arthur, *The Great Book of Trains*, Salamander, London, 1987

Kerr, Ian J., *Engines of Change: The Railroads that made India*, Praeger, Westport CT, 2007

Latrobe, John H. B., *The Baltimore and Ohio Railroad: Personal Recollections (1868)*, reprinted in Hart, Albert B. (ed.), *American History Told by Contemporaries*, vol. 3, 1927

Loxton, Howard, *Railways*, Hamlyn, London, 1972

Lyman, Ian P., *Railway Clocks*, Mayfield, Ashbourne, 2004

Metcalfe, Charles, 'The British Sphere of Influence in South Africa', *Fortnightly Review Magazine*, March 1889

Mierzejewski, Alfred C., *Hitler's trains: The German National Railway and the Third Reich*, Tempus, Stroud, 2005

Nock, O. S., *Railways of Australia*, A. C. Black, London, 1971

Parissien, Steven, *Station to Station*, Phaidon, London, 1997

Pick, Alison, *Far To Go*, House of Anansi, Toronto, 2010

Riley, C. J., *The Encyclopaedia of Trains and Locomotives*, Metro, New York, 1995

Ross, David, *British Steam Railways*, Paragon, Bath, 2002

Ruskin, John, 'Imperial Duty, 1870', *Public lectures on Art*, 1894

Smiles, Samuel, *The Life of Thomas Telford*, Civil Engineer, 1867

Smiles, Samuel, *The Life of George Stephenson and his son Robert Stephenson*, Harper and Brothers, New York, 1868

Sahni, J. N., *Indian Railways 1853 – 1952*, Ministry of Railways, Government of India, New Delhi, 1953

Theroux, Paul, *The Old Patagonian Express*, Penguin Classics, London, 2008

Tolstoy, Leo, *Anna Karenina*, Penguin Classics, London, 2003

Trollope, Anthony, *The Prime Minister*, Chapman and Hall, London, 1876

Whitehouse, Patrick B., *Classic Steam*, Bison, London, 1980

Wolmar, Christian, *Fire & Steam*, Atlantic Books, London, 2007

Wolmar, Christian, Blood, *Iron & Gold*, Atlantic, London, 2009

웹 사이트

America's First Steam Locomotive
www.eyewitnesstohistory.com/tomthumb.htm

Australian Railway History
www.arhsnsw.com.au

Australian transport history
www.environment.gov.au/heritage

Best Friend of Charleston Railway Museum
www.bestfriendofcharleston.org

Cape to Cairo railway
www.tothevictoriafalls.com

Cité du Train – European Railway Museum
www.citedutrain.com

Darlington Railway Preservation Society
www.drps.org.uk

Grand Central Terminal
www.grandcentralterminal.com

Great Western Railway
www.didcotrailwaycentre.org.uk

Imperial War Museum, U.K.
www.iwm.org.uk

London Underground at London Transport Museum
www.ltmuseum.co.uk

Music and Railways
www.philpacey.pwp.blueyonder.co.uk

National Railroad Museum, U.S.A.
www.nationalrrmuseum.org

National Railway Museum, U.K.
www.nrm.org.uk

Otis Elevating Railway
www.catskillarchive.com/ otis

Richard Trevithick
www.trevithick-society.org.uk

Samuel Smiles' Lives of George Stephenson and Thomas Telford
www.gutenberg.org

San Francisco Bay Area Rapid Transit
www.bart.gov

Swansea and Mumbles Railway
www.welshwales.co.uk/mumbles_railway_swansea.htm

Talyllyn Railway Preservation Society
www.talyllyn.co.uk

The Man in Seat Sixty-One
www.seat61.com

U.S. Railway and Locomotive Historical Society
www.rlhs.org

Volk's Electric Railway
www.volkselectricrailway.co.uk

ACKNOWLEDGEMENTS:

Staff at the National Railway Museum, York, the British Library and the Imperial War Museum (IWM Sound Archive, Caroline Rennles, 566/7 reels), Tristan Petts for assistance on China's railways, Ruth Barnett for permission to quote from *Persons of No Nationality* (David Paul, London, 2010), former evacuees Pamela Double and Mavis Owen (www.herefordshirelore.org.uk), Louise Chapman, and Chelsey Fox of Fox & Howard.

역주

01« 항구까지 승객을 실어 나르는 열차
02« 증기 기관과 증기 펌프에 있어서 증기가 유입하는 곳
03« '금속에 관하여'라는 뜻으로 광산 및 금속에 관한 기술서
04« 영국 잉글랜드의 샐럽주에 있는 공업 유적지로 탄광에서부터 철도까지, 18세기 산업 발전에 기여한 요소가 모두 남아 있는 지역
05« 하역기계에 있어서 로프나 체인을 감아두는 원통형 또는 원뿔형의 드럼
06« 수면에서 선박 아래까지의 깊이
07« 드나듬이 심한 해안 지형에서 불쑥 튀어나온 부분
08« 불살라 없애는 데 쓰는 포탄이나 폭탄 따위
09« 노예의 사망률이 20퍼센트에 달하는 악명 높은 길
10« 낮은 산이나 황야 지대에 나는 야생화. 보라색·분홍색·흰색의 꽃이 핀다.
11« 볼링의 핀같이 생긴 아홉 개의 스키틀을 세워 놓고 공을 굴러 쓰러뜨리는 경기
12« 선로의 장애물을 밀어 없애는 데 쓸 수 있도록 기관차 앞에 붙이는 뾰족한 철제 기구
13« 차체의 중량을 각 차륜에 고루 분담시킴과 동시에 차체가 자유로이 방향을 전환할 수 있게 하여 주행을 원활하게 하는 장치로 대차臺車라고도 한다.
14« 그리스 최초의 철도
15« 뉘른베르크-퓌르트 철도
16« 네덜란드의 이전 화폐 단위. 2002년에 유로로 대체되었다.
17« 옛 나치 독일의 비밀 국가 경찰
18« 일정한 장소에 고정적으로 설치해 놓고 사용하는 증기 기관이나 내연 기관
19« 보일러 등의 용기 내부의 수면을 외부에 나타내는 계기
20« 보일러의 수위를 판단하기 위해 설치한 콕으로 최고수위, 표준수위, 안전수위 등에 설치한다.
21« 증기 기관 등의 배기용으로 쓰이는 작은 개폐판
22« 스페인 중부의 옛 왕국
23« 영국 잉글랜드 남부 서리Surrey 카운티의 초지성草地性 언덕 노스다운스North Downs의 정상
24« 주로 탄산염으로 구성된 작은 구상 입자들이 고결되어 형성된 퇴적암
25« 지중해에 속한 리구리아 해海에 면한 이탈리아령領 라스페치아로부터 프랑스령 칸까지의 해안
26« 뇌신雷神
27« 불과 대장간의 신
28« 영국의 대서부 철도회사, 런던·미드랜드·스코틀랜드 철도회사, 런던 및 북동 철도회사, 남부 철도회사를 말한다.
29« 기복이 완만한 구릉이나 산과 들을 가벼운 옷차림으로 걸으며 자연을 즐기는 것
30« 현 스리랑카
31« 임금으로 물품 등을 지급하는 제도
32« 19세기 프랑스 회화사에 등장하는 호칭으로서 아틀리에의 인공조명을 거부하고 실외의 직접적인 빛을 받으며 습작뿐만 아니라 유화까지도 제작하려는 태도, 또는 그러한 태도를 보이는 화가
33« 프랑스의 포스터 작가, 장식예술가
34« 쇠고기를 소금으로 얼간하고 쪄서 통조림으로 만든 것
35« 잉글랜드에 위치한 산
36« 영국 축구팀 맨체스터 유나이티드의 경기장
37« 현 명칭은 콜카타

38« 주로 관광객을 수송하기 위해 산지의 급경사 지역에 건설된 철도

39« 암벽등반에서 바위의 갈라진 틈새에 박아 넣어 중간 확보물로 쓰는 금속 못

40« 1849년 금광열에 들떠 캘리포니아로 몰려간 사람들

41« 장애물 뒤의 목표물을 곡사하는 데 쓰는 화포

42« 그리스 신화에 나오는 외눈박이 거인

43« 쇠고기 부위 중에서 뼈가 없는 갈빗살로 만든 스테이크

44« 19세기 말에서 20세기 초에 걸쳐서 유럽 및 미국에서 유행한 장식 양식

45« 현 상트페테르부르크

46« 수렵용의 긴 칼

47« 이 두 열차를 연결시키는 데에는 총 3가지 못이 사용되었다. 금 못, 은 못, 금·은·철을 섞은 못이었다.

48« 정평 있는 유대교 율법학자를 일컫는 말이었으나, 오늘날 이스라엘에서는 권위 있는 종교지도자를 말한다.

49« 인쇄물의 교정을 보기 위하여 임시로 조판된 내용을 찍는 인쇄

50« 북잉글랜드 및 스코틀랜드의 황무지에서 뇌조雷鳥의 사냥철을 개시하는 날

51« 영국의 구화폐로 5실링짜리 동전. 현재의 25펜스에 해당

52« 젖 분비 능력이 높은 젖소에게 일어나는 대사 이상

53« 소나 그 비슷한 동물에게 발생하는 심한 전염병

54« 생선 튀김에 감자 튀김을 곁들인 것

55« 맥주의 제조 원료

56« 지속적인 손상으로 인하여 기계·장비 또는 자원 등이 감소하는 비율

57« 해안, 호수 근처에서 모래와 자갈로 이뤄진 퇴적지형

58« 월평균 기온이 영하인 달이 반년 이상 계속되어 땅속이 1년 내내 언 상태로 있는 지대

59« 보의 형태로 설계 제작되는 교량

60« 구슬픈 울음소리로 가족 중 누군가가 곧 죽게 될 것임을 알려준다는 여자 유령

61« 노래와 춤을 섞은 대중적인 희가극

62« 현 지명 볼고그라드

63« 현 지명 단둥

64« 여러 자물쇠에 쓸 수 있는 열쇠

65« 문틀·창틀의 일부로 문·창문을 가로지르게 되어 있는 가로대

찾아보기

ㄱ

ㄴ

ㄷ

ㄹ

ㅁ

ㅂ

ㅅ

도판 저작권

1,13Left&Right,37Top,47,50Top,53,57Bottom,65,67,95Bottom,106,107,113Bottom,115,116,125 Bottom,127,148,151Top,157Bottom,180,183,191,207, 215 © Creative Commons

3 © William Miller | Creative Commons

4, 11 Left © William Felton | Creative Commons

5,39©DublinPennyJournal|CreativeCommons

6Top,61Bottom©HenryEvers|CreativeCommons

6Bottom©BritishLibrary|Robana|GettyImages

7Top © Kunisada Utagawa | Library of Congress

7 Bottom © Dorling Kindersley | Getty Images

9, 37 © Project Gutenberg | Creative Commons

10 © Robert H. Thurston | Creative Commons

11 Right © John Linnell | Creative Commons

12©SSPL|NRM|PictorialCollection|GettyImages

15©MumblesRailwaySociety|CreativeCommons

16 © Graces Guide | Creative Commons

17 Top © Ian Boyle | Creative Commons

17 Bottom © Woolfie Hills | Creative Commons

19 © Phil Sangwell | Creative Commons

20, 38, 70, 71, 141, 177 Bottom, 184 © SSPL | Getty Images

21Top©LookandLearn|TheBridgemanArtLibrary

21 Bottom © iStock

23, 24, 25 © T. T. Bury | Creative Commons

27,33©TheMechanicmagazine|CreativeCommons

28 © Underwood & Underwood | Corbis

30 © Charles Martin | Getty Images

31, 69, 91, 93, 95 Top, 100, 111, 119, 121 Top, 123, 137, 152, 161 Top & Bottom, 162 © Library of Congress | Creative Commons

32,34©PopularScienceMonthly|CreativeCommons

37 Bottom © Tipiac | Creative Commons

41 © Ken Welsh | The Bridgeman Art Library

43 © Timeline Images

44 © Ralf Roletschek | Creative Commons

49 © Oosoom | Creative Commons

50Bottom,51©ThomasRoscoe|CreativeCommons

55 © CCI Archives | Science Photo Library

57 Top, 109 © Hulton Archive | Getty Images

59Top©RobertBrownStock|Shutterstock.com

59©CaliforniaDigitalLibrary|CreativeCommons

61 Top © Robert Howlett | Creative Commons

62 © Mary Evans Picture Library

63 © J. R. Howden | Creative Commons

64 © Rod Allday | Creative Commons

68 © Birmingham Museums and Art Gallery | The Bridgeman Art Library

73, 75 © Tameside Image Archive

74 © SSPL | Science Museum | Getty Images

76 © La Vie populaire | Creative Commons

78 © Honoré Daumier | Creative Commons

79 © William Powell Frith | Creative Commons

80 © Claude Monet | Creative Commons

81 © Coll. Lebourgeois | Creative Commons

83 © Gustavo Perretto | Creative Commons

85Top©WilliamLee-Warner|CreativeCommons

85 Bottom © Dip Chand | Creative Commons

86 © Fowler & Fowler | Creative Commons

87 © English School | Getty Images

88 © Alinari | Getty Images

96 © Mary Evans | Interfoto | Sammlung Rauch

97, 145, 172, 200 © The U.S. National Archives | Creative Commons

98 © De Agostini | Getty Images

99 © D. Barnett | Getty Images

101 © William S. Warren | Creative Commons

102 © Strobridge & Co. Lith | Creative Commons

103 © Peter Newark American Pictures | The Bridgeman Art Library

104 Top © Nadar | Creative Commons

104Bottom,134©UniversalImagesGroup|GettyImages

105 © Peter Bull | Getty Images

108©JohnOxleyLibrary|StateLibraryofQueensland

110 © Buyenlarge | Getty Images

113Top©IllustratedLondonNews|CreativeCommons

114 © Pat Nicolle | Look and Learn

117 © Rosseels | Dreamstime.com

120 © John B. Silvis | Creative Commons

121Bottom©J.PaulGettyTrust|CreativeCommons

122 © Utah State History Archive

124First&ThirdfromRight©CrockerArtMuseum| Creative Commons

124SecondfromRight©UCBerkeley,BancroftLibrary| Creative Commons

124FourthfromRight©StanfordFamilyCollections| Creative Commons

125 Top © Thomas Hill | Creative Commons

129,130,131,132,133©LibraryandArchivesCanada

135 © Western Development Museum

139 © Klaus | Creative Commons

140©NationalArchives,London|MaryEvansPictureLibrary

142 Top © Gregory | Creative Commons

142 Bottom © Boston Public Library

143 © Ben Brooksbank | Creative Commons

146 Top © J. G. Howes | Creative Commons

146Bottom©DavidGubler|CreativeCommons

147, 208 © Neil Clifton | Creative Commons

150 © Ericsch | Dreamstime.com

151 Bottom © Leslie Ward | Vanity Fair | University of Virginia Fine Arts Library

153 Top & Bottom © digitalhistoryproject.com

154 © Xinhua | Xinhua Press | Corbis

156 © C.W. Kinder | Creative Commons

157 Top © Jan Reurink

159 © William J. Wilgus | Creative Commons

160 © Kazmat | Shutterstock.com

163Top&Bottom©CecilJ.Allen|CreativeCommons

165 Top © James G. Howes | Creative Commons

165 Bottom © Greenacre8 | Creative Commons

166 © Tyne & Wear Archives and Museums

167 © Sergey Ryzhov | Shutterstock.com

168, 170 © Henry Guttmann | Getty Images

171 © Buyenlarge | Getty Images

173 © Ironie | Creative Commons

175 © Amanda Slater | Creative Commons

177 Top © Roantrum | Creative Commons

178 © McCord Museum | Creative Commons

179Top©UniversityofSydneyLibrary|CreativeCommons

179Bottom,181©StateRecordsNSW|CreativeCommons

185 Top © Georg Pahl | Das Bundesarchiv

185Bottom©MikeRobbins|CreativeCommons

187 © Press Association Images

188 © Luděk Kovář | Creative Commons

189 © S. P. Smiler | Creative Commons

192Top©DerekBerwin|Stringer|GettyImages

192 Bottom © Chris Hellyar | Shutterstock.com

193 © Gary Morris

194 © MaximilienM | Creative Commons

197 © Niels Mickers | Creative Commons

199 © M. B. Leiser | Creative Commons

201 © Spaarnestad Photo | Creative Commons

203 © Mrallen | Dreamstime.com

205 © Time & Life Pictures | Getty Images

206 © Alex Needham | Creative Commons

209 Top © Nasa

209 Bottom © Jacklouis | Dreamstime.com

211 © Epics | Getty Images

213 © Gamma-Keystone | Getty Images

214 © Armel Brucelle | Sygma | Corbis

217 Top © Pascal Rossignol | Reuters | Corbis

217 Bottom © Lucas Dolega | epa | Corbis